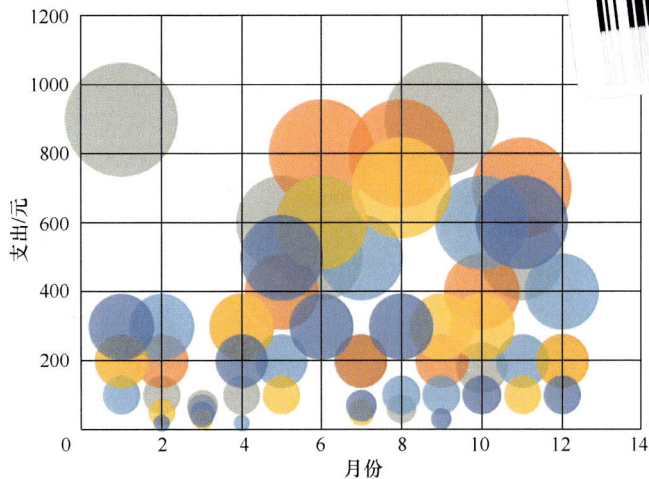

▲图 7-4 用户全年账单数据气泡图

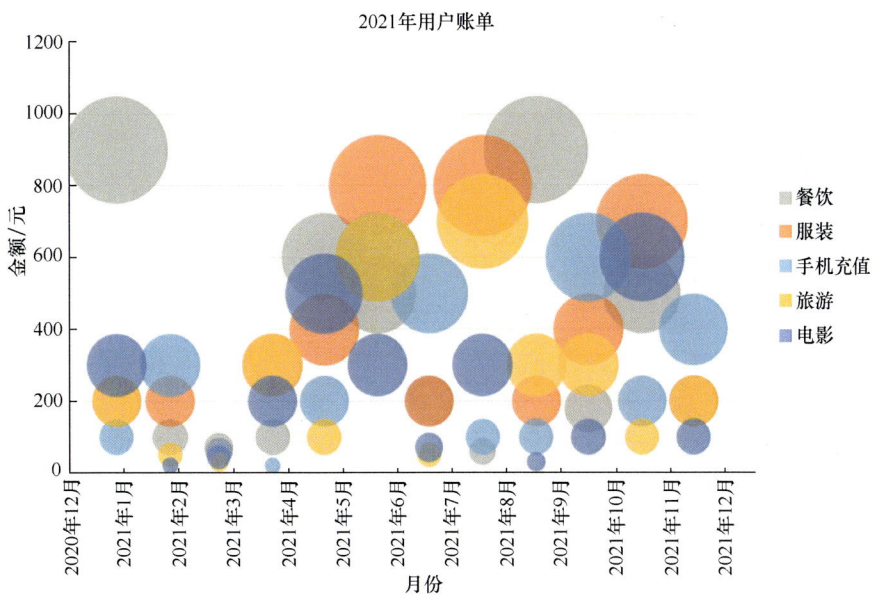

2021年用户账单

餐饮
服装
手机充值
旅游
电影

金额/元

月份

▲图 7-5 优化后的用户全年账单数据气泡图

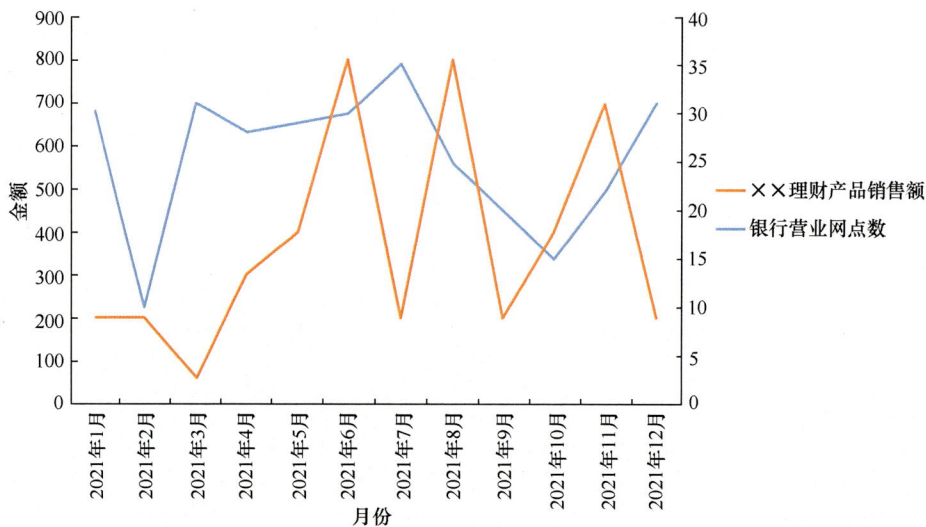

▲图 7-6 理财产品销售数据与银行营业网点数折线图

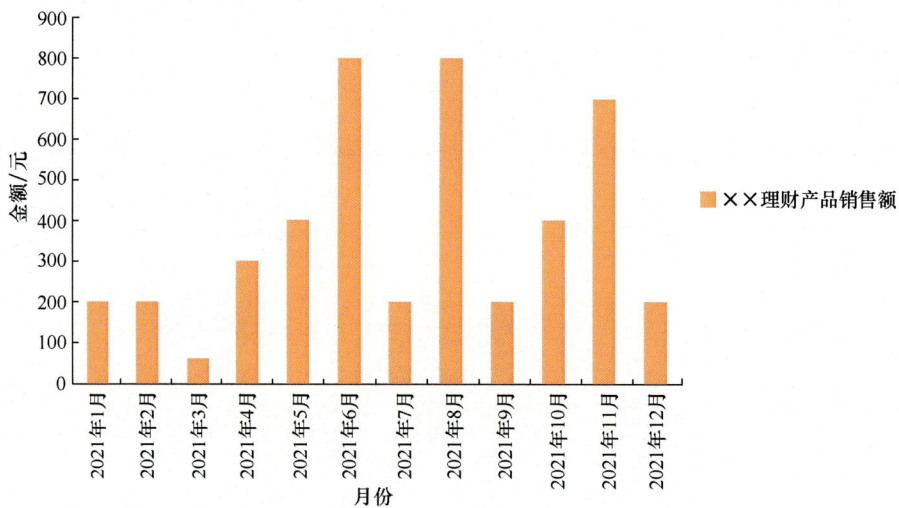

▲图 7-7 理财产品销售数据柱状图

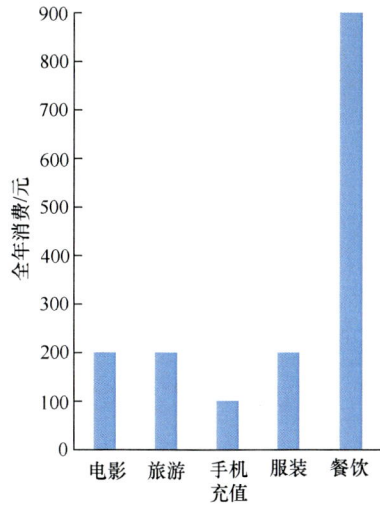

▲图 7-8　用户全年消费条形图

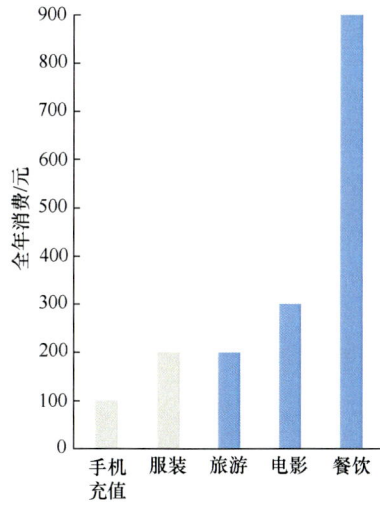

▲图 7-9　优化后的用户全年消费条形图

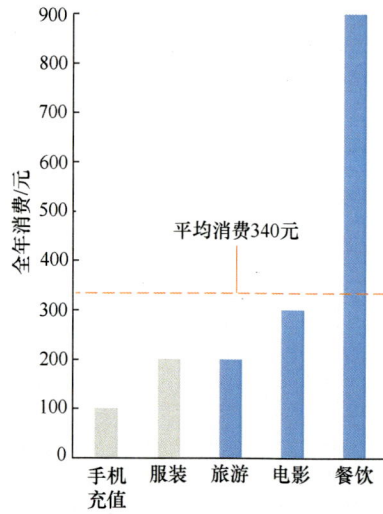

▲图 7-10　加入参照线的用户全年消费条形图

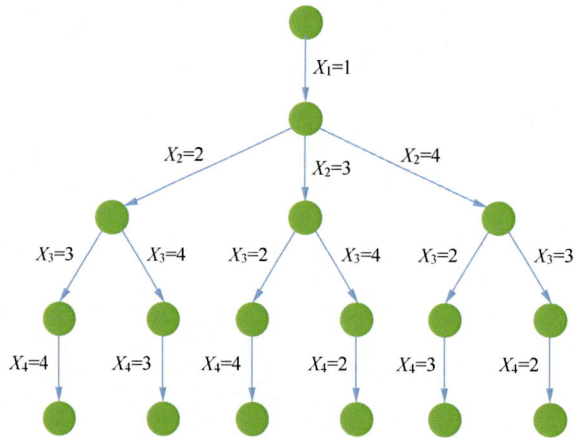

▲图 9-6　派送路径树

产品经理知识栈

王佳亮 著

人民邮电出版社

北京

图书在版编目（CIP）数据

产品经理知识栈 / 王佳亮著. -- 北京 : 人民邮电
出版社, 2023.3（2023.10重印）
ISBN 978-7-115-60035-6

Ⅰ. ①产… Ⅱ. ①王… Ⅲ. ①企业管理－产品管理
Ⅳ. ①F273.2

中国版本图书馆CIP数据核字(2022)第168396号

内 容 提 要

  本书深入浅出地介绍了如何成为复合型产品经理。主要内容包括产品经理要掌握的基本技能，产品经理需要了解的金融知识和人工智能知识，微信小程序方面的知识，B2B 产品和 B2C 产品的设计，数据分析，策划产品的设计，产品趋势的分析，产品心智模型的构建。本书从思维上给予启发和引导，帮助读者在复合型产品经理的道路上快速成长。

  本书适合初级产品经理或者打算向复合型产品经理方向发展的读者阅读。

◆ 著　　　　王佳亮
  责任编辑　谢晓芳
  责任印制　王　郁　焦志炜
◆ 人民邮电出版社出版发行　　北京市丰台区成寿寺路 11 号
  邮编　100164　　电子邮件　315@ptpress.com.cn
  网址　https://www.ptpress.com.cn
  北京九天鸿程印刷有限责任公司印刷
◆ 开本：800×1000　1/16　　　　彩插：2
  印张：15.25　　　　　　　　2023 年 3 月第 1 版
  字数：332 千字　　　　　　　2023 年 10 月北京第 2 次印刷

定价：79.80 元
读者服务热线：(010)81055410　印装质量热线：(010)81055316
反盗版热线：(010)81055315
广告经营许可证：京东市监广登字 20170147 号

作者简介

　　王佳亮，微信公众号是"佳佳原创"，担任过项目经理和产品经理，具有十年产品经验。中国计算机学会（China Computer Federation，CCF）会员，上海技术交易所智库专家，"人人都是产品经理"专栏作者，全栈型产品爱好者，专注于互联网产品、金融产品、人工智能产品设计理念分享。

本书赞誉

本书从理论和应用两个层面介绍了优秀的产品经理所需的相关知识，案例丰富，便于初学者快速入门。对于人工智能从业人员和爱好者而言，从产品的视角进行人工智能专业的学习，可以更好地学以致用。

——张军平，复旦大学计算机科学技术学院教授

产品经理的成长需要经过几个阶段，分别是学习知识、掌握技能、沉淀能力。每个阶段都有对应的方法。随着行业的发展，各企业对产品经理的要求也越来越高。复合型产品经理在未来更有竞争力。

——唐韧，《产品经理必懂的技术那点事儿：成为全栈产品经理》一书的作者

市场的发展伴随着商业模式的不断创新，公司产品之间的竞争日益激烈。具有单一技能的产品经理已经不能满足市场发展的需要，他们应站在更高的维度和视角突破认知限制进行产品创新。本书提出的复合型产品理念为产品经理提供了一种新的发展思路。

——段钢，电子科技大学经济与管理学院副教授

好的产品经理"一将难求"，大量产品经理是靠奋斗成长起来的。本书通过大量的实战案例让刚入行的新人深入领会产品经理的基本工作方法，掌握扎实的基本功。此外，更重要的是，本书不只停留在"术"的层面，它可以引发读者感悟产品经理之"道"，在潜移默化中培养产品思维体系。

——李景涛，复旦大学软件学院教授

本书初看似乎在讲具体技术，但是更可贵的是作者在技术层面的讲解中始终饱含的对产品经理岗位的热爱。

——阎晓军，东北大学秦皇岛分校教授

本书从实践角度，深入浅出地讲解了复合型产品经理需掌握的相关知识及工具，有助于读者形成一套属于自己的产品思维体系。

——宋艳，电子科技大学经济与管理学院教授

优秀的产品经理非常稀缺，他们需要掌握大量跨学科、跨领域的知识。本书涉及产品经理需了解的多个知识维度，有助于产品经理拓展知识宽度。书中有大量实战案例，涉及很多基础计算。这是一本需要动脑的书，相信读者阅读完之后会有很大收获。

——王前，陆家嘴国际信托有限公司信息技术总监兼信息科技中心总经理

复合型人才是最近的人才需求趋势。产品经理要不断学习，提升自己，紧跟时代发展。本书能帮助产品经理快速入门，值得推荐。

——布棉，三节课信息咨询（北京）有限公司联合创始人

本书深入浅出地介绍了优秀的产品经理需要掌握的基础知识和必备技能，从产品经理入门到进阶再到精通，理论与实践相结合。产品思维是一名产品经理重要的技能，本书作者从思维认知上给予读者启发和引导，从而指导读者在成为优秀产品经理的道路上快速成长。

——马婕，中国工商银行产品经理

做一名优秀的产品经理非常难，难在要策划出好的产品以满足客户需求，为企业带来效益。本书内容丰富，实操性强，相信能给产品经理们带来启发和思考！

——万永钢，苏州好博医疗器械股份有限公司董事长

产品经理是互联网产品行业的核心岗位，入门易、做优难。本书作者根据实战经验总结了合格产品经理必备的素质及提升能力的技巧，并结合行业、案例进行实操讲解。作为产品经理出身的投资人，我认为创始人应是公司"最大的产品经理"，也应该具备产品思维。阅读本书，必大有裨益。

——刘为龙，红椒资本创始合伙人

序

近几年，随着移动互联网的高速发展，移动互联网与各个行业融合得越来越紧密。金融、医疗、教育、工业、农业、政务等领域都向着数字化的方向迈进。市场对产品经理的需求不断增加，产品经理的待遇也水涨船高。产品经理这个职业吸引了不少人的目光，而因为"人人都是产品经理"的口号，大多数人认为产品经理的门槛并不高，开发、测试、运营、人事等岗位的员工都希望转成产品经理。

在实际工作中，从事产品经理工作的人员具有生物、医疗、金融、计算机、设计、法律等学科背景。不同专业人员的加入壮大了产品经理的队伍。但同时我们发现，产品经理的水平参差不齐。虽然从事产品经理工作的人员多，但是企业在招聘时仍然难以物色到特别合适的人选，而大多数企业又不愿意花时间和精力去培养产品经理，只希望招来的人能直接干活、有产出。

不论是员工（求职者）在应聘产品经理岗位时，还是企业（招聘者）在招聘产品经理时，都存在各自的痛点。对于员工（求职者）而言，往往在应聘产品经理职位时也难免迷茫；企业对于本公司产品经理岗位到底需要什么样的人才，往往也没有一个明确标准。如果双方信息不对称、沟通不深入，很难完美匹配。

不同阶段的产品经理也会面临不同的问题。不论是刚从事产品经理的人士，还是工作了多年的资深产品人士，可能都会时刻感受到来自行业的压力和挑战。

准备成为产品经理的人士或许更想知道的是，自己的性格和专业适合不适合这个职位，这个职位到底需要哪些技能，未来的职业发展路径是什么，在产品经理的行业方向上，应该选择哪个。

有一定工作经验并且准备从其他岗位转型成为产品经理的职场人士或许会更多地考虑成为产品经理后自己之前的工作经验还有没有用武之地，会不会一切又从零开始，自己转型成产品经理之后，是否可以胜任这个岗位。

有多年工作经验的产品经理也面临着向产品经理职业技能的提升问题。虽然这些产品经理从业多年，但是或许由于日复一日、年复一年的重复性工作，他们对产品的思考并不深入，多年下来，其职业技能并没有得到显著提升。

企业与企业之间的竞争归根到底是人才和制度的竞争。企业所面临的招聘不到合适的产品经理的问题，归根到底还是人的问题。企业招进来的产品经理不能很好地胜任工作，需要重新招聘。或者产品经理虽然能胜任工作，但是对工作内容不很满意，刚工作几天就离职，企业又要重新招聘。类似的情况屡见不鲜，这提升了企业的用人成本。

因此，如果从事产品经理工作的职场人士都能努力提升自己的职业技能，明确自己的职业方向，在工作中多一些思考，在自己的工作岗位上创造价值，其实就是在为企业做贡献。

要满足这些看似很简单的要求非常难。主要存在以下两类问题。

- 产品经理的态度问题。貌似人人都可以是产品经理，产品经理的能力高低没有一个明确的衡量标准，所以在实际工作中产品经理很容易偷懒。做事专注、态度端正都是产品经理应该具备的优秀品质。

- 产品经理的能力问题。产品经理本身想做好自己的工作，但是能力有限，事倍功半。即使工作多年的产品经理在面对新的公司、新的业务以及新的产品环境时，也需要不断适应，寻求一种高效的产品方法。现实中大多数公司缺少与产品经理相关的培训，需要产品经理适应工作，在缺少指导的情况下，产品经理在工作过程中会感到力不从心。

如今的产品高速迭代，产品环境瞬息万变。产品经理的角色定位一定是"多面手"。这就对产品经理需要具备的知识和能力提出了更高的要求。产品经理仅仅优秀还远远不够，更重要的是做到让自己"无法替代"。

对于产品经理来说，语言表达和思维的逻辑性是非常重要的。往往我们脑子里的想法很多，但它们无法很好地表达。越是这样，越要加强练习。写出来才能发现自己的不足之处，才能对自己的思维重新进行整理。

产品经理善于思考的能力与习惯同样非常重要。因为产品经理更大的价值是完成创造性的工作，是使产品从无到有的过程。然而，少数产品经理每天做的是重复性工作，或许计算机自动处理就可以，不需要人的参与。例如，如果银行产品经理每天的工作仅仅是获取数据报表，再将之发给业务部门或者领导，这用计算机就可以完成。产品经理更大的价值在于通过数据发现其背后潜在的商机或者产品需求。

市场环境在不断发生变化，产品经理的工作内容也不可能一成不变。产品经理在实际工作中，或许难免会彷徨、失落。在做出卓越且成功的产品之前，产品经理往往会面临没有资源、不被信任、不被理解，甚至被他人冷嘲热讽等情况。在通向成功的产品之路上，产品经理需要砥砺前行。在这种情况下，产品经理更要潜心专注于自己所做的事情。

热爱自己所热爱的。这也是作者想写一本关于产品经理的书的原因所在。

作者的根本出发点是将自己多年从事产品设计的工作经验分享给读者，使产品经理能在实际工作中少走些弯路、提升工作效率。同时，解答一些产品经理在实际工作中的疑问，让他们接触一些成熟的产品经理方法论，在产品经理的职业道路上越走越远。

另外，本书是作者对自己多年工作经验的总结。作者希望能将这一切分享给读者——不论是新入行的产品经理，还是已经工作多年的产品经理。

希望本书可以起到抛砖引玉的作用，唤起更多产品经理对产品的思考。

王佳亮

致　　谢

一本书的诞生需要作者投入大量的时间，整合积累的经验。这个过程是漫长的。

首先，感谢我的家人一直以来对我的支持和鼓励，他们给了我无穷的信心和动力，让我能够专心写作。

其次，感谢行业老师和专家对我的支持，在百忙之中给予指导。

在此要感谢工作中帮助过我的领导和同事，一直以来阅读我的文章、支持我写作并与我互动的朋友和读者。

同时，图书在出版的过程中需要不断完善内容、结构和品质。在此非常感谢人民邮电出版社的各位编辑，以及参与图书出版过程的所有工作人员。

前　言

这些年，作者在工作中接触了不少想从事产品经理的伙伴，解答了不少人提出的与产品经理工作相关的问题，和不少工作多年的产品经理探讨了许多关于产品的问题，也经常同来自市场、运营、技术、财务、法务等部门的工作伙伴进行沟通，了解他们的需求以及他们对产品经理的看法和建议。

在工作中作者发现，如果大家都只站在自己的立场上看待问题，就很难找到最佳的产品解决方案。业务部门或者技术部门的人觉得产品经理什么也不懂，没有深入了解业务或技术，而产品经理觉得业务部门或者技术部门的人没有产品思维，提出的产品需求不合理、没有价值。

因此，不论是产品经理，还是业务线、技术线的从业者，都需要了解彼此工作领域的知识，以便尽量减少彼此在沟通过程中知识不对等带来的障碍，提升沟通效率，减少冲突。本书也是以此出发点而诞生的。本书能使读者对产品经理职位有清晰的认知，明确方向，并在今后的工作中为企业、为社会创造价值，实现自我成长与突破。

本书特色如下。

- 以入门为主。读者在接触新的职位时往往会感到陌生，面对大量的名词、术语，常常会不知所措甚至感到恐惧。本书会以非常简单、易懂的语言，对产品经理岗位涉及的术语进行阐释，让所有刚入行的产品经理快速熟悉和了解产品经理的工作内容。

- 注重基础技能。俗话说，"万变不离其宗"。表面的工作容易模仿和学习，而工作中蕴含的更深层次的理论才是做好工作的关键。将基础知识掌握扎实，产品经理在工作中才能游刃有余。对于在产品经理实际工作中遇到的大部分难题，通过自上向下的拆解后我们可发现，它们往往仅涉及非常基础的知识。

- 实战案例丰富。本书结合实际工作中真实的案例，帮助读者对产品设计涉及的相关理论进行直观的理解。

本书共五部分，总计 12 章。主要内容如下。

第一部分（第 1 和 2 章）讲解产品经理的核心竞争力、执行功能、目标和关键成果，产品经理应如何进行产品分析、产品调研等。对这些基本方法掌握了，读者对产品经理的职责和工作范围就心中有数了。

第二部分（第 3～5 章）主要围绕产品经理需了解的金融知识、人工智能知识、微信小程序知识进行讲解。这些知识是复合型产品经理必备的知识，能帮助读者快速建立基础的产品思维体系。

第三部分（第 6 和 7 章）主要讲解产品应如何实现。通过学习简单的产品功能，读者可全流程体验产品从无到有的构建过程，建立思维框架，逐渐形成适合自己的产品方法论。

第四部分（第 8 和 9 章）主要讲述基础产品构建方法，以基础的数据分析和策略产品为实战案例进行讲解。

第五部分（第 10～12 章）介绍产品经理软实力的塑造。

适合阅读本书的读者如下。

- 准备从事产品经理工作但对产品经理工作很陌生的初学者。

- 对产品经理工作比较感兴趣的大学生。

- 经常和产品经理打交道的其他岗位的职场人士。

王佳亮

服务与支持

本书由异步社区出品，社区（https://www.epubit.com/）为您提供后续服务。

提交勘误信息

作者和编辑尽最大努力来确保书中内容的准确性，但难免会存在疏漏。欢迎您将发现的问题反馈给我们，帮助我们提升图书的质量。

当您发现错误时，请登录异步社区，按书名搜索，进入本书页面，单击"发表勘误"，输入相关信息，单击"提交勘误"按钮即可，如下图所示。本书的作者和编辑会对您提交的错误信息进行审核，确认并接受后，您将获赠异步社区的 100 积分。积分可用于在异步社区兑换优惠券、样书或奖品。

与我们联系

我们的联系邮箱是 contact@epubit.com.cn。

如果您对本书有任何疑问或建议，请您发邮件给我们，并请在邮件标题中注明本书书名，以便我们更高效地做出反馈。

如果您有兴趣出版图书、录制教学视频，或者参与图书翻译、技术审校等工作，可以发邮件给我们；有意出版图书的作者也可以到异步社区投稿（直接访问 www.epubit.com/contribute 即可）。

如果您所在的学校、培训机构或企业想批量购买本书或异步社区出版的其他图书，也可以发邮件给我们。

如果您在网上发现有针对异步社区出品图书的各种形式的盗版行为，包括对图书全部或部分内容的非授权传播，请您将怀疑有侵权行为的链接通过邮件发送给我们。您的这一举动是对作者权益的保护，也是我们持续为您提供有价值的内容的动力之源。

关于异步社区和异步图书

"**异步社区**"是人民邮电出版社旗下 IT 专业图书社区，致力于出版精品 IT 图书和相关学习产品，为作译者提供优质出版服务。异步社区创办于 2015 年 8 月，提供大量精品 IT 图书和电子书，以及高品质技术文章和视频课程。更多详情请访问异步社区官网 https://www.epubit.com。

"**异步图书**"是由异步社区编辑团队策划出版的精品 IT 专业图书的品牌，依托于人民邮电出版社几十年的计算机图书出版积累和专业编辑团队，相关图书在封面上印有异步图书的 Logo。异步图书的出版领域包括软件开发、大数据、人工智能、测试、前端、网络技术等。

异步社区

微信服务号

目　　录

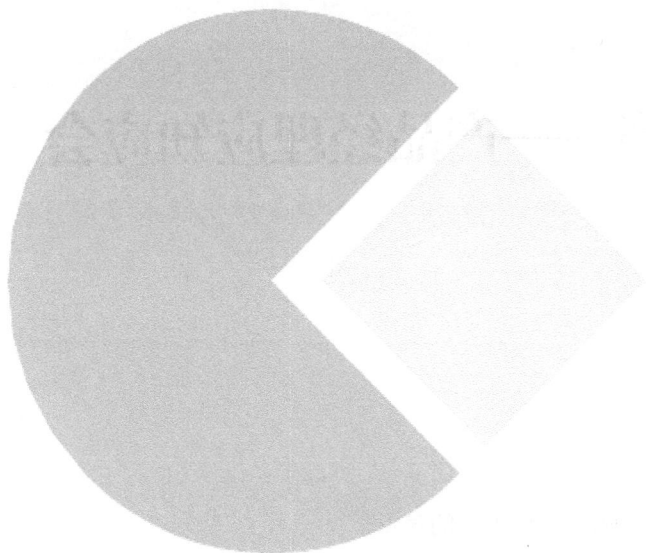

第一部分

第1章　初出茅庐——产品经理应知应会

万事开头难，读者开始阅读本章就意味着开启了新的篇章。

任何公司的立足必然基于其核心竞争力。产品经理也是如此，要做到与众不同，形成自己的产品风格，就必须有非常核心的能力，这些核心能力是产品经理的关键竞争力。

优秀的产品经理在不同领域都有其独有的特质。本章将带领读者进入优秀的产品经理的世界，探索核心竞争力的奥秘。

1.1　核心竞争力

对产品经理这个词读者已经不再陌生。从 1927 年美国宝洁公司出现第一名产品经理以来，产品经理已经有 90 多年的历史。

互联网行业中提出了"人人都是产品经理"的口号。以前的业务分析人员、需求分析人员称作产品经理，运营人员也称作产品经理。会画原型的企业职员也称为产品经理。几乎任何岗位、任何工作都可以与产品经理沾边，这使大众对产品经理形成认知偏差，似乎觉得它的门槛很低。

人人都可以是产品经理。如果我们在家自己做西红柿炒鸡蛋，可以称自己是产品经理；如果自己做一杯手磨的卡布奇诺咖啡，也可以称自己是产品经理；如果自己写一篇原创文章，仍然可以称自己是产品经理。这些场景下的产品经理和职业的产品经理区别在哪儿呢？

以西红柿炒鸡蛋为例，这道菜就是你的产品，但可能做出来连你自己都不想吃，而专业做美食的产品经理的一盘菜可能会卖上百元。这里所谓的产品经理就是高级厨师。同样写文章，普通人的文章估计无人问津，而那些专业人员的文章的阅读量往往很高。

产品经理良莠不齐，职场中的任何人都可以称自己是产品经理。在产品经理的光环下，很多人不能很好地认清自己，也对自己不能有清晰的定位。虽然每天都在工作，但是他们实际上都在制作PPT，每天发一些千篇一律的产品报告，这是产品经理吗？

大多数人会觉得，这是产品经理。几乎每天或者每周都在发产品报告，这不是产品经理所要做的事情吗？似乎很对。

但这是产品经理的核心竞争力吗？

假如这个岗位的工作不由你负责，由别人负责可不可以？或者几乎千篇一律的产品报告由机器来完成可不可以？

在现实工作中读者可能会发现，以前的业务分析师（Business Analyst，BA）现在也称为产品经理，一些偏商务的岗位和售前支持的岗位的工作人员同样称为产品经理，一些偏后台运营和客户维护的岗位的工作人员仍然称为产品经理。

这些人员称为产品经理无可厚非。例如，基金公司负责投资的基金经理、投资经理的确也可以称作产品经理，即金融产品经理。

不仅人人都是产品经理，而且任何岗位也可以称为产品经理岗。称为什么不重要，重要的是产品经理是否具备核心竞争力。

什么才是产品经理的核心竞争力呢？

产品经理管理产品，市场营销学中给出的产品定义是"向市场提供的，引起注意、获取、使用或者消费，以满足欲望或需要的任何东西"。产品经理的核心竞争力同产品密切相关。总体而言，产品经理的核心竞争力如图1-1所示。

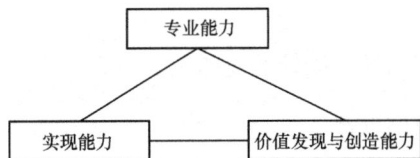

▲图1-1　产品经理的核心竞争力

接下来，结合实际工作中的场景、案例，进一步阐述产品经理的核心竞争力。

先回到西红柿炒鸡蛋的案例。我们饿时需要吃饭，可以为自己炒一盘西红柿炒鸡蛋。

西红柿炒鸡蛋所涉及的思维导图如图1-2所示。

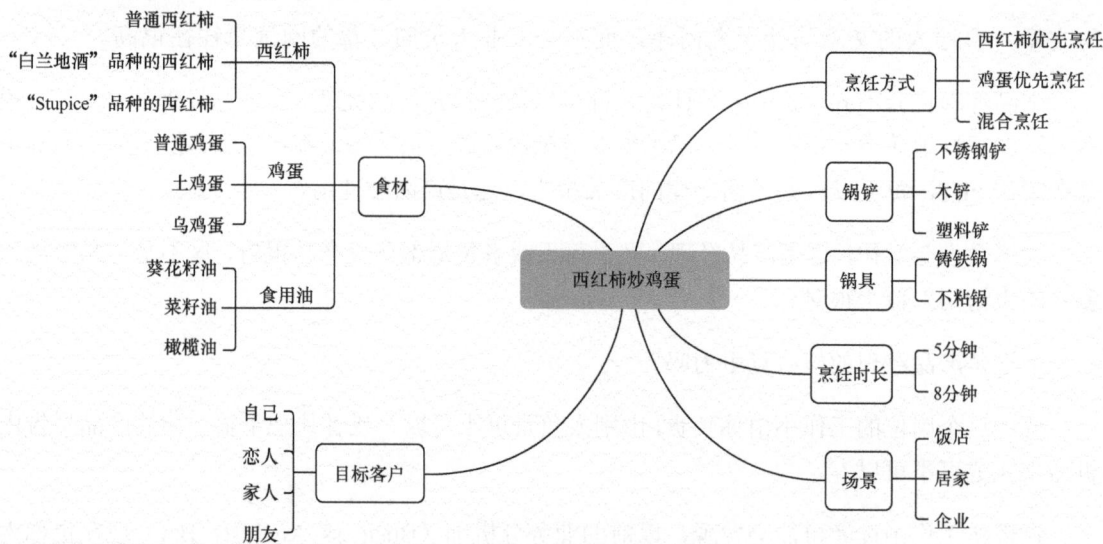

▲图1-2　西红柿炒鸡蛋所涉及的思维导图

五星级酒店的厨师也可以称作产品经理，他的产品就是各种菜肴。通常，星级厨师推出的菜品中，食材更加多样，种类更加丰富，工艺和流程更加复杂。

从这个简单的案例来看，这两种产品经理有哪些共同点和不同点？

共同点是都创造了价值，这个价值不一定是金钱上的价值。

不同点是五星级酒店的厨师在烹饪方面更加专业。

作家格拉德威尔在《异类：不一样的成功启示录》中提出了1万小时定律：任何人对一项工作坚持1万小时，都能成为这个行业的专家。

其实这并不是完全正确的，很多人每天做饭的时间累计早已超过1万小时，但是为什么还是没有成为星级大厨呢？

这就在于专业，这也是产品经理的核心竞争力。

接下来，我们通过一个案例继续分析。

假设你任职的一家对冲基金公司准备做一套自动化的对冲基金产品，以便所管理的对冲基金可以迅速对金融市场上各资产价格的波动做出反应，快速调整对冲策略，从而增加收益。对冲基金所涉及的金融资产的组合投资和资产类型众多，模型复杂。而你就是负责此产品的产品经理。

假如领导让你负责这项任务，你准备怎么完成？

对于产品经理而言，一般要考虑三大文档，也就是我们常说的商业需求文档（Business Requirement Document，BRD）、市场需求文档（Market Requirement Document，MRD）和产品需求文档（Product Requirement Document，PRD）。

BRD 一般是产品生命周期中最早的文档。BRD 主要用来确定准备实施的产品要达到的商业目标或具备的价值，是企业高层进行决策评估的重要依据。

MRD 更侧重于对产品所在市场（market）、客户（client）、购买者（buyer）、用户（user）和市场需求进行定义。这类似于产品的宏观设计。

BRD 用于供领导做决定参考，而 MRD 主要用于向领导呈现产品轮廓。如果这个时候领导有修改意见，我们可以评估修改。

PRD 是我们常见的文档，是我们准备研发的产品由概念化到图纸化的主要文档。产品实施涉及的范围是什么？主要需要实现哪些功能？参数是什么？逻辑流程界面是什么？这些内容都要在 PRD 中体现。

写这 3 个文档，需要哪些知识呢？

- BRD 需要产品经理研究市场，熟悉财务模型。

- MRD 需要产品经理熟悉业务，熟悉客户。

- PRD 需要产品经理有将产品细化的能力。

产品上线后，还需要进行产品市场推广、运营与客户关系管理，确保产品持续迭代与完善。

作为对冲基金产品的产品经理，你是不是要具备金融工程专业的相关技能，并且熟悉对冲基金业务？各种策略的设计不仅需要专业的团队，还需要团队协作。为确保产品如期交付，还需要有项目管理的能力。

仅具备编写 PRD 的技能是远远不够的，在产品实现过程中还涉及专业的计算机系统知识，需要把 PRD 里的产品进一步细化并制作成计算机文档，以便开发人员根据需求进行系统设计。

对于本案例，读者觉得产品经理的核心竞争力是什么？

如果要提高财务管理、市场分析、风险控制、策略模型搭建、项目管理、产品运营、客户关系管理技能的权重，你会给这些技能分别增加多大的权重？

不同行业的权重不同。例如，若你在一家广告公司，肯定市场权重很高。像科大讯飞、四维图新这样的科技公司围绕一类核心产品经营，从核心产品衍生出若干周边产品。这些公司的产品经理一般是行业的专业人士，而由于产品过于庞大，又会出现若干个子产品的产品经理。

再举一个直观的例子，我们很熟悉小米公司的产品，小米公司真正的产品经理是谁呢？其实就是小米公司创始人雷军。

相信读者通过对本案例的分析，明白了什么是产品经理的核心竞争力，即将产品实现的能力，也就是从 0 到 1 实现产品的能力。

继续通过实际工作中的案例进行分析。这次的案例更加详细，可上升到实际操作层面。

假如你负责消费品领域中某个投资类型的产品，并准备对某地区消费品领域的某个产品进行投资，准备投资的消费品领域的产品收益同当地的消费价格指数（Consumer Price Index，CPI）正相关。

同时我们有近 3 年的一组 CPI 数据，如图 1-3 所示。

	A	B 123
1	时间	指数
2	2019Q1	78.6
3	2019Q2	80.1
4	2019Q3	82.3
5	2019Q4	82.4
6	2020Q1	80.6
7	2020Q2	84.3
8	2020Q3	86.2
9	2020Q4	88.3
10	2021Q1	90.1
11	2021Q2	90.2
12	2021Q3	91.8
13	2021Q4	92.3

▲图 1-3　CPI 数据

作为产品经理，当你看到这组数据时，可能会提出如下问题。

- 怎么做？

- 这些历史数据的价值是什么？

- 是否可以通过这些历史数据判断未来消费大致的趋势？

- 这些数据是否能更加直观？

于是我们把这些单调的数据变成直观的图形。数据可视化的方法有很多种，用 Excel 就可以。如果数据量特别庞大，可以用专业的数据分析工具，如 SAS、SPSS、Python 等。当然，或者使用商务智能（Business Intelligence，BI）工具，如 Tableau、QlikView、FineBI 等。

本书使用 R 语言进行分析。使用 R 语言的主要原因是它的功能非常强大，几乎可满足日常商业分析的所有需求，而且免费。我们把数据录入后运行，生成的数据视图如图 1-4 所示。

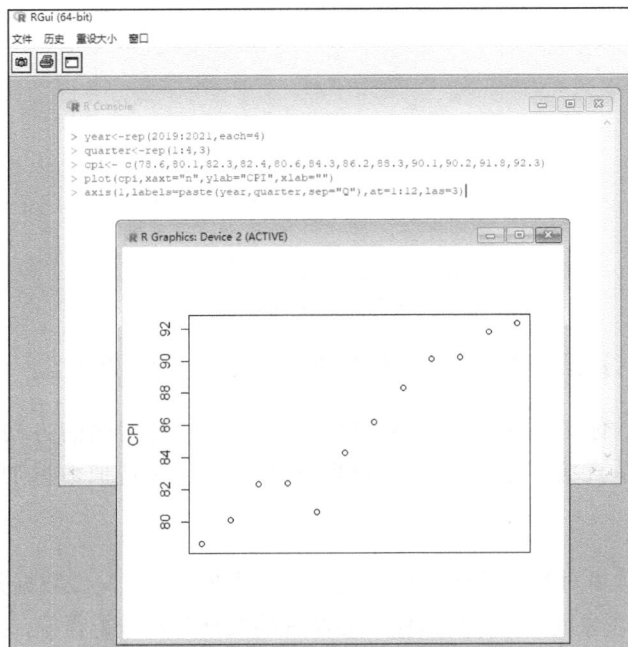

▲图 1-4　生成的数据视图

它是不是比表格中的数据更加直观？但直观并不是我们最终的目的，我们最终的目的是分析趋势，判断是否有必要在当地投资。因此我们需要预测当地 2022 年的 CPI，这需要我们对历史数据做线性回归分析。既然要预测，那么预测的结果就是输出，当然，也需要有输入，而输入就是 Year 和 Quarter。

线性回归模型的形式一般为

$$y_i = c_0 + c_1 x_1 + c_2 x_2 + \cdots + c_k x_k$$

其中，x_i 为预测变量，y_i 为响应变量，c_i 是回归系数，$i = 0,1,2,\cdots,k$。

我们使用 R 语言中的 lm() 函数对数据做线性回归分析。

运行结果如图 1-5 所示。

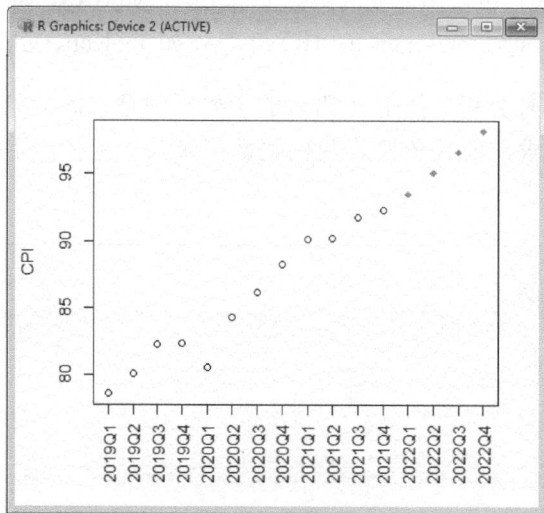

▲图 1-5　运行结果

这些"原材料"（数据）经过产品经理的处理变成了一道"好菜"。

作为产品经理，你是不是对所负责的投资产品有相对明确的方向？如果你要给领导提供数据，你认为是直接把这些枯燥的数据交给领导，还是把数据加工一下再交给领导更好呢？

通过这个细节，读者对产品经理的核心竞争力有什么看法？是做数据分析的能力吗？不仅仅如此。这只是一个表象而已，因为即使产品经理的数据分析做得再好，会比数据分析师更专业吗？不一定。否则，企业设立数据分析岗位就失去了意义。

我们对数据进行分析的最终目的是什么？我们进行数据分析只是一个过程，最终目的是发现商机，扩大市场。

数据分析、视图可视化都是表面现象，并不能成为产品经理的核心竞争力，产品经理的核心竞争力在于通过数据发现产品的市场价值并创造价值的能力。

结合以上分析，相信读者对产品经理的 3 个核心竞争力有了直观认识。

要在某一领域有一定的建树，产品经理不仅要拓展知识的广度，还要拓展知识的深度。如果产品经理对知识、对业务仅一知半解，肯定无法设计出卓越的产品。

优秀的产品经理都有一定的准入资格。

- 通过学历或者具有含金量的资格证书证明自己在所从事领域的专业性。

- 通过工作经验、行业声誉和建树证明自己在所从事领域的专业性。

然而，有人认为只看重能力就可以了，学历和其他的什么资格证书根本不重要。这个观点没有错，但能力如何直观地量化呢？在实际工作中，应聘者认为自己精通软件开发，结果连简单的软件工程师考试都通不过，这在逻辑上是矛盾的。产品经理是否"专业"，需要通过资质和经验来证明。

产品经理"实现"产品的能力是很难塑造的。创意人人都可以有，但是能把创意转变为产品的产品经理不多。

例如，在外卖平台产品出来前，很多人发现了这个商机。有的人想一想就结束了，止于理念；有的人则付出行动。即使如此，如今的外卖平台产品也仅剩下几家。

假如你是外卖平台产品的产品经理，产品的实现难度可想而知。如果你能将产品落地，并快速占领市场，那么这就是你的核心竞争力，因为这样的人太稀缺了。

产品从 0 到 1 看似简单，但需要产品经理有大量的知识和经验，需要不断努力。

产品经理的价值体现在把产品做到极致，不断开拓市场、获得用户、创造效益。这是看似很容易的一件事，但实际上不容易。

产品时刻面临着竞争风险与迭代风险，那些看似容易的成功产品实际上充满艰难险阻。产品的价值印证了产品经理的核心能力。

所以产品经理分析市场、分析数据，把产品做到极致，都是创造价值的一个个微小的点。每一个微小的点的价值看起来并不明显，组合起来却能释放出巨大的能量。

产品经理的能力分为术和道。做事的方法是术，做事的原理和原则是道。

所以产品经理一定要有战略眼光。只有方向对了，你的专业性、产品实现能力以及创造价值能力才能体现出来。

1.2　执行功能

有人说自己在产品经理岗位有 3 年的工作经验，自己每天努力工作，写产品文档、开产品会议，但领导说他的产品工作做得不到位。

类似于这样的问题在产品经理的实际工作中很常见。设计师没有理解产品理念而导致产品设计出现偏差，开发人员在产品实现上遇到的技术问题导致产品交付延期，产品经理辛辛苦苦调研并交付的产品没有达到领导的预期，这导致产品经理只有苦劳而没有功劳。这就需要产品经理在日常工作中锻炼自己的执行功能。

执行功能是不是"执行力"？并不是。

"执行力"（executive force）是个人或团队的一种综合能力。

而执行功能（Executive Function，EF）是控制和自我调节行为所必需的一系列认知技能。虽然执行力和执行功能都可以称为 EF，但两者有着本质的不同。

执行功能框架如图 1-6 所示。

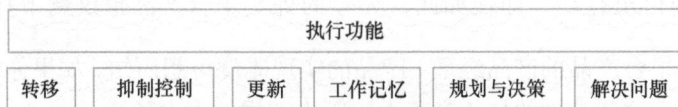

执行功能					
转移	抑制控制	更新	工作记忆	规划与决策	解决问题

▲图 1-6　执行功能框架

由此可见执行功能属于认知技能，由多个认知指标构建而成。

执行功能与大脑的背外侧前额叶皮层、腹侧前额叶皮层、眶额皮层和前扣带皮层这些区域相关，而且可以通过实践和认知训练培养与改进执行功能。

1.2.1　如何测量和评估执行功能

很多时候，其实我们自己也并不能真正了解自己。就像心跳，我们知道心跳快慢，但不测量就很难量化自己的心跳指标。只有量化，才可能发现数据背后的信息。对于产品经理也是如此，评价产品也会有一系列的指标。

大量研究表明，在进行执行功能相关认知任务测验时，大脑的前额叶皮层会被显著激活。执行功能测量和评估可以采用神经心理评估系统，这些理论已经非常成熟，有相关的学术理论支撑，经过科学验证，比较可靠。

执行功能测评方法如图 1-7 所示。

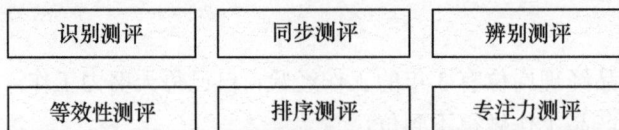

识别测评	同步测评	辨别测评
等效性测评	排序测评	专注力测评

▲图 1-7　执行功能测评方法

- 识别测评：产品经理对不同声音、图片或者视频呈现，识别呈现顺序同呈现内容的对应关系。

- 同步测评：产品经理通过用鼠标或者其他输入设备，跟随屏幕上所呈现的物体进行操作；或者根据屏幕上的单词与其颜色的对应关系，给出相应的响应。例如，屏幕呈现的文字是"太阳"，但呈现的图片是"月亮"，产品经理要迅速区分并给出响应。

- 辨别测评：产品经理通过观察屏幕上所呈现的数字和不同的形状来辨别哪个更大。例如，屏幕上的一个小圆中显示 10，一个大圆中显示 1，产品经理应不受形状大小的影响，正确辨别出数字的大小。

- 等效性测评：产品经理观察屏幕上实时出现的颜色名称，当该单词对应于其表示的颜色时，产品经理必须尽快给出响应；若它们不对应，则不需要给出任何响应。

- 排序测评：产品经理观察屏幕上依次出现的物品的顺序，然后将打乱顺序后的物品按最初出现的顺序进行排序。

- 专注力测评：产品经理观察屏幕，各种刺激视觉的信号将随机出现在屏幕上，产品经理需要快速给出响应。

在理论和学术上，比较成熟的执行功能测评方法主要如下。

- 威斯康星卡片分类测验。

- 康纳尔量表持续操作测验。

- 延迟选择/不选择测验。

- 自定顺序确认。

- 尝试测验。

- 斯特普鲁实验。

- 剑桥神经心理测试自动化成套量表。

关于以上测评方法，有兴趣的读者可自行进行深入研究。

通过这些测评方法，产品经理可以得到一个量化的测评指标，并通过后续的执行功能训练生成连续的测评指标曲线。就像读者要在跑步中"打卡"一样，最初可能跑 1000 米需要 10 分钟，随着自己的不断训练，可能不久后 8 分钟就可以跑 1000 米。微小的进步也可以通过数据反映。

1.2.2　如何训练和培养执行功能

产品经理执行功能的训练和培养可以从以下维度进行。

1）反应抑制

在日常工作中，产品经理难免会同开发、设计、业务等部门的工作人员有争论。而在反应过激、缺乏抑制时，产品经理很容易说错话、做错事。所以，产品经理需要在说话、做事前考虑后果。方法就是，在说某些话或者做某些事前，自己心里默念 8 秒，在带有情绪时往往不应急于做决定。遇到比较棘手的场景，多以这种方法实践几次。

2）工作记忆

产品经理每天有各种工作任务，这就需要产品经理清楚完成各项工作任务的步骤。产品经理需要对已获得的信息进行存储和加工，结合自己以往的工作经验解决目前工作中所遇到的问题。例如，产品经理在设计一个产品时，当前产品功能在以前的产品中实现过，当时曾经遇到很多"坑"，过去"填坑"的方法可以作为现有产品"填坑"的参考。同时，产品经理要不断在工作中梳理步骤，预测未来可能出现的问题，并提早进行规划。

3）情绪控制

在实际工作中，产品经理会对产品能不能如期上线感到很焦虑，对产品上线成功感到很开心，对产品上线失败或没有达到预期又会感到失望。从字面上理解，情绪控制和反应抑制有一定的相似之处。这里的情绪控制更多是指产品经理为了完成复杂工作任务而管理自己情绪的能力。例如，若产品经理对产品是否能按时上线感到很焦虑，饭也吃不下，觉也睡不好，这会影响工作。而情绪控制的训练更多的是要找出情绪产生的原因。通过根因分析法进行剖析，找到问题的解决方法，消除情绪的负面影响。

4）适应性

产品经理面对的是瞬息万变的产品环境，政策、市场、客户都会有不同程度的变化。同时，还会面对在产品实施过程中遇到的各种挫折、阻碍、错误。这就需要产品经理有极强的适应性，面对新的变化，为适应环境而调整计划。在实际工作中，产品经理需要有全局意识，每次遇到变化应尽可能更多地收集信息、分析原因，在产品工作上做一个"有心人"，通过各种实战积累经验，在产品实战中逐渐提升适应能力。

5）专注力

从工作的视角来看，专注力是指完成当前工作任务而不被其他事情分散注意力的能力。

在生活中，当做一些事情时，人们常会被各种"提醒"打扰，因此不能专注。产品经理可以从一次只做一件事、不让小事情中断重要任务这种小的场景入手，不断提升自己的专注力。在做一件事的时候，关闭所有的通知，例如，让手机静音、关闭邮箱、退出各种聊天软件。

6）积极主动

在实际工作中，产品经理要有主观能动性，主动发掘产品的功能和价值，而不是等着领导来安排工作任务。毕竟产品经理的工作是具有创造性的，而不是每天重复的作业。对于制订的产品计划和指定的工作任务，产品经理要自觉完成。产品经理需要对自己所做的事情有热情。

7）计划排序

面对繁杂的工作内容，产品经理需要做长期和短期的计划。对于长期的产品规划，产品经理可以通过工作分解结构（Work Breakdown Structure，WBS）以及里程碑的方式确定；对于更长远的计划，可根据公司战略和产品路径图（roadmap）进行；对于短期的计划，可采用事情分类的四象限法则进行排序（见图1-8）。

▲图1-8　事情分类的四象限法则

一年之计在于春，一日之计在于晨。产品经理在开始一天的工作之前，需要列出当天的任务清单，按优先级排序，通过合理的时间计划处理每一项工作任务，以提高工作效率。每天下班后，对自己的工作进行复盘，以便于不断改进、完善。

8）组织能力

产品经理需要同各个部门或团队（如运营、研发、财务、测试、设计、市场等）产生联系。产品的最终实现需要各个部门通力协作。这就需要产品经理将各个部门或团队有效组织起来，最终形成合力。组织能力的培养一方面可以在日常的工作中进行，另一方面可以从身边的小事做起，例如，你可以把家或者自己的办公桌收拾得井井有条——这也是一种组织能力的培养。

9）时间管理

产品经理的时间非常宝贵。对于产品而言，上市的时机也很重要，晚一天或者晚一小时都有可能对营销效果造成重大影响。做好时间管理、提升工作效率，本身就是一种价值创造。产品经理需要对时间敏感，学会"做减法"——减少不必要的干扰，也要学会拒绝。

10）目标持久

产品经理应该是很专一的人。既然通过各种战略分析、市场分析、环境分析、产品分析确定了产品目标，就要坚持下去，努力将产品实现。而这个过程充满了各种不确定性和各种阻碍。产品经理需要有为了达成产品目标而战胜各种艰难险阻的毅力。

11）自省

产品经理需要不断地自省，认识到自己的不足。在工作中对产品进行"复盘"其实也是自省的过程。人无完人，产品经理对来自业务部门、研发团队或者用户的评价、意见都要虚心接受，从而更多地反省，进行自我评价和自我监督。

以上先后从对执行功能的测试和评估、执行功能的训练和培养两个不同的视角阐述产品经理执行功能养成。

当我们需要解决问题时，如果能从问题表象去发掘更深层次的原因，问题就会迎刃而解。

产品经理的执行功能正是产品经理工作最基础的支撑。通过对产品经理执行功能进行抽丝细化，锻炼和提升产品经理的执行功能，从而可提高领导和业务部门对产品经理工作的满意度，进而提高市场和用户对产品的满意度，最终打造出卓越的产品。

1.3　目标与关键成果

目标与关键成果（Objectives and Key Results，OKR）是一套明确和跟踪目标及其完成情况的管理工具，最初由英特尔公司创始人安迪·葛洛夫（Andy Grove）发明，原本是英特尔公司用于解决目标聚焦与执行效率的工具，之后被谷歌成功使用，现在也逐渐被很多国内的公司采用。OKR 金字塔如图 1-9 所示。

如今的企业正处于风云变幻的市场和国际环境之中，各种不确定性极高。要使企业在激烈的市场竞争中屹立不倒并且高速发展，需要有不断创新并且具有核心竞争力的产品推出，这就需要公司的产品经理的视野有一定的前瞻性。

正如所谓的"冰激凌效应"，其观点是如果产品经理的工作任务是卖冰激凌，那么产品经理就要在冬天卖，如果产品经理能在冬天这种逆境中生存，就不会害怕在夏天的竞争。

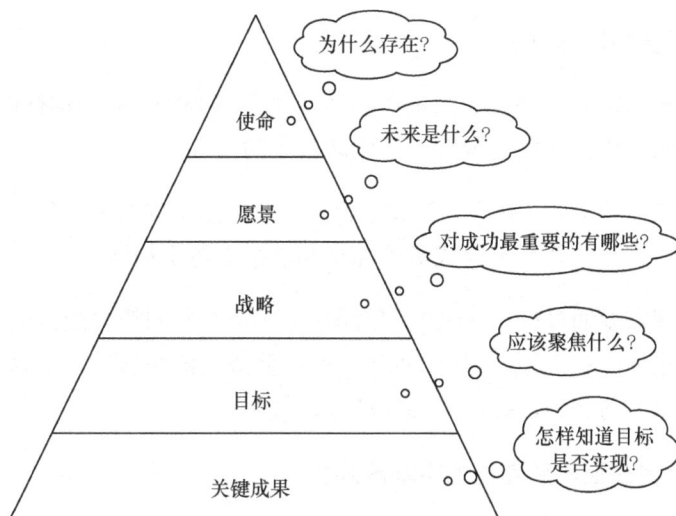

▲图 1-9　OKR 金字塔

原因很简单——冬天顾客少，这会逼迫产品经理想方设法降低成本、改善服务，采用各种产品策略来使自己的冰激凌有竞争力。OKR 正是这样的工具，可用于帮助产品经理关注目标、聚焦产品操作，做出卓越的产品。

OKR 并不是绩效考核的工具，而是一个体现目标、体现成果的工具。

OKR 侧重于结果导向，可以防止产品经理在工作中过度迎合指标，避免仅为了满足指标而"装模作样"，不注重实际效果。

1.3.1　产品经理确定 OKR 的意义

OKR 一方面明确所做产品工作的目标，使管理层知道产品经理所做的事情；另一方面给管理层一个结果，使管理层看到产品经理的产出。

本节讨论产品经理确定 OKR 的意义。

1．提升产品同公司战略的匹配度

每家公司都有自己的使命和战略，而公司的战略可以看作一个目标。产品经理在设计产品时，首先要同公司战略保持一致。

产品经理通过 OKR 明确产品的目标与方向，可以很清晰地看到自己准备设计的产品是否符合公司的发展方向，避免同公司的战略目标背道而驰。

2．增强团队成员的目标意识

产品经理一定不能仅会写 PRD，如果产品经理仅会写 PRD，那么这样的产品经理太呆板。产品经理非常重要的工作任务就是激发产品团队成员的士气。

产品最终的落地需要运营、研发、测试、设计、营销团队的通力协作。各团队成员最初往往不知道你要做什么产品，并且不同成员的知识和性格也各不相同。

因此，产品经理需要通过确定 OKR，使团队各成员有共同努力的目标和方向，并能很明确地知道最后的结果标准和范围。通过 OKR 提升团队成员的归属感，增强团队成员的目标意识，并让他们为之思考与努力，提升产品团队工作效率。

3．快速提升产品适应不断变化的市场的能力

产品经理是产品的指挥官。通过确定 OKR，产品经理可以很清晰地描绘出产品战略部署。一般来说，产品经理确定 OKR 往往需要以半个月、一个月或者一个季度为周期，这样产品团队就能以相对比较高的频率来复盘前期产品设计、产品策略的合理性，从而适应不断变化的市场。

例如，我们设计一款产品，切入一个"蓝海市场"，最初的 OKR 是让用户熟知；而随着市场的变化，可能出现越来越多的竞争者，此时 OKR 会调整为做这个领域内"最优秀的产品"。产品经理通过确定 OKR，可以使工作聚焦在少数关键事务上，从而提高产品在市场上的竞争力。

1.3.2　OKR 和 KPI 的区别

在实际工作中，一些公司同时使用 OKR 和 KPI。

关键绩效指标（Key Performance Indicator，KPI）是通过对组织内部流程的输入端、输出端的关键参数进行设置、取样、计算、分析，衡量流程绩效的一种目标式量化管理指标，是把企业的战略目标分解为可操作的工作目标的工具。

OKR 注重实施的目标路径，重视结果与方向，而 KPI 注重更快地朝着结果和方向前行。

如果你经营着一家大巴车公司，下属确定的 OKR 是"让更多的乘客乘坐大巴车"，KPI 则是"提升大巴车的上座率"。上座率是上座人数与总座位数的百分比。

假如大巴车上有 50 个座位，某个月有 10 个人乘坐，上座率是 20%。用 KPI 考核，会有什么问题呢？假如下个月的 KPI 要求上座率不低于 20%，但发现下个月仅有 5 个人乘坐，上座率明显达不到 KPI，怎么办呢？

把座位减少到 25 个，上座率会是 20%，似乎可满足 KPI 的要求，但这对企业发展毫无帮助。

OKR 则是让产品经理更深层次地去发现问题。乘坐的人少了，是乘客对服务不满意还是市场有了新的竞争者进入？简而言之，OKR 和 KPI 的区别如表 1-1 所示。

表 1-1　OKR 和 KPI 的区别

OKR	KPI
做正确的事	把事情做正确
重视结果	重视过程
有一定挑战（超越）	满足要求（保守）
非考核工具（与绩效脱钩）	考核工具（与绩效挂钩）
双向互动（自上而下和自下而上）	自上而下
是目标	是指标
相对开放	相对封闭
主动执行（自驱力）	被动执行（执行力）
动态调整	相对稳定
持续跟踪	考核时才关注

1.3.3　产品经理如何确定 OKR

产品经理确定 OKR 需要遵循的原则如下。

- OKR 要同企业发展和战略一致。

- OKR 要有明确的时间范围。

- OKR 要明确方向。

- OKR 要具备可实现性并且具有一定挑战。

产品经理确定 OKR 的方式如下。

- 自上而下，是指管理层或者产品经理的直属主管直接将 OKR 划分给产品经理，产品经理将之分解后再划分给产品团队。这种方式的优势是可以快速进行划分，有效传递，便于产品经理同上级、同产品团队的协同。这种方式要求管理层即产品经理的上级有较强的规划意识和前瞻视野，对公司、对下属目前正在做的事情和将来要做的事情非常熟悉，这对 OKR 制定者的能力要求比较高。

- 自下而上，是指由产品经理或者产品团队成员自发制定各自的 OKR。产品团队成员的 OKR 由产品经理汇总，产品经理由此制定 OKR，然后由产品经理的上级进行汇总。这种方式的优点是可以激发团队成员的主观能动性，提高团队成员的参与度，使团队成员和产品经理在确定 OKR 的同时，进一步熟悉公司的战略方向。

产品经理确定 OKR 的基本流程如下。

（1）明确公司战略与发展方向。

（2）确定 OKR 及其优先级。

（3）持续跟踪和检视 OKR 的执行情况。

（4）对 OKR 升级与迭代。

接下来，介绍产品经理在实际中如何确定 OKR。

假如你是一名负责银行消费信贷数字化的产品经理，银行领导决定让你负责开发一款用于实现个人贷款数字化的产品。

作为产品经理，你如何确定 OKR？

既然领导让你负责这款新产品的开发，你首先要和领导深入沟通，了解领导的目标和要求。因为每家公司中领导的风格不一样，如果领导已经制定好了他的 OKR，产品经理其实自上而下地进行 OKR 的制定就可以了，这种方式比较简单；如果领导给了产品经理极大的自由度，产品经理就要根据实际情况，确定 OKR，这个 OKR 更像是一个承诺。

作为产品经理，你肯定要规划自己所负责产品的路径图。

最初确定的 OKR 一般比较简单。既然要数字化个人贷款产品，数字化是关键。非数字化的个人贷款业务可能需要线下申请，也可能申请周期非常长，用户申请的流程复杂。

在撰写这款产品的目标时，从两个方面出发：一个是产品要做什么（[副词]）+（[动词]）+（[名词]）；另一个是为什么这样做（[以动词]+[名词]）。

这款产品可以描述为"一款全数字化、快速的个人贷款产品"。产品经理最初确定的 OKR 如表 1-2 所示。

表 1-2　产品经理最初确定的 OKR

OKR	说明
[Objective] 1	打造数字化个人贷款产品
[Key Result] 11	用户贷款申请无纸化
[Key Result] 12	用户贷款进件自动化
[Key Result] 13	用户贷款审核智能化
[Objective] 2	打造快速个人贷款产品
[Key Result] 21	贷款申请流程极简
[Key Result] 22	贷款进件准确高效
[Key Result] 23	贷款审核放款实时

第一期产品上线后，可能会到一个新的阶段。这个时候，产品经理可以通过对 OKR 复盘，确定新的 OKR。产品经理在确定新的 OKR 时，往往是定性的，而不是定量。这不是说完全不可以定量，而使用定量目标往往会给产品经理带来压力，太纠结数字会抑制产品经理思考的创新性，而且稍有不慎会使 OKR 变成 KPI，违背确定 OKR 的初衷。

OKR 体系的内容其实是非常多的，本节不可能面面俱到，只能抛砖引玉。因为 OKR 摒弃了针对产品经理岗位的绩效考核，所以 OKR 能够充分释放产品经理的潜力，同时可以让产品团队内部的沟通变得更加透明，组织更加扁平，工作更高效。

而对于 OKR 的检查和评价，我们可以使用 SMART（Specific、Measurable、Attainable、Relevant、Time-bound）方法进行检查。

- 产品经理所确定的 OKR 是不是比较明确，没有歧义？
- 产品经理所确定的 OKR 是不是可以定期或不定期地进行跟踪？
- 产品经理所确定的 OKR 是很容易达到还是具有一定挑战性？实现的可能性是多少？
- 产品经理所确定的 OKR 是否指定了责任人？

- 产品经理所确定的 OKR 是否有时间范围？

总而言之，产品经理确定的 OKR 对组织发展有重大的意义。它能促使产品经理、产品团队，甚至是公司全体员工走出舒适区、超越能力边界。挑战使产品经理有忧患意识，不断改进产品，从而适应竞争激烈的市场。只有不断改善、创新和突破，才能让产品经理的能力不断提升。对个人是如此，对团队如此，对公司也是如此。

第2章 略知一二——产品经理基本技能养成

"略知一二"看似微不足道，却是产品经理进阶的必经之路。很多初入行的产品经理往往觉得产品经理需要涉及的领域太广，因此不知所措，学习了很长时间，还停留在"皮毛"阶段。

本章以产品经理基本技能"养成"为视角，阐述产品经理需要掌握的产品分析、产品调研、产品体验技能。

2.1 产品分析

对于现代社会的商业市场而言，友商之间的产品竞争非常激烈。产品经理要想使自己的产品在市场中立于不败之地，首先就需要知彼知己。而知彼的主要方法就是进行产品分析。产品分析也是产品经理必须具备的基础技能之一。

产品经理进行产品分析，一方面要熟悉竞争对手的产品情况，另一方面要通过产品分析发现自己产品的不足，找出产品的迭代方向，取长补短。通过产品分析，产品经理可以从主观和客观两个维度得出产品在市场中的真实情况，进一步加深对市面上产品所承载的业务、流程、功能的理解，并在此基础上发现新的产品需求，从而进一步提升产品的竞争力。

2.1.1 基本流程

对于产品经理而言，面对不同企业，产品分析的侧重点也不同。

目前市面上缺少理论联系实际的产品分析实战体系。产品经理（尤其是刚入行的产品经理而言）对产品分析往往无从下手。对于不同行业的产品，属性不同，分析的侧重点也就不同。

对于产品分析，产品经理可以从以下几个方面着手。

（1）确定分析领域。产品经理在进行产品分析前，要确定产品属于哪个领域。

（2）选定主要产品。同一个领域内产品很多，要选定主要且比较有特点的产品。

（3）确定分析目标，明确自己想通过产品分析达到什么样的效果。

（4）选择分析模型。

（5）制定分析框架。

（6）开展产品分析。

（7）编制分析报告。

产品分析基本流程如图 2-1 所示。

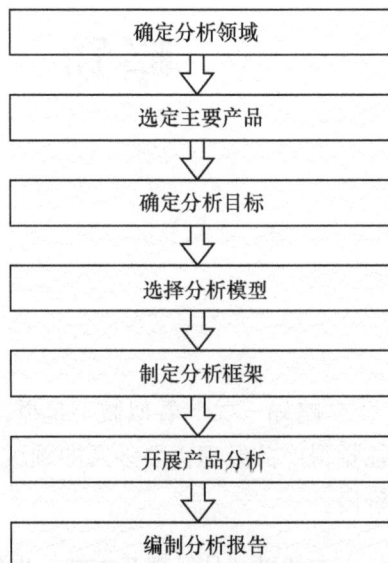

确定分析领域

选定主要产品

确定分析目标

选择分析模型

制定分析框架

开展产品分析

编制分析报告

▲图 2-1　产品分析基本流程

本节以语音社交产品为例展开讨论。假设我们打算做一款语音社交类软件，那么我们确定分析的领域为社交领域，之后我们在这个领域中选择若干款代表性的产品。

当选择产品时，规模不宜过大也不宜过小，而应选择最合适的。虽然涉及社交领域，但如果我们直接把微信、QQ 当作产品来分析，其实并不很合适，因为对于我们想新做的社交软件而言，微信和 QQ 都太"大"了。我们选择一些类似的、在初创期的社交软件应更合适，也可以在分析产品的同时掌握对手公司的发展方向。

在进行产品分析之前，我们已经调研了市面上很多基于语音社交的 APP，有些 APP 做得也不错，但由于一些状况被下架了。因此精挑细选，选择如下产品。

- Anchor。

- Otter Voice Meeting Note。

- Spoon。

目标产品选取完成。接下来，我们进入基本的产品分析实战环节。

2.1.2 产品简介

Anchor 是一款个人语音广播软件，可以将语音转换为以视频方式展现的流动文字，以便应用于某些不方便播放声音的场景。另外，Anchor 也可以在 Instagram 与 Meta（原 Facebook）等平台上分享。同时，Anchor 这款应用的用户体验很好，例如，只要把耳朵靠近听筒即可开始收听音频，使用手机录音的方法就像打电话一样，非常简单。之后与用户相关的语音数据可以无缝地上传云端并于该平台播放。

Otter Voice Meeting Note 其实更像一款工具软件，它可以理解为语音笔记软件。通过自然语言处理（Natural Language Processing，NLP）技术，Otter Voice Meeting Note 实时将语音转换为文本，适用于记录一些会议或者谈话内容，支持搜索以及与团队进行内容共享。根据用户反馈信息，此款软件受用户认可的原因在于其将语音转换为文本的准确率很高。

Spoon 是一款基于语音的专为想要结识新朋友的用户创建的平台，通过音、声结交朋友。产品核心卖点是"有趣"，在该平台上有很多的社交趣味资讯，如卡拉 OK、广播电台、饮食课程等。同时，Spoon 为用户提供非常有趣而且丰富的话题，通过互动，用户可以找到志同道合的朋友。

2.1.3 产品矩阵

我们主要从产品的图标、安装量和用户特点等方面进行观察。产品矩阵如图 2-2 所示。

图标	口号	安装量	用户特征	反馈	开发人员
	Make your own podcast	500万+	• 语音转字幕 • 聆听自己喜欢的内容 • 语音切分 • 分发 • 数据分析	• 发布便捷 • 检索功能不好用 • 部分转字幕等待时间较长	Spotify Ltd.
	Otter is where conversations live	500万+	• 语音转文本 • 准确度较高	• 语音转文本的准确度高 • 普通版录音时长有限制 • 希望可以处理本地文件	Otter.ai
	Be yourself and find your community	1000万+	• 声音交友 • 直播互动	• 有趣 • 交流方便 • 韩语交流居多	Spoonradio.co

▲图 2-2　产品矩阵

2.1.4　视觉分析

　　Anchor 的界面非常简洁、功能突出，操作指引非常明确，用户可以很快上手。录音按钮使用通用的红色，单击后即可录音，录音完成后可以保存或者编辑。底部的导航栏运用滑动联动的操作方式，不用的按钮获得焦点，利用背景色向用户进行视觉反馈。Anchor 产品的主要页面如图 2-3 所示。

▲图 2-3　Anchor 产品的主要页面

　　Otter Voice Meeting Note 的初始登录页面非常简约，加上严谨的设计风格，直观上给人的印象是这是一款侧重于商务应用的软件。这款软件的卖点是智能，所以在设计风格上具有一定的科技感。管理版块使用了传统的抽屉式操作样式，非常经典，用户接受度较高。在主页面突出了录音的功能，展现出了产品的特色与主题。总体配色沉稳，非常不错。Otter 产品的主要页面如图 2-4 所示。

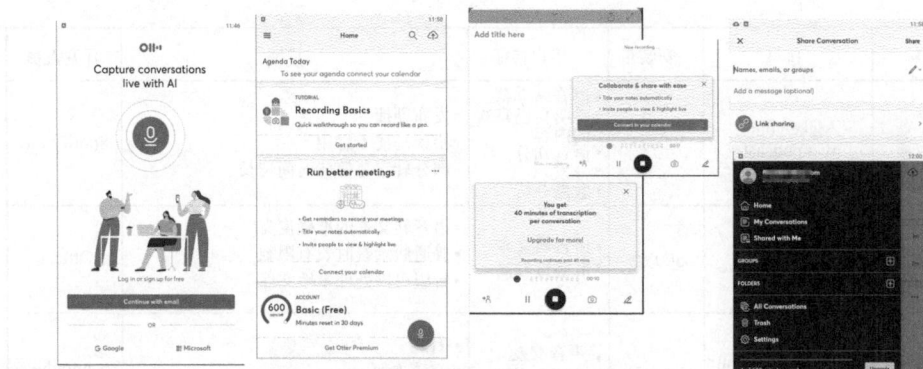

▲图 2-4　Otter 产品的主要页面

　　Spoon 的总体设计风格比较有冲击力，其配色给人以充满活力的感觉。Spoon 在产品模块设计上总体而言比较合理，而且不断强调重点。交互体验比较好。美中不足的是细节有所欠缺，比如，在用户首次使用时会有一种不知所措的感觉。Spoon 产品的主要页面如图 2-5 所示。

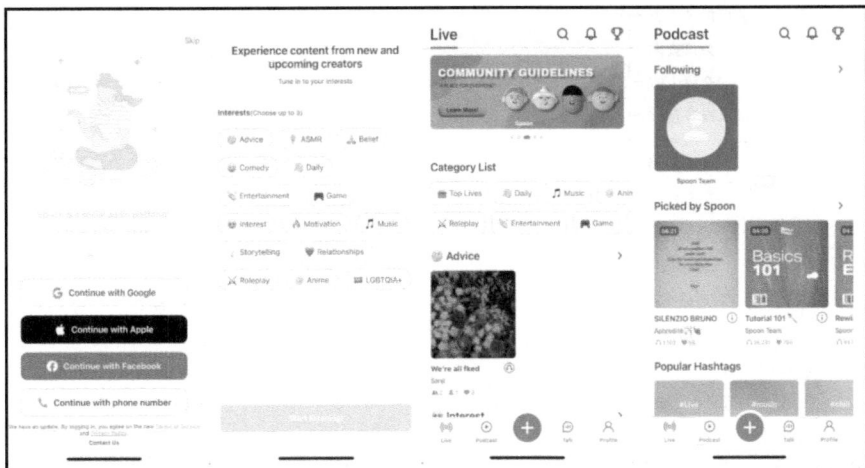

▲图 2-5 Spoon 产品的主要页面

2.1.5 功能分析

Anchor 的功能非常集中与简洁，使大多数用户第一次使用就知道这个产品能提供什么服务、应如何使用。所有的主要功能都在"工具"模块中。这款软件和其他软件不同的是，它为用户提供了一个分析功能。Anchor 产品的功能结构如图 2-6 所示。

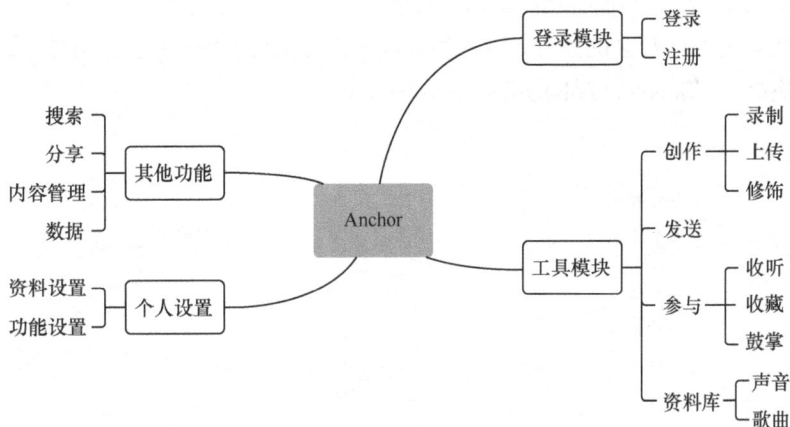

▲图 2-6 Anchor 产品的功能结构

Otter Voice Meeting Note 是一款偏商务应用的工具软件，虽然也有分享和加组的功能，有一定的社交属性，但功能并不很强大。这款软件的录音时长也有限制，需要升级为专业版才可以享受更多的服务。Otter Voice Meeting Note 在功能设计上比较简单。它不仅为用户提供了记录、转录、共享功能，能满足日常的语音记录需求，还支持将会议转换为可搜索的备注。如果加上智能分类与标签功能，它将进一步提升用户体验。Otter 产品的功能结构如图 2-7 所示。

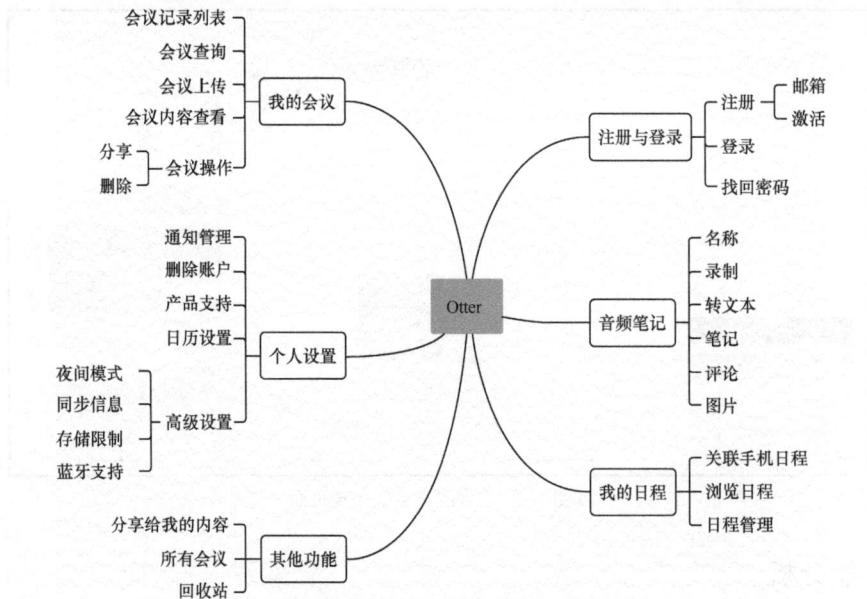

▲图 2-7　Otter 产品的功能结构

用户首次进入 Spoon，需要填写信息和兴趣爱好，这一点同微博有些类似。它在功能上围绕直播、播客、交谈这 3 个核心功能展开，并将之贯穿于整个应用。不过功能太突出反而可能给用户造成困扰，这一点不很好。其核心功能是语音直播，没有什么特别之处。和其他语音产品相比，这款应用更注重用户交互与社区的建立，以各种好玩的直播来增加用户黏性。另外，如果加上自动推荐功能，它就更好了。Spoon 产品的功能结构如图 2-8 所示。

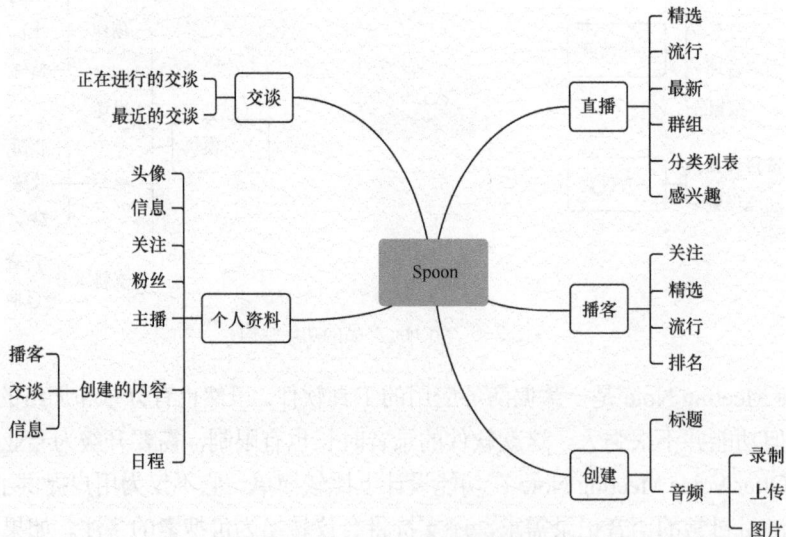

▲图 2-8　Spoon 产品的功能结构

产品一般会经历 4 个阶段——萌芽期、成长期、成熟期、衰退期。产品分析其实要贯穿于整个产品的生命周期。

除分析产品本身之外，我们还需要进行产品的市场分析、用户属性分析、商业模式分析，并运用多种分析手段和分析工具。我们可以从定量的角度进行分析，也可以从定性的角度进行分析。

另外，我们还需要从产品的范围层、结构层、框架层、表现层进行深入剖析。根据波特五力模型、波士顿矩阵（BCG Matrix）、STP 理论、德尔菲法、5W2H 分析法、SWOT 分析法等分析方法，进行全面研究，同时要依赖大量的数据。以上这种分析往往已经上升至一个公司产品经营与发展的战略层面。

限于篇幅，这里不能面面俱到。在实际工作中，我们可以着重于某一个或某几个点进行分析，在人力和资源有限的情况下进行聚焦，从而达到产品分析的目的。

2.2　产品调研

本节以数字医疗产品为例展开讲解。产品经理在做数字医疗产品调研之前，要先了解数字医疗的定义。

数字医疗是把现代计算机技术、信息技术应用于整个医疗过程的一种新型的医疗方式。也就是说，数字医疗的目标是将医疗设备进行网络化、数字化，将医院管理信息化，并实现医疗服务的个性化。

数字医疗的发展离不开通信技术的发展。任何一次通信技术的发展都会给行业产品带来机遇。通信技术的发展经历了 1G、2G、3G、4G 和 5G 时代。

5G 的低时延、低功耗以及高带宽的特点，使各种设备均可以进行网络接入。除现在常见的可穿戴设备（如手表、眼镜）与智能家庭设备接入之外，5G 使远程在线医疗成为可能。智能医疗也可以让专家远程操作设备，完成对患者的检查或手术。

通信技术的不断发展为数字医疗的高速发展奠定了基础。数字医疗的未来充满无限可能。在 5G 时代，除在 VR 游戏、无人驾驶、智能物联、移动办公、会议直播、视频监控、智能城市等领域会诞生大批的独角兽企业外，在数字医疗领域也会涌现出非常多的优秀企业。本节会介绍如何完成数字医疗赛道的产品分析。

2.2.1　数字医疗市场

作为医疗市场中不可或缺的重要组成部分，数字医疗近年来增长十分迅速。我们将数字医疗划分为以下模块。

- 医疗服务商，主要是指与数字医疗相关的软硬件解决方案提供商，如智慧病案、临床决策支持系统（Clinical Decision Support System，CDSS）、医疗影像、新药研发、手术机器人、基因检测等，涉及医疗的基础服务供应。

- 在线医疗服务，主要是指我们目前常见或者常用的通过互联网在线问诊的相关医疗服务。

- 诊后医疗服务，主要是指用户在诊断完成之后相关的数字医疗服务，如医药服务、护理与康复等。

根据网络公开资料并结合相关数据分析，数字医疗市场中三大模块的规模分别如下。

- 医疗服务商：2020 年市场规模达到 300 亿元，2022 年市场规模超过 700 亿元。

- 在线医疗服务：2020 年市场规模达到 387 亿元，2022 年市场规模超过 750 亿元。

- 诊后医疗服务：2020 年市场规模达到 400 亿元，2022 年市场规模超过 700 亿元。

数字医疗中三大模块的市场规模如图 2-9 所示。

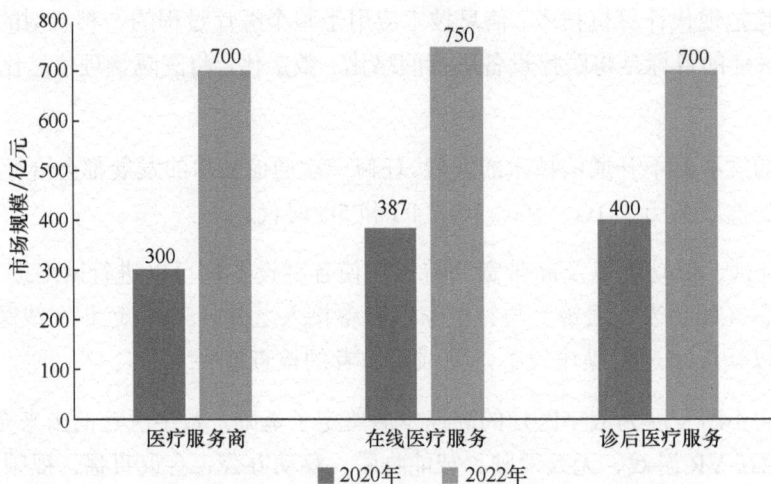

▲图 2-9　数字医疗中三大模块的市场规模

2.2.2　数字医疗企业

我们选取部分有代表性的数字医疗企业，从医疗服务商、在线医疗服务和诊后医疗服务方面分别介绍。

市场中实际的医疗服务商非常多，本节主要介绍产品经理进行产品调研的思路，仅列举部分医疗服务商信息。医疗服务商（部分企业）如图2-10所示。

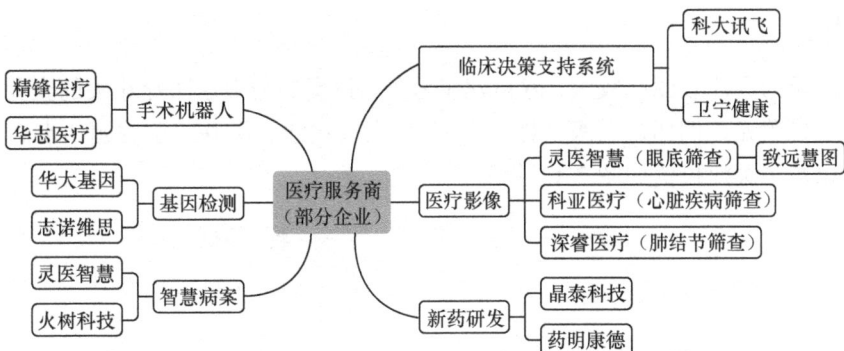

▲图2-10 医疗服务商（部分企业）

部分在线医疗服务提供商如图2-11所示。

这里将护理康复平台和医药服务平台归至诊后医疗服务范围内。部分诊后医疗服务提供商如图2-12所示。

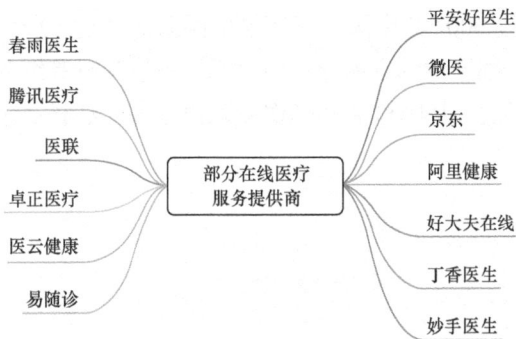

▲图2-11 部分在线医疗服务提供商

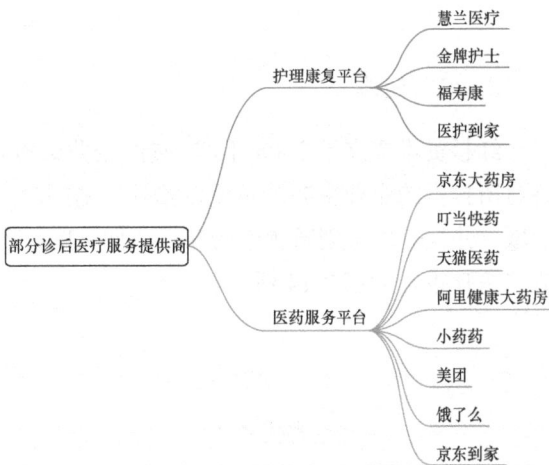

▲图2-12 部分诊后医疗服务提供商

2.2.3 数字医疗投资

对于数字医疗而言，金融在其中起到举足轻重的作用。关于支付和保险，读者已经比较熟悉，在此就不过多讲述。另外，与医疗相关的融资租赁业务、产业链金融也在稳步发展之中。

本节分析投资数字医疗的相关企业及产品都有哪些。由于篇幅有限，我们仅选取比较有代表性的企业进行分析，实际上市场中进行数字医疗投资的企业是非常多的。

1. 腾讯

腾讯所涉及的医疗版图比较大，除自建平台外，投资的与数字医疗相关的企业比较多，总估值已超数十亿美元，例如，微医（挂号网）、好大夫在线、医联、丁香园、水滴互助、企鹅医生等。腾讯数字医疗投资如图 2-13 所示。

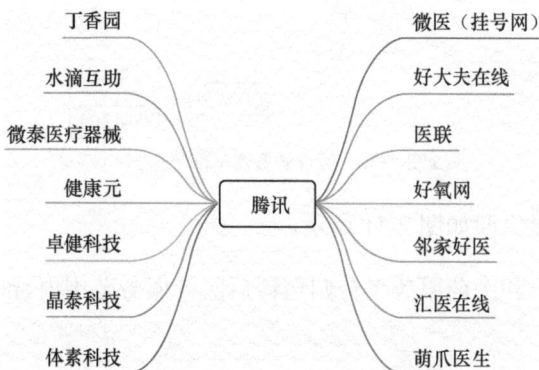

▲图 2-13　腾讯数字医疗投资

2. 红杉资本

红杉资本成立于 2005 年，投资的企业数量超过 600。其中医疗健康投资团队成立近 10 年，目前所投资的企业主要涉及免疫治疗、基因测序、细胞治疗、体外诊断产品、高值耗材等细分领域，并且热衷于创新领域的布局，如 AI+新药研发、基因检测和影像辅助诊疗等。红杉资本数字医疗投资如图 2-14 所示。

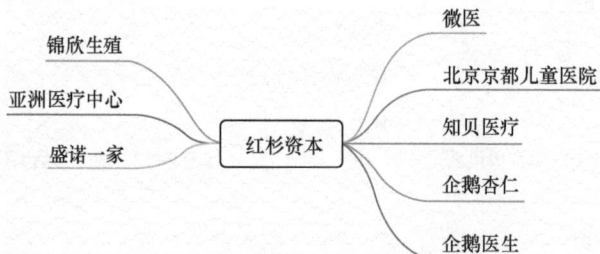

▲图 2-14　红杉资本数字医疗投资

3. 深创投

深创投成立于 1999 年，管理的各类资金总规模约为 4000 亿元。在投资企业数量和上市数量上，深创投均居国内创投行业第一位，目前已投医疗项目达到数百个。深创投数字医疗投资如图 2-15 所示。

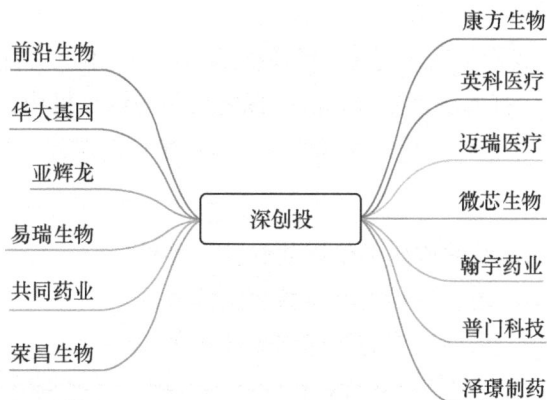

▲图 2-15　深创投数字医疗投资

2.2.4　数字医疗体系

数字医疗的发展离不开其生态体系的建设。数字医疗包含了医疗前、医疗中和医疗后的全链路服务，在这些链路中，又会衍生出许多场景，如健康管理、康复、养老、医疗相关金融（支付、投资、保险）等产业。

除此之外，随着数字医疗产业的发展，数字医疗生态会越来越趋于完善，数字医疗也会从现在的诊断向预测方向发展。正如古代的一个故事，扁鹊非常擅长治疗重病，人们都夸奖扁鹊的医术高明，而扁鹊认为他二哥的医术更高明，主要因为他二哥善于治初始状态的疾病。由此可见，"防患于未然"的医疗更重要，难度更大。因此，数字医疗向预测方向的发展尤为可贵。

在 5G 通信技术的背景下，可穿戴设备的普及为数字医疗生态的构建提供了支撑。通过AI、大数据对设备采集到的用户健康数据进行分析，我们可以精准预测并提供一系列的解决方案。

另外，数字医疗生态中的远程医疗也会持续发展。除目前的在线问诊之外，我们还会对康复治疗提出建议，为心理疏导与治疗提供更大的发展空间。数字医疗会在人们的日常生活中随处可见，成为诊前、诊中、诊后的全方位解决专家。

由此看来，在数字医疗生态中，一个能随时随地陪伴在用户身边的虚拟医生必不可少。虽然 NLP 技术相比之前已经有了很大的进步，但是目前在对人的更深层次的语义和意图的理解方面，差距还非常大。同时，现有 AI 技术对人的情绪的识别准确率还不高，通过 AI 我们也很难真正准确地分析出用户的真实情况。这就会导致虚拟医生诊断的准确率不够高。数字医疗生态的建设需要计算机相关技术的进一步发展。

另外，在金融方面，我们更关注更快、更便捷地让用户支付，并缩短报销流程甚至不需要报销（实时支付即报销）。打通医保基金、医疗保险公司与诊疗机构、用户间的通路，并通过人脸识别或者其他生物识别技术，减少或避免医疗欺诈事件的发生。尽可能避免用户缺少医疗费用而导致的病情延误。

综上所述，数字医疗体系的构建不仅需要软件、硬件等一系列的基础设施配套，还要有相关满足数字医疗发展需要的金融体系，以及有一系列完善的法律法规和相关政策的扶持。更重要的是，人们要转变观念、接受新的事物。数字医疗体系如图 2-16 所示。

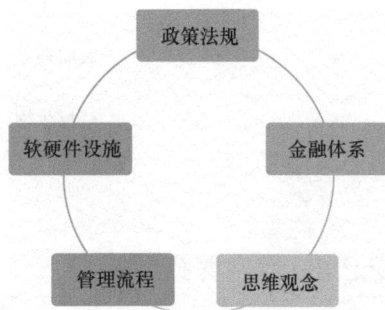

▲图 2-16　数字医疗体系

以上主要从数字医疗市场规模、数字医疗企业以及数字医疗投资 3 个方面，对数字医疗产品进行分析。

目前数字医疗创新成为热门的创业风口，但我们要警惕可能会出现的投机行为。

随着数字医疗技术的不断发展，以前停留在理论层面的解决方案正在逐步变成现实。

移动支付、互联网在我国，已经有了深厚的用户基础，这为数字医疗的快速发展做好了铺垫。

目前对于行业和患者来说，就医环节中存在的"三长一短"现象，即挂号排长队、就诊排长队、缴费排长队、看病时间短是共同的难题。我们都迫切想改变这种现状。这也为数字医疗的发展提供了较大的市场需求。

数字医疗产品呈现出百家争鸣、百花齐放之势，市场发展空间无限，各大知名投资机构均加大了对数字医疗相关领域的投资布局，加大了对数字医疗领域初创、在创企业的扶持力度。

与数字医疗相关的产业、产品将充满无限机遇。

2.3　产品体验

随着"健康中国"战略的提出，大健康产业发展迅猛，预计 2023 年市场规模将达到 14.09

万亿元。作为大健康产业中的重要组成部分，问诊也吸引了很多投资者和创业者，同问诊相关的 APP 产品（如平安好医生、春雨医生、微医等），占据了在线问诊的半壁江山。

面向患者的 APP 有很多，而作为大健康产业最重要的一个环节，医生也需要有相应的 APP 以解决他们面临的各种痛点。国内服务于医生的 APP 中，除医联、轻盈医学可提供患者管理和交流的功能之外，真正全方位面向医生的 APP 目前在市场上几乎没有。

面向医生的产品应该是什么样的？具有哪些功能？是否真的有市场？

带着这些问题，本书结合国外一款医生社区产品 Docquity 展开分析。

大多数产品经理对 Docquity 应该还比较陌生。在对 Docquity 进行产品分析之前，先对之进行简要介绍。

Docquity 诞生于 2015 年，是一款为医护工作者打造的移动应用程序，是在东南亚地区发展很快的医学教育和知识共享平台。目前平台上已有超过 8 万名经过验证的医生，共享并讨论了超过 7 万个真实的临床病例并获得了千万美元的融资。

2.3.1 产品的特点

Docquity 的特点如下。

- 医生可以从医学协会和机构那里获得经认证的继续医学教育（Continuing Medicial Education，CME）积分。这个功能突出了其作为医学教育平台的特征。CME 类似于国内学校的远程教育，学完相应的课程可获得证书，或者获得所修课程的学分。

- 病例讨论。医生与医生可以讨论现实世界中真实的医疗案例，分享经验。这种可以跨医学专业、跨地域的交流方式可极大地提升医生的水平与诊断效率。

- 网络研讨会。医生可以随时随地参加各种专门主题的医学网络研讨会，提升业务水平。

- 专业的教学视频。各种医学专业的教学视频可满足不同医学专业的医生学习需求。

- 联络功能。医生可以借助产品提供的聊天功能，与平台上的其他医生交流，促进医生之间的联系。

- 日程功能。将产品中各种会议、讨论纳入日程管理，到期提醒，确保医生不会遗漏重要事项。

2.3.2　产品体验

产品提供了开机启动页面，不过每次打开 APP 都会显示启动页，令人感觉有些复杂。在注册与登录页面，选择 APP 语言，Docquity 支持用户使用全球各个国家的手机号注册。Docquity 使用"登录即注册"/"注册即登录"的进入方式。注册与登录页面如图 2-17 所示。

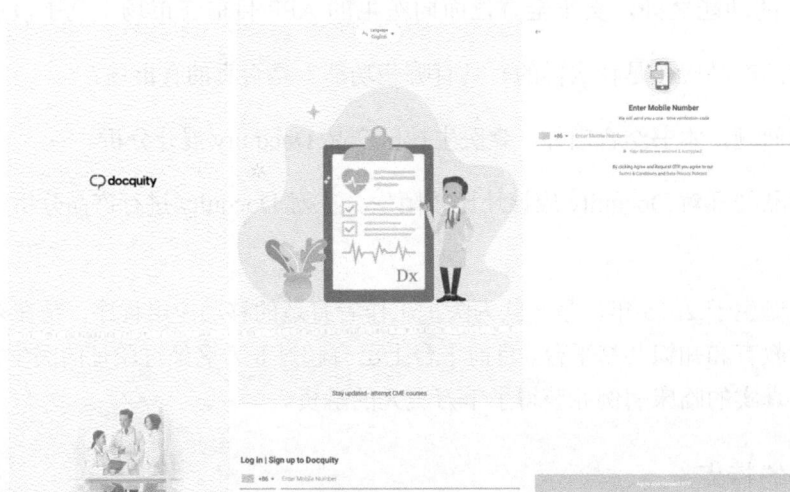

▲图 2-17　注册与登录页面

用户可以选择自己的职业，也可以通过输入邀请码继续下一步。在个人信息填写页面，First Name 和 Email 是必输项。Middle Name 和 Last Name 既然不是必填项，不如省去，直接合并为姓名的填写。身份认证提供了两种途径——通过执照编号以及上传影像进行认证，单击 Skip 按钮可跳过认证步骤。完善初始资料，如图 2-18 所示。

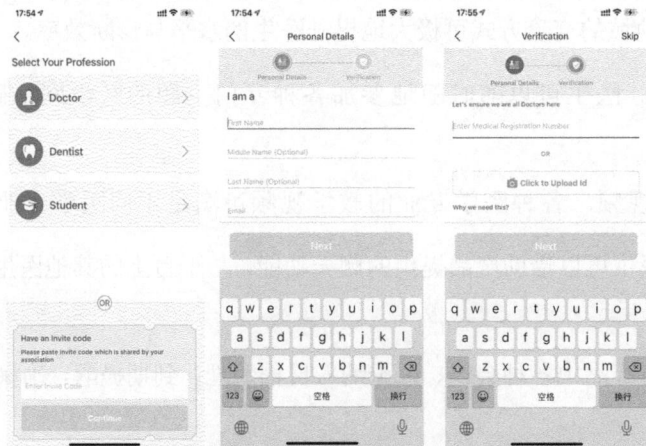

▲图 2-18　完善初始资料

在初次使用产品时，用户需要选择自己感兴趣的内容和专长。这也是比较通用的一种产品逻辑，以方便后续为用户推荐"冷启动"以及数据分析。可从中看出，各种专业术语聚焦于医学领域，种类比较齐全。内容搭配图标，设计者的初衷应该是希望用户方便地通过图标直观地进行内容选择，不过图标还可以再完善。初始配置如图 2-19 所示。

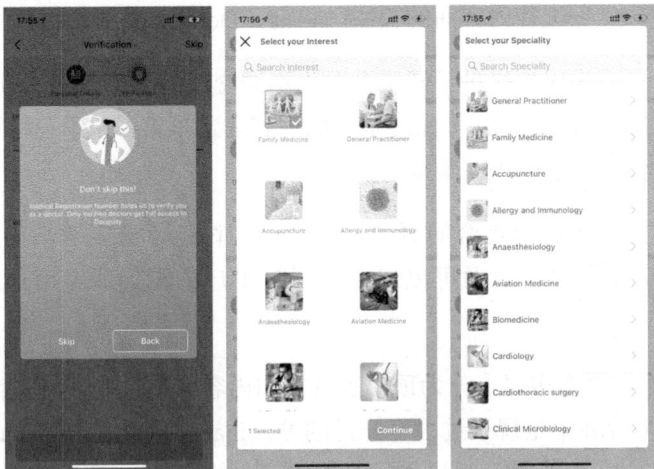

▲图 2-19　初始配置

产品提供了主要功能的使用指引，指引信息比较明确。美中不足的是，指引没有终止功能。如果使用者是老用户，明明已经熟悉了产品功能却还要进行好几步无用操作。指引使用了产品常用的蒙版样式，将背景"黑化"，用户可以聚焦于指引本身。使用指引如图 2-20 所示。

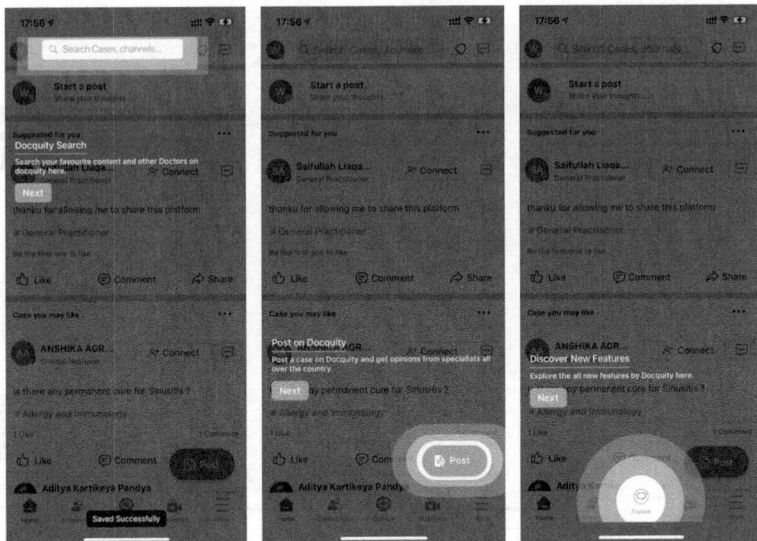

▲图 2-20　使用指引

核心功能页面如下。

- Home 页面（即主页）呈现得比较直观，主要通过推荐功能向用户展示符合用户预期的内容信息。布局在顶部的工具栏贯穿全局，可降低用户的学习成本，方便用户操作。Start a post 和右下角的 Post 功能一样，稍微有些重复。在内容呈现上，图片采用大图，信息通过话题标签 "#" 进行内容间的关联。目前，Docquity 并没有提供机构账号。

- Connections 页面为用户提供了同平台医生沟通交流的机会，根据领域标签进行筛选，比较有针对性。Connections 页面的子页面内容非常丰富，由于篇幅所限，此处不讨论，有兴趣的读者可以从 APP 中体验。

- Explore 页面是一个比较综合的页面，将学习、讨论、会议等功能进行了整合，更像是一个大的菜单。这个页面可以优化为根据用户的配置或者用户的使用习惯呈现主要内容。

- Webinars 页面在页面布局上分为顶部工具栏和内容呈现模块，在内容呈现模块中划分了 All 和 Live。在 All 中呈现了过去召开过的 Webinars，同时在 Webinars by Specialty 中将内容根据专业进行了归集，也提供了对不同用户的推荐。在用户操作上，上下与左右的滑动有些烦琐，不过好处是缩短了页面的长度。Webinars 使用自上而下的滑动方式会更好，Webinars 的总体布局还有一定的优化空间。

核心功能页面如图 2-21 所示。

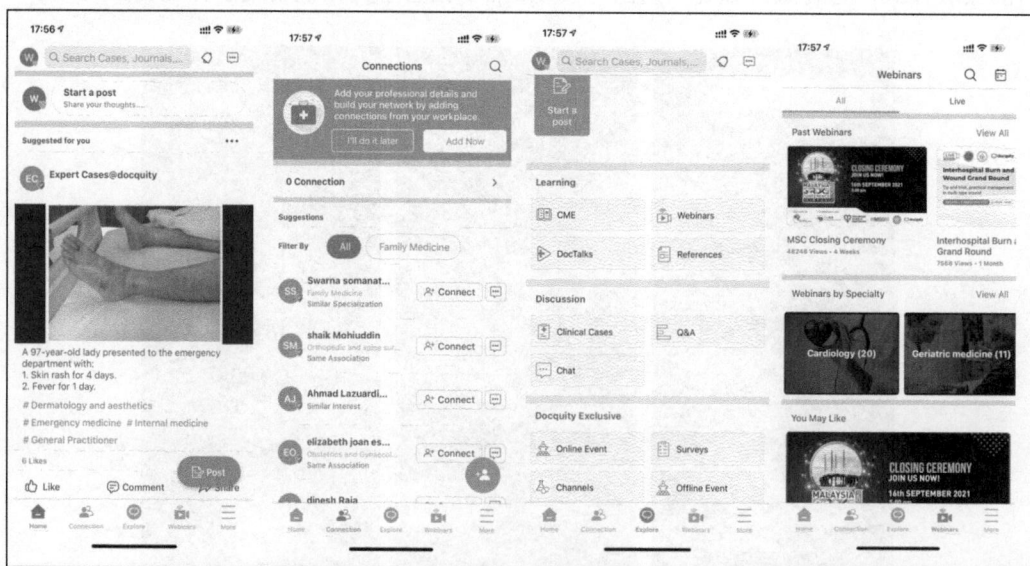

▲图 2-21　核心功能页面

More 页面的功能类似于国内产品中常见的"我的"模块，将一些主要与用户相关的操作归集在这里，总体风格比较简洁、直观。

在 My Profile 页面中，从用户头像栏位进入个人信息编辑页面。在个人信息编辑页面中，上传头像、编辑基础信息、显示相应的用户动态。在 Edit Profile 区域中，单击头像不能修改头像，只有单击 Add Image 按钮才可以上传头像，这个体验比较差，因为大多数用户的习惯是单击头像，添加或者更新头像。

搜索功能比较全面，通过顶部的筛选功能，进一步过滤搜索的结果。搜索功能也提供了 Trending Search 功能，类似于我们国内软件中常用的"热搜"。

搜索页面提供了到相应模块的快捷菜单，方便用户从搜索栏跳转至相应模块的页面。

其他功能页面如图 2-22 所示。

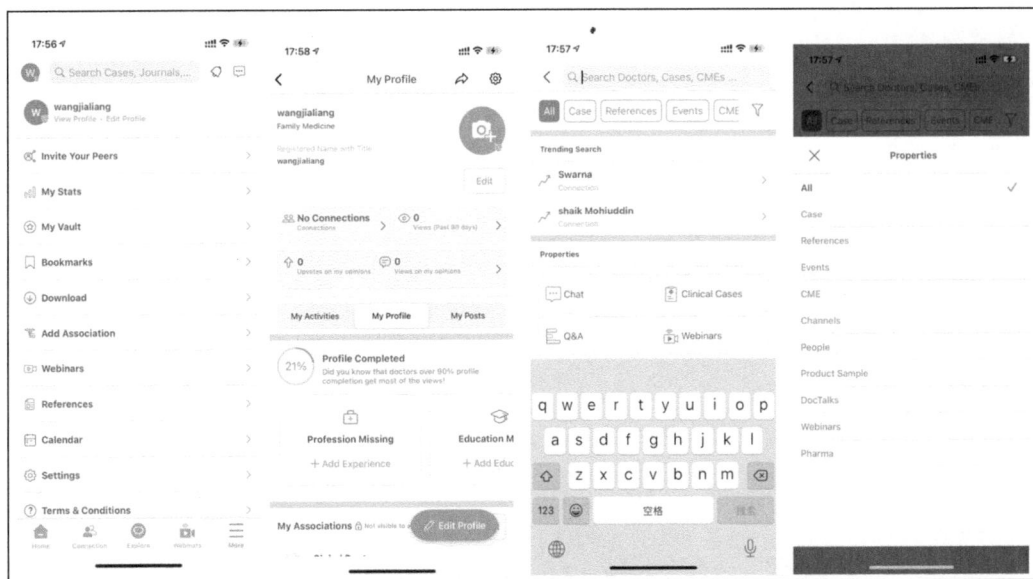

▲图 2-22 其他功能页面

产品的其他功能需要身份认证才可以继续使用，因此我们的体验有限，很多更细节的功能没法深度研究。不过即使如此，相信读者对这款产品在总体上有了一个直观的认识。总体而言，Docquity 这款产品的定位比较明确，设计比较简洁、直观，对于初次使用的用户来说，也很容易找到相应的功能，结构比较清晰。

产品只是工具，产品的价值体现在其承载了多少用户与信息。模仿一个产品很容易，而获得成功却很难。这需要长时间进行内容提取与沉淀。虽然互联网的发展很快，但是互联网产品的投入是一个漫长且结果未知的过程。

从 2015 年推出至今，不论是人力、物力还是财力，对 Docquity 这款产品的投入都是巨大的。

顺着 Docquity 的产品思路继续延伸，我们在国内也推出一款类似于 Docquity 的面向医生的产品是否有市场？商业模式是什么？如何盈利？欢迎读者在阅读完本书后深入思考。

第二部分

第3章 粗通皮毛——产品经理金融知识初探

金融同人们的日常生活息息相关。对于产品经理而言，具备基础的金融知识有助于更好地开展工作，学习金融知识也是复合型产品经理进阶的必经之路。本章从基础的金融知识开始讲解，以方便读者快速入门。

3.1 现金流计算

本书通过实际案例讲解现金流计算。假设我们打算存一笔钱，希望 10 年后可以存到 90 万元，那么我们每个月需要存多少钱？

在没有考虑利率的情况下，为了方便计算，1 年存 9 万元，1 个月存 9 万元/12=0.75 万元，也就是一个月存 7500 元就可以了。

在考虑利率的情况下，假设理财产品的收益率为 5%且按复利计息，我们如何进行现金流计算呢？

3.1.1 基本概念

本节介绍基本概念。

- 利率：承诺的收益率。各类贷款或固定收益证券的利率取决于多种因素，其中 3 个重要的因素是账户单位、期限和违约风险。

- 复利计息：由当前的价值或称现值（Present Value，PV）转变为终值（Future Value，FV）的过程。

- 现值：账户中的起始金额。

- 终值：指一笔投资按一定的复利率计算，从而在未来某一时间获得的货币总额。

- 贴现：现值的计算。

- 贴现率：用于计算贴现的利率。

- 内部收益率（Internal Rate of Return，IRR）：指使未来现金流入的现值等于现值的贴现率。

- 年金（annuity）：在许多情况下，储蓄计划、投资项目或贷款偿付所产生的未来现金流每年都是一样的。我们把这一系列均等的现金流或款项称为年金。

- PPMT：基于固定利率及等额分期付款方式，返回投资在某一给定期间内的本金偿还额。

- IMPT：基于固定利率及等额分期付款方式，返回给定期数内对投资的利息偿还额。

本书需要用到 Excel 中的 3 个函数，如下。

- PMT(rate,nper,pv,fv,type)。其中，rate 代表贷款利率；nper 代表该项贷款的付款总期数；pv 代表现值，或一系列未来付款的当前值的累积和，也称为本金；fv 代表未来值，或在最后一次付款后希望得到的现金余额，如果省略 fv，则假设其值为 0，也就是贷款的未来值为 0；type 代表数字 0 或 1，用于指定各期的付款时间是在期初还是期末。

- IPMT(rate,per,nper,pv,fv,type)。其中，rate 代表各期利率；per 代表用于计算其利息数额的期数，必须为 1～nper 的整数；nper 代表总投资期，即该项投资的付款总期数；pv 代表现值，或一系列未来付款的当前值的累积和；fv 代表未来值，或在最后一次付款后希望得到的现金余额，如果省略 fv，则假设其值为 0（例如，一笔贷款的未来值为 0）；type 代表数字 0 或 1，用于指定各期的付款时间是在期初还是期末，如果省略 type 则假设其值为零。

- PPMT(rate,per,nper,pv,fv,type)。其中，rate 代表各期利率；per 代表用于计算其本金数额的期数，必须为 1～nper 的整数；nper 代表总投资期，即该项投资的付款总期数；pv 代表现值，即从该项投资开始计算时已经入账的款项，或一系列未来付款当前值的累积和，也称为本金；fv 代表未来值，或在最后一次付款后希望得到的现金余额，如果省略 fv 则假设其值为 0，也就是贷款的未来值为 0；type 代表数字 0 或 1，用以指定各期的付款时间是在期初还是期末。

在本章的实例中，rate 可以看作某一理财产品的收益率，选定的理财产品的年化收益率是 5%，每个月就是 5%/12。nper 可以看作总期数，假设计划 10 年，也就是 120 个月。pv 就是初始的现金，在计划理财的第一天是 0 元。fv 其实就是我们最终想获得的值，也就是 90 万元。

现金流计算过程如表 3-1 所示。

表 3-1 现金流计算过程 单位：元

期数	PPMT	IMPT	PMT
1	5796	0	5796
2	5820	24	5796
3	5844	48	5796
4	5869	73	5796
5	5893	97	5796
6	5918	122	5796
7	5942	146	5796
8	5967	171	5796
9	5992	196	5796
10	6017	221	5796
11	6042	246	5796
12	6067	271	5796
13	6092	297	5796
14	6118	322	5796
15	6,143	347	5796
16	6169	373	5796
17	6195	399	5796
18	6220	425	5796
19	6246	450	5796
20	6272	476	5796
21	6298	503	5796
22	6325	529	5796
23	6351	555	5796
24	6378	582	5796
25	6404	608	5796
26	6431	635	5796
27	6458	662	5796
28	6485	689	5796

续表

期数	PPMT	IMPT	PMT
29	6512	716	5796
30	6539	743	5796
31	6566	770	5796
32	6593	797	5796
33	6621	825	5796
34	6648	852	5796
35	6676	880	5796
36	6704	908	5796
37	6732	936	5796
38	6760	964	5796
39	6788	992	5796
40	6816	1020	5796
41	6845	1049	5796
42	6873	1077	5796
43	6902	1106	5796
44	6931	1135	5796
45	6959	1164	5796
46	6988	1193	5796
47	7018	1222	5796
48	7047	1251	5796
49	7076	1280	5796
50	7106	1310	5796
51	7135	1339	5796
52	7165	1369	5796
53	7195	1399	5796
54	7225	1429	5796
55	7255	1459	5796
56	7285	1489	5796
57	7316	1520	5796
58	7346	1550	5796
59	7377	1581	5796
60	7407	1611	5796
61	7438	1642	5796
62	7469	1673	5796
63	7500	1704	5796

续表

期数	PPMT	IMPT	PMT
64	7532	1736	5796
65	7563	1767	5796
66	7594	1799	5796
67	7626	1830	5796
68	7658	1862	5796
69	7690	1894	5796
70	7722	1926	5796
71	7754	1958	5796
72	7786	1990	5796
73	7819	2023	5796
74	7851	2055	5796
75	7884	2088	5796
76	7917	2121	5796
77	7950	2154	5796
78	7983	2187	5796
79	8016	2220	5796
80	8050	2254	5796
81	8083	2287	5796
82	8117	2321	5796
83	8151	2355	5796
84	8185	2389	5796
85	8219	2423	5796
86	8253	2457	5796
87	8287	2492	5796
88	8322	2526	5796
89	8357	2561	5796
90	8391	2596	5796
91	8426	2631	5796
92	8462	2666	5796
93	8497	2701	5796
94	8532	2736	5796
95	8568	2772	5796
96	8603	2808	5796
97	8639	2843	5796
98	8675	2879	5796

续表

期数	PPMT	IMPT	PMT
99	8711	2916	5796
100	8748	2952	5796
101	8784	2988	5796
102	8821	3025	5796
103	8858	3062	5796
104	8894	3099	5796
105	8931	3136	5796
106	8969	3173	5796
107	9006	3210	5796
108	9044	3248	5796
109	9081	3285	5796
110	9119	3323	5796
111	9157	3361	5796
112	9195	3399	5796
113	9234	3438	5796
114	9272	3476	5796
115	9311	3515	5796
116	9349	3554	5796
117	9388	3593	5796
118	9428	3632	5796
119	9467	3671	5796
120	9506	3710	5796

经过汇总，可得

$$PPMT=900\ 000\ 元 \qquad IMPT=204\ 492\ 元 \qquad PMT=695\ 508\ 元$$

如果我们不考虑利率，每月要存 7500 元才可以在 10 年后存够 90 万元。但从以上计算结果可以得出，如果我们选择一款年收益率为 5%的理财产品，每月只需要固定存入 5796 元就可以达到存够 90 万元的目标。理财所得的收益竟然有 20 万元。

对于以工资为主要收入的工薪阶层来说，投资好的理财产品是使资产增值的很好的方式之一。

3.1.2 案例扩展

【案例 3-1】 假设某个亲戚在你过生日时承诺 10 年后给你 1000 元的生日礼金，这 1000 元就是终值，折算为现值，以年收益率 5%来计算，则为 $1000/(1+5\%)^{10}$，使用 Excel

的 POWER 函数计算，1000/POWER(1+5%,10)，结果约为 613.9 元。或者使用 Excel 的 PV 函数 PV(5%,10,0,1000)计算。二者计算出来的结果是一样的。相当于现在你过生日时亲戚给你 613.9 元。

【案例 3-2】 很多朋友平时都有喝咖啡的习惯。现在计算一下，如果每天喝一杯，喝 20 年，喝咖啡要花多少钱。假设一杯咖啡平均 35 元，平均 1 天喝 1 杯，1 年 365 天，20 年就是 7300 天，就需要 7300×35=255 500 元。若我们把喝咖啡的钱拿去理财，按 5% 的年收益率，使用 Excel 中的 FV 函数可以得出 FV(5%/365,7300,35)=438 973.44 元。看来每天少喝一杯咖啡并将其费用用于理财，20 年后就会有 40 多万元。

【案例 3-3】 假设现在 A 公司计划支付 600 000 元购买一台设备。该设备的寿命为 7 年，每年可以为公司节约 70 000 元，每年的维护成本为 15 000 元，采用直线折旧法计算出的残值为 60 000 元（第 7 年年末，残值处置收入需缴纳所得税）。此外，投入使用该设备还需要一次性垫付 20 000 元净营运资本。

产品经理如何对案例 3-3 中的情形进行分析？他们准备设计金融产品前已经获取了这些基本信息。产品经理需要设计一款产品，以公司所得税率和年限为输入参数，用于迅速提供每年增量的现金流信息，便于财务人员或者管理层使用这个产品快速进行决策。

这个金融产品功能的实现需要用到现金流计算的基础知识。

假设公司所得税率为 35%，年限是 7 年，我们以这两个参数作为产品模型的输入，那么这个产品功能逻辑问题就转化为计算未来 7 年内每年的增量现金流依次是多少。

这个产品功能看似比较复杂，其突破点在于拆解，从每一年开始依次分析就可以迎刃而解。另一个难点在于对计税基础知识的掌握，这涉及会计现金流量表直接法和间接法。

直接法和间接法有什么区别呢？

如果产生一笔现金业务，采用直接法可以把它按照种类划分并直接列出来。直接法非常准确，也可非常直观地反映企业的现金流活动。对于固定资产，按收付实现制原则考虑，现金流量表如果采用直接法制作，购买产品属于"投资活动产生的现金流量"，计入主表。但其折旧在净利润的基础上要作为增加项，因为净利润中要扣除折旧，折旧是固定资产支出逐步收回的金额。直接法以利润表中的营业收入作为起算点，其实质是收付实现制。

间接法将企业的净利润一步一步还原为经营性现金流。因为企业的净利润中很多是不需要付现的成本和收益，比如，卖出一批货可盈利 10 000 元，但货款尚未收回，要在 3 个月以后才能看到现金流；或者企业计提的折旧、发生的摊销虽然计入当期成本费用，但是不需要付现。对现金流量表采用间接法制作，将净利润调节为经营活动现金流量，并剔除投资活动和筹资活动对现金流量的影响，其实质是权责发生制。

因此在产品设计中，我们还要加一个产品参数选项，用户在使用产品功能时，可以通过选择不同的计算方式，获得相应的输出。我们采用直接法进行产品设计。

注意，对于本书中的案例，产品经理采用直线折旧法。所谓直线折旧法，是按固定资产的使用年限平均计提折旧的一种方法，也称为"平均年限法"。

固定资产年折旧额=(固定资产原值-预计净残值)/预计使用年限

案例中预计净残值是 60 000 元，固定资产原值是 600 000 元，使用年限是 7 年，因此固定资产的年折旧额是(600 000-60 000)/7≈77 142（元）。

因此在产品设计时，我们可知，第 0 年，也就是第一年年初要一次性支付 600 000 元购买设备，还要一次性地垫付 20 000 净运营资本。很明显，第一年年初实际支出 620 000 元。第一年年初的现金流是-620 000 元。

接下来，计算第 1 年后的现金流。

计算第 1 年的抵税金额：(70 000-15 000-77 142)×35%=-7 749.7（元），取整后为 7 750 元。

计算税后现金流。为公司节约的 70 000 元是不是税后实际的节约值？每年的维护成本 15 000 元是不是税后实际要支付的成本？所以很明显，税后的现金流是 70 000-15 000=55 000（元）。

计算税前现金流：55 000+7 749.7=62 749.7（元），取整后为 62 750 元。

同理，第 2 年、第 3 年、第 4 年、第 5 年、第 6 年的税前现金流都是 62 750 元。

计算缴税金额，第 7 年，设备残值 60 000 元，残值处置收入需缴纳所得税 35%，因此缴税金额就是 60 000×35%=21 000（元）。

计算第 7 年的现金流：70 000-15 000+60 000-21 000+20 000+7 750=121 750（元）。

70 000 元就是节约的费用；15 000 元是第 7 年的运营费用；60 000 元是残值的收入；21 000 元是残值处置收入应缴的税；20 000 元是当初该设备投入使用一次性垫付的净营运资本，7 750 元是抵税的金额。

根据以上分析，本案例中，该设备未来 7 年内每年的增量现金流依次是-620 000 元、62 750 元、62 750 元、62 750 元、62 750 元、62 750 元、62 750 元、114 000 元。

以上介绍了金融产品现金流计算的方式，涉及的主要的两个基本概念是现值和终值。理解这些概念后，我们可以从金融的视角量化很多问题。同时我们发现，即使一个非常"微小"的金融产品涉及的产品功能也可以非常多。而要真正做出一个好的产品，仅具备这一项基础技能是远远不够的，需要掌握大量的金融基础知识。

3.2　利率入门

利率在金融产品中涉及的范围非常广泛，而且利率的知识内容非常多。本节从利率互换和利率分析两个方面展开讲解。

3.2.1　利率互换

金融在我们每个人的生活中无处不在。或许有一些人认为金融就是"套利"，是依附在实体经济上的"寄生虫"，没有任何价值。其实，真正的金融在社会经济发展中举足轻重，其作用之一就是提高"钱"的流转速度。

有如下故事。

游人到小镇住旅馆，拿 1000 元给店主，挑了个房间。他上楼时，店主用 1000 元给屠夫支付了欠的肉钱，屠夫去养牛人那儿还了牛钱，养牛人还了饲料款，饲料商去付清了司机工资，司机赶紧去旅馆还了房钱。当 1000 元回到店主手里时，游客下楼说："房间不好。"游客拿钱走了，谁也没有任何损失，但全镇债务都还清了。

如果把这个故事进行扩展，由一个镇扩展到一个市，再扩展到一个地区，参与的人以及资金流转逻辑变得再复杂一些，就需要有一种模型、形成一种体系化的方法以解决这类问题，也就是通过金融产品进行功能承载。

市场中与学术相关的东西有很多，但对于没有专业背景的大多数人，大量数学公式、工程模型未免有些难以理解。产品经理设计出来的金融产品会将这些复杂的内容隐藏在产品背后，用户只聚焦产品功能即可。

产品经理设计产品，肯定是用来解决实际问题的。另外，既然是产品，它一定可以通过价值来量化。产品经理设计利率互换产品，用户可以使用产品实现彼此的互惠互利，从而实现产品价值。

什么是互换？通俗地讲，就是把我的给你，把你的给我，满足各自的需求。

实际金融产品中的互换有很多种，如利率互换、货币互换、股权互换、商品互换，还有金融产品中常见的金融衍生品信用违约互换（Credit Default Swap，CDS）等。

本节讲解金融产品中的利率互换如何给企业带来利益。

现在有两家公司——A 公司和 B 公司。

A 公司实力雄厚、知名度高，现在有一笔很不错的买卖，经过测算，这笔买卖可以获得 20%的固定收益。但 A 公司的资金不够，需要到银行借款 1 亿元。银行给出的利率是固定利率为 5%，浮动利率为"央行发布的浮动基本利率"（L）。A 公司预计银行会降息，所以计划以浮动利率贷款。

B 公司也有一个项目，需要向银行贷款 1 亿元，但 B 公司的实力与知名度和 A 公司比差一些。所以银行向 B 公司提供两个贷款利率，固定利率为 7%，浮动利率为 L+1%。B 公司的项目收益不很确定，因此 B 公司计划用固定利率进行贷款。

整理后，A 和 B 两家公司的利率参数如表 3-2 所示。

表 3-2　A 和 B 两家公司的利率参数

公司	固定利率	浮动利率
A 公司	5%	L
B 公司	7%	$L+1\%$

如果 A 公司以浮动利率 L 向银行贷款，B 公司以固定利率 7%向银行贷款，A、B 两家公司贷款 1000 万元，则需要支付给银行的总利息为（1000L+1000×7%）万元，即 1000（L+7%）万元。

现在有一家金融咨询公司 C，它有一款利率互换的金融工程产品。结合公司 A 和公司 B 的实际情况，对 A、B 两家公司的贷款利率进行互换，但要从中收取各自贷款金额中比例为 0.1%的服务费。

C 公司负责让 A、B 两家公司签订利率互换协议，约定 B 公司的浮动利息由 A 公司承担，A 公司的固定利息由 B 公司承担。

A 和 B 两家公司利率互换后，情况如下。

- B 公司的利率变成了 5%+0.1%，贷款利息为 1000 万元×5.1%。

- A 公司的利率就变成了 L+1%+0.1%，贷款利息为 1000 万元×(L+1.1%)。

- A 和 B 两家公司总的贷款利息是 1000 万元×(L+6.2%)。

相比之前 A、B 两家公司需要支付给银行的总利息 1000 万元×(L+7%)，少了 1000 万元×(L+7%)−1000 万元×(L+6.2%)=1000 万元×0.8%。节省了 8 万元的费用，A、B 两家公司平分，即每家公司得 4 万元的费用。

我们可以得出如下结论。

- A 公司实际承担的利率为 L−0.4%+0.1%=L−0.3%。比之前的 L，利率降低了 L− (L−0.3%) = 0.3%。若贷款额为 1 亿元，节省了 30 万元。

- B 公司实际承担的利率为 7%−0.4%+0.1%=6.7%。比之前的 7%，利率降低了 7%−6.7%=0.3%。若贷款额为 1 亿元，也节省了 30 万元。

- 若贷款金额为 1 亿元，C 公司从中获利 10 000 万元×0.1%+10 000 万元×0.1%=20 万元。

我们发现，如果 C 公司如果把服务费的比例提高至 0.5%，那么 A 和 B 两家公司一共需要承担的利率是 L+7%，这款产品就没有竞争力了，和不互换需要承担的利率是一样的。

因此，产品经理在设计利率互换的金融产品时，可以加入区间动态调整功能，并可以用产品参数调整后的结果来进行描述。这样，业务人员在使用这款金融产品时，就可以很方便地进行动态调整，以获得最大收益。

如果客户渠道足够多，产品经理仅需要设计这么一款基础的金融产品，就可以自动化匹配多家公司，形成体系，一切按流程操作，节省成本。

金融产品的价值在于投入基本是确定的，类似于分式的分子；如果分母够大，这些投入基本可以忽略不计，边际成本几乎可以为零。而只要渠道和用户体量足够大，金融产品的收益非常可观。

3.2.2　利率分析

月利率为 0.5%的银行贷款的年利率是 6%吗？

作者曾经接到过某银行的营销电话，银行愿意提供月手续费率（可以看作月利率）为 0.5%的无抵押贷款，不含其他费用，每月按月手续费率归还贷款本金和利息。

因为月手续费率为 0.5%，所以年手续费率就是 0.5%×12= 6%，类似于年利率只有 6%，利息很低。

但事实上，月利率为 0.5% 的贷款实际的年利率真的是 6% 吗？我们可以借助 Excel 计算一下。

假设我们向银行借款 12 000 元，不同的情况如下。

- 如果月手续费率是 0.5%，我们每个月要支付给银行的手续费是 60 元。

- 如果我们借款 1 年，每月所要还款的本金为 12 000 元/12=1000 元。

- 我们每个月要还的"本金+利息"之和为 1060 元。

我们使用 Excel 中的 IRR 这个函数来计算实际这笔借款的年利率。

IRR 表示资金流入现值总额与资金流出现值总额相等、净现值等于 0 时的折现率。

为了方便读者理解，我们参照 Excel 中对此函数的说明，对函数中的参数进行解释。

IRR(values,[guess]) 函数的参数说明如下。

- values，必需。数组或单元格的引用，这些单元格包含用来计算内部收益率的数字。values 至少必须包含一个正值和一个负值，以计算返回的内部收益率。IRR 函数根据数值的顺序来解释现金流的顺序，故应确定按需要的顺序输入支出和收入的数值。如果 values 是数组或其引用包含文本、逻辑值或空白单元格，这些数值将被忽略。

- guess，可选。对 IRR 函数计算结果的估计值。

Excel 使用迭代法计算 IRR 函数。从 guess 开始，IRR 函数循环计算，直至结果的精度达到 0.00001%。如果 IRR 函数经过 20 次迭代仍未找到结果，则返回错误值"#NUM!"。

在大多数情况下，并不需要为 IRR 函数的计算提供 guess。如果省略 guess，Excel 会假设它为 0.1（10%）。

如果 IRR 函数返回错误值"#NUM!"，或结果没有靠近期望值，可用另一个值代入 guess 再试一次。

根据 IRR 函数，Excel 中的计算结果如图 3-1 所示。实际的年利率是 10.90%。之后我们再用 PMT 函数反序验证。

	A	B
1	12000	
2	−1060	
3	−1060	
4	−1060	
5	−1060	
6	−1060	
7	−1060	
8	−1060	
9	−1060	
10	−1060	
11	−1060	
12	−1060	
13	−1060	
14	0.91%	0.91%值乘以12
15	年利率	10.90%
16		

▲图 3-1 计算结果

根据上文的计算，rate 为 10.90%/12；nper 是 12；pv 就是我们向银行借的钱，也就是 12 000 元；对于未来借款，我们最终还的钱是 0，fv=0。type 为 0。

使用 Excel 中的 PMT 函数，我们输入上述条件，计算 PMT(10.9%/12,12,12000,0,0)。最后我们得出，每期本金与利息一共是 1060 元。

计算结果与前面一致。为什么会这样呢？用简单的方法解释。

其实有一种情况，月利率乘以 12 和年利率是相等的，也就是到期一次性还本付息这种模式。而对于目前银行提供的大多信用贷要求每期还本金和利息，类似于你借了 10 万元，而由于你每个月都在还本金，你借的这 10 万元并不代表你拥有这 10 万元，随着每期的还款，你实际借的钱逐渐减少，但每个月所还的利息是按你的借款总额 10 万元乘以月费率计算的。例如，如果贷款 12 万元，月费率为 0.5%，第一个月要还的本金是 1 万元，手续费是 12×0.5%=600元，第二个月要还的本金应该为 11 万元，手续费本应该是 110000 元×0.5%=550 元，但实际上第二个月的手续费仍然是 600 元。因此月费率 0.5%折合的年费率不是简单的 0.5%×12=6%，而是大于 6%的。

最后，给读者留个思考题。我们是否可以通过以下这种方式计算年利率？

在实际计算月利率时，我们采用每个月还的利息除以实际我们手上的本金这种方式。例如，贷款 12 000 元，在第一期，我们手上有 12 000 元，支付的利息是 60 元，这个时候，月利率是 60/12 000 = 0.5%。在第二期，我们还要支付 60 元的利息，但由于第一期我已经还了银行 1000 元，因此手上的本金剩下 11 000 元。这个时候，月利率应该是 60/11 000≈0.55%。依次计算。

计算年利率的方法如图 3-2 所示，以这种方式计算出来的实际年利率是 18.62%。这是为什么呢？

贷款金额	12000元			
月利率	0.50%元			
期数	每期所还利息/元	每期所还本金/元	剩余本金/元	实际月利率
1	60	1000	11000	0.50%
2	60	1000	10000	0.55%
3	60	1000	9000	0.60%
4	60	1000	8000	0.67%
5	60	1000	7000	0.75%
6	60	1000	6000	0.86%
7	60	1000	5000	1.00%
8	60	1000	4000	1.20%
9	60	1000	3000	1.50%
10	60	1000	2000	2.00%
11	60	1000	1000	3.00%
12	60	1000	0	6.00%
			实际年利率	18.62%

▲图 3-2　计算年利率的方法

3.3 货币互换

在本节中，我们同样用一个案例讲解通过金融产品互换，用户是如何实现彼此"实惠"的。

货币互换（Currency Swap，又称货币掉期）是指两笔金额相同、期限相同、计算利率方法相同但货币不同的债务资金之间的调换，同时进行不同利息额的货币调换。

金融产品中的货币互换其实和利率互换非常接近。

利率互换指的是相同货币债务间的调换。通常无须交换本金，只需要定期交换利息差额。

货币互换指的是不同货币债务间的调换。期初和期末按照约定的汇率交换不同货币的本金，会计期间还需要定期交换不同货币的利息。

在货币互换过程中，双方互换的是货币，但双方各自的债权债务关系并没有改变。货币互换的优点是可以降低双方的筹资成本，满足双方意愿，并且可以避免汇率风险。

现实中的货币互换是比较复杂的，有一大堆数学公式。在实际工作中，所涉及的货币互换金融产品也是非常复杂的。我们通过一个比较简单的案例，帮助读者更好地理解在金融产品中货币互换是如何进行的。

A 公司打算借入 5 年期的 1500 万美元，以浮动利率支付利息，浮动的标准是伦敦同业拆借利率（London Interbank Offered Rate，LIBOR）上浮 0.2%。伦敦同业拆借利率是大型国际银行向其他大型国际银行借贷所要求的利率。

B 公司打算借入 5 年期的 1000 万欧元，以固定利率支付利息。假设市场向 A 公司提供的借款方案是，如果以欧元进行借款，利率为 5.6%；如果以美元进行借款，利率为 LIBOR+0.2%。市场向 B 公司提供的借款方案是，如果以欧元进行借款，利率为 6.7%；如果以美元进行借款，利率为 LIBOR。A、B 两公司的借款利率如表 3-3 所示。

表 3-3　A、B 两公司的借款利率

公司	欧元	美元
A 公司	5.6%	LIBOR+0.2%
B 公司	6.7%	LIBOR

现在有一家银行推出了一款提供货币互换的金融产品，银行从中收取 0.3%的费用。我们

分析一下，通过货币互换，可以为 A、B 两家公司节约多少的成本。我们假定 1 欧元可兑换 1.5 美元。

- A 公司以 5.6% 的利率借入 5 年期的 1000 万欧元，B 公司以 LIBOR 借入 5 年期的 1500 万美元。

- 双方先进行本金交换。A 公司向 B 公司支付 1000 万欧元，B 公司向 A 公司支付 1500 万美元。

- 互换前，A 公司以浮动利率借入美元，B 公司以固定利率借入欧元。双方的总利率是 LIBOR+0.2%+6.7%。

- 互换后，A 公司以固定利率借入欧元，B 公司以浮动利率借入美元。双方的总利率是 5.6%+ LIBOR。

- 互换后比互换前节约的总利率为 LIBOR+0.2%+6.7%–5.6%–LIBOR=1.3%。

- 银行收取 0.3% 的费用后，A 和 B 两公司共节省 1.3%–0.3%=1% 的成本。

- A、B 公司都将使筹资成本降低 0.5%。

本案例中，用的数字恰到好处。现实中的金融产品要比本案例的复杂很多，需求方同样比较多。在这种情况下，金额匹配就难以"恰到好处"，因此就需要根据产品提供的功能进行复杂运算，输出最优解，以达到利润最大化。

货币互换最早发生在 1981 年，所罗门兄弟发现了其中获利的可能。

所罗门兄弟成功地将其应用在 IBM 和世界银行之间。因为 IBM 的资产以美元为主，需要将债务转换为美元以规避汇率风险，而世界银行因为需要多元配置，所以需要德国马克和瑞士法郎。

双方如果直接筹集，要承担更多的利率。因为渠道不同，IBM 和世界银行有各自的筹资优势。

IBM 当时需要的资金量很大，无法在美元市场上完成巨量的低息融资，不过由于其评级不错（IBM 是跨国公司），因此可以在德国和瑞士以较低的成本获得所需资金。

世界银行能够凭借自己的优势，在美元市场上获得所需要的资金，但其想构建自己的多元货币体系。

因此，IBM 和世界银行在各自融资完成后，所罗门兄弟主导了双方进行货币互换。货币互换后的结果是，融资成本比之前 IBM 和世界银行在自己所需领域直接融资的成本要低得多。货币互换基本过程如图 3-3 所示。

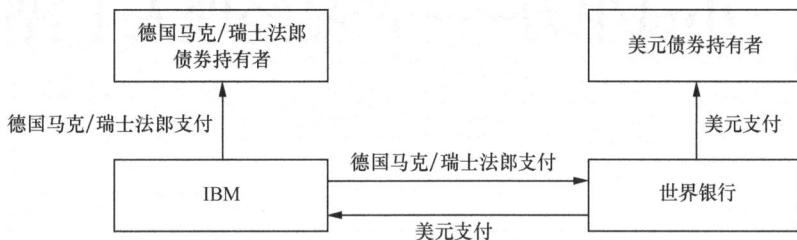

▲图 3-3 货币互换基本过程

根据案例，我们介绍货币互换的定价法——债券定价法。

所谓债券定价法就是指在没有违约风险的条件下，将货币分解成一份外币债券和一份本币债券的组合。

假设满足如下条件。

- $V_{互换}$ 为货币互换的价值。

- BD 是从互换中分解出来的本币债券的价值。

- S_0 是即期汇率。

- BF 是用外币表示的从互换中分解出来的外币债券的价值。

- 对收入本币、付出外币的那一方，$V_{互换} = BD - S_0 \times BF$。

- 对付出本币、收入外币的那一方，$V_{互换} = S_0 \times BF - BD$。

不论利率互换还是货币互换，我们都可以将其看作一系列远期的组合。

实际工作中，金融产品的互换有一套完整的运行机制，如浮动利率的选择（一般协议中的浮动利率取 3 个月、6 个月期的 LIBOR）、天数的计算、支付频率（每半年还是每 3 个月）、净额结算的要求等。这些都是产品经理在设计互换产品时需要考虑的因素。

同样，货币互换产品的优点很明显，它可规避汇率风险、降低汇兑成本、推动本币结算，以方便双边贸易和投资，进而推动经济增长，同时可为金融市场提供紧急流动性支持。

第4章　小试牛刀——产品经理人工智能初探

本章主要介绍与产品相关的人工智能的入门知识，包括产品经理应备的计算机基础算法知识，与产品经理日常工作联系密切的机器学习知识，以及自然语言处理基础知识。

4.1　人工智能基础算法

人工智能（Artificial Intelligence，AI）这个词几乎已经家喻户晓，相信读者对之不陌生。未来的世界是与信息科技密切关联的世界，未来的大多数产品离不开信息科技的支撑。任何领域的产品经理掌握一些基础算法是非常有必要的。大多数比较知名的产品经理均有技术背景。

- 苹果产品创始人——乔布斯。

- 小米产品创始人——雷军。

- 腾讯产品创始人——马化腾。

- 微信产品负责人——张小龙。

产品经理掌握的一些基础算法可以在产品设计、产品逻辑、产品形态上起到锦上添花的作用。

本节介绍几种比较简单的基础算法，这些基础算法可以应用于产品设计过程，使产品逻辑更加清晰并使产品经理更易全面掌握产品特性。这里使用 Python 语言描述程序算法，并结合实例进行讲解，以方便读者理解算法逻辑。

4.1.1 排序算法

排序算法有很多种。常见排序算法种类如图 4-1 所示。

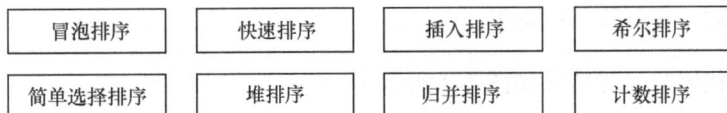

冒泡排序	快速排序	插入排序	希尔排序
简单选择排序	堆排序	归并排序	计数排序

▲图 4-1 常见排序算法种类

计算机专业的产品经理对这几种算法应该非常熟悉。非计算机专业的产品经理可以不需要掌握全部算法，仅掌握算法逻辑即可。

目前有一个数组，数组里有 6 个数，我们需要将这个数组里的数按从小到大的顺序排列。

待排序的数组是 arr=[4,6,3,9,1,3]。

基本实现步骤如下。

（1）构建一个临时存放数据的参数 temp。

（2）从数组中第一个元素开始，依次对两个相邻的元素进行比较，如果左侧的数字大于右侧的数字，则交换位置，交换位置时需要用到 temp。

（3）arr[0]=4，arr[1]=6，4<6，满足条件，不交换位置，继续比较。

（4）arr[2]=3，而 6>3，因此需要将 arr[1]和 arr[2]交换位置。令 temp=arr[1]，temp=6；arr[1]=arr[2]，arr[1]的值为 3；arr[2]=temp，arr[2]=6。

（5）arr[2]=6，再与 arr[3]=9 比较，满足条件，不交换位置。

（6）arr[3]=9，再与 arr[4]=1 比较，因为 9 大于 1，所以交换位置，arr[3]=1，arr[4]=9。

（7）arr[4]=9，再与 arr[5]=3 比较，因为 9 大于 3，所以交换位置，arr[4]=3，arr[5]=9。

（8）数组变为[4,3,6,1,3,9]。

（9）继续从数组的第一个元素开始，重复上述过程。

按照以上步骤，看一下数组中元素的顺序是如何变化的。

第 1 次排序后，得到[4,3,6,1,3,9]。

第 2 次排序后，得到[3,4,1,3,6,9]。

第 3 次排序后，得到[3,1,3,4,6,9]。

第 4 次排序后，得到[1,3,3,4,6,9]。

排序算法的代码与运行结果如图 4-2 所示。

```
 5 @author: wangjialiang
 6 """
 7 arr=[4,6,3,9,1,3]
 8 alen=len(arr)
 9
10 for i in range(0, alen):
11     for j in range(0, alen-i-1):
12         if(arr[j]>arr[j+1]):
13             temp =arr[j]
14             arr[j]=arr[j+1]
15             arr[j+1]=temp
16             print(arr)
17
18 i=i+1
19 print(arr)
```

```
In [29]: runfile('C:
[4, 3, 6, 9, 1, 3]
[4, 3, 6, 1, 9, 3]
[4, 3, 6, 1, 3, 9]
[3, 4, 6, 1, 3, 9]
[3, 4, 1, 6, 3, 9]
[3, 4, 1, 3, 6, 9]
[3, 1, 4, 3, 6, 9]
[3, 1, 3, 4, 6, 9]
[1, 3, 3, 4, 6, 9]
[1, 3, 3, 4, 6, 9]

In [30]: |
```

▲图 4-2　排序算法的代码与运行结果

4.1.2　聚类算法

聚类算法在实际生产、生活中用途比较广泛，如数据统计分析、人工智能识别物体、信息分类归集等。比较常见的聚类算法有凝聚层次聚类、图团体检测（Graph Community Detection）、k 均值聚类（k-means）、均值漂移聚类、高斯混合模型（Gaussian Mixture Model，GMM）的最大期望聚类等。当然，以上这些算法的专业性很强。如果不在专门领域工作，产品经理用到这些算法的可能性很小。本节介绍一个基础的聚类算法，以便于读者理解。

我们以数组为例，arr=[1,1,2,3,5,4,5,4,2,3,3,1,3,3,4,5]。所谓的聚类就是统计这个数组中每个数字出现的次数。最终我们想得到这样的输出结果：

1 出现了 3 次
2 出现了 2 次
3 出现了 5 次
4 出现了 3 次
5 出现了 3 次

基本实现步骤如下。

（1）计算数组的长度，根据长度进行遍历。

（2）构建一个字典。以数组中的值作为字典的 key，以出现的次数作为 value。

（3）如果某个元素没有在字典中，则记录这个元素为 key，value 初始为 1。

（4）如果某个元素已经存在于字典中，则更新这个元素出现的次数为 value+1。

（5）遍历完成，输出字典值。

使用聚类算法的代码与运行结果如图 4-3 所示。

```
1   # -*- coding: utf-8 -*-
2   """
3   Created on Thu Jul  7 15:49:19 2022
4
5   @author: wangjialiang
6   """
7
8   arr=[1,1,2,3,5,4,5,4,2,3,3,1,3,3,4,5]
9   alen=len(arr)
10  num={}
11  for i in range(0,alen):
12      a=num.get(arr[i])
13      if a == None:
14          num[arr[i]]=1
15      else:
16          num[arr[i]]=a+1
17          for k,v in num.items():
18              print("%s出现了%d次"%(k,v))
```

```
1出现了3次
2出现了2次
3出现了5次
5出现了3次
4出现了3次

In [2]:
```

▲图 4-3　使用聚类算法的代码与运行结果

因为没有排序，所以输出顺序与之前预想的顺序有些差异。如果需要排序，可以先将原数组中的数据排序后再进行计算。

4.1.3　旋转算法

旋转最常见的应用就是用手机或者计算机查看照片的时候，对照片进行向左旋转、向右旋转等。图片旋转、视频旋转、文字内容旋转归根到底都是数字矩阵的旋转，因为所有这些表现形式在底层都是由一个个二进制的数字组成的。接下来，我们就展开分析。

我们还以数组为例进行讲解。有一个数组 arr=[[1,2,3],[4,5,6]]，准备把它"向右旋转 90°"。为了便于理解，这样表示原数组。

```
[1,2,3]
[4,5,6]
```

数组 arr 的宽度为 3，用 x 表示；数组的高度为 2，用 y 表示。

向右旋转 90°后的数组如下。

```
[3,6]
[2,5]
[1,4]
```

这时，x 变为 2，y 变为 3。

我们观察上述数组发现，向右旋转 90°后，数组的维度由 2×3 变为 3×2。

第 1 次旋转后，arr [0][0]变成 arr [2][0]。

第 2 次旋转后，arr [0][1]变成 arr [1][0]。

第 3 次旋转后，arr [0][2]变成 arr [0][0]。

第 4 次旋转后，arr [1][0]变成 arr [2][1]。

第 5 次旋转后，arr [1][1]变成 arr [1][1]。

第 6 次旋转后，arr [1][2]变成 arr [0][1]。

旋转算法中向右旋转的代码与运行结果如图 4-4 所示。

```
arr=[[1,2,3],[4,5,6]]
xlen=len(arr[0])
ylen=len(arr)

r_arr = [[0]*2 for _ in range(3)]
print(r_arr)

for i in range(0,xlen):
    for j in range(0,ylen):
        a=arr[j][i]
        print("arr[%d][%d]:%d"%(j,i,a))
        r_arr[xlen-1-i][j] =a

print(r_arr)
```

```
In [6]: runfile('C:/MyPy
[[0, 0], [0, 0], [0, 0]]
arr[0][0]:1
arr[1][0]:4
arr[0][1]:2
arr[1][1]:5
arr[0][2]:3
arr[1][2]:6
[[3, 6], [2, 5], [1, 4]]

In [7]:
```

▲图 4-4　旋转算法中向右旋转的代码与运行结果

按我们这种思路，如果数组要"向左旋转 90°"呢？

原数组如下。

```
[1,2,3]
[4,5,6]
```

向左旋转 90°之后的数组如下。

```
[4,1]
[5,2]
[6,3]
```

第 1 次，arr[0][0]旋转到 arr[0][1]。

第 2 次，arr[0][1]旋转到 arr[1][1]。

第 3 次，arr[0][2]旋转到 arr[2][1]。

第 4 次，arr[1][0]旋转到 arr[0][0]。

第 5 次，arr[1][1]旋转到 arr[1][0]。

第 6 次，arr[1][2]旋转到 arr[2][0]。

旋转算法中向左旋转的代码与运行结果如图 4-5 所示。

```
arr=[[1,2,3],[4,5,6]]
xlen=len(arr[0])
ylen=len(arr)

r_arr = [[0]*2 for _ in range(3)]
print(r_arr)

for i in range(0,xlen):
    for j in range(0,ylen):
        a=arr[j][i]
        print("arr[%d][%d]:%d"%(j,i,a))
        r_arr[i][ylen-1-j] =a

print(r_arr)
```

```
In [8]: runfile('C:/MyPy'
[[0, 0], [0, 0], [0, 0]]
arr[0][0]:1
arr[1][0]:4
arr[0][1]:2
arr[1][1]:5
arr[0][2]:3
arr[1][2]:6
[[4, 1], [5, 2], [6, 3]]

In [9]:
```

▲图 4-5 旋转算法中向左旋转的代码与运行结果

经过上述分析，读者是不是对旋转算法有了清晰的认识？如果想旋转180°呢？读者如果有兴趣，可以按照上述思路进行分析实践。

以上讲解了人工智能产品经理应掌握的 3 种基础算法。对于产品经理而言，精通本领域的基础知识、熟悉业务与产品模式是必须具备的技能。而对算法的了解和掌握，可以起到锦上添花的作用。

对算法有兴趣的读者可以多看一些相关的书。学习算法可以提升产品经理的逻辑思维能力。

4.2　机器学习概述

人工智能极大地方便了人们的生活。人工智能是一个很大的领域，人工智能常见的应用是智能聊天机器人、自动驾驶、智能推荐等。这些产品功能的实现离不开语音信息处理、自然语言处理、计算机视觉、模式识别、决策规划、数据处理、机器学习等基础技术的应用。

本节从人工智能中一个基础的维度——机器学习展开讲述，侧重培养读者解决问题的思路。我们会从机器学习的基础知识出发，先讲解 TensorFlow 中的数据流图，然后以一个简单的数字预测案例帮助读者巩固机器学习基础知识。

简单来讲，机器学习就是给定机器一个输入，获得一个输出，类似于构建一个映射函数。例如，f(一张猫的图片)=猫。通过输入一张图片，我们使机器可以识别出来它是什么内容，这需要建立学习模型。

常见的机器学习有 3 类。

- 监督学习：给机器的学习样本同时包含答案，目的是让机器通过学习标准输入和标准答案之间的联系，从而为其他输入提供标准的答案。

- 无监督学习：给机器一组数据，不告诉机器有关数据的任何正确答案，让机器自己去找规律。例如，使机器自己利用输入的数据将数据聚类。

- 强化学习：不仅要给机器提供正确的数据，还要告诉机器哪些数据是错的，类似于让机器在犯错中成长。

生产活动离不开生产工具，机器学习也一样。对于机器学习而言，我们需要做的就是选择合适的机器学习框架。目前机器学习框架有很多，如 TensorFlow、Chainer、CNTK、Keras 等。我们使用 TensorFlow，因为 TensorFlow 目前相对比较流行，版本更新相对较快。软件环境使用的是 Anaconda 3。Anaconda 3 不仅包含 Python 开发环境，还提供 Python 需要使用的常用函数库。网上有很多搭建环境的案例，此处不赘述。

4.2.1　数据流图

关于数据流图的实战可以让读者对机器学习有直观的认识，更好地理解 TensorFlow 的工作原理。我们先看图 4-6 中的数据流图，该图比较容易理解。以 10 和 18 作为输入，在节点 C

处两数相加，在节点 *D* 处两数相乘，节点 *C* 和节点 *D* 的结果在节点 *E* 处相乘，最后输出结果。

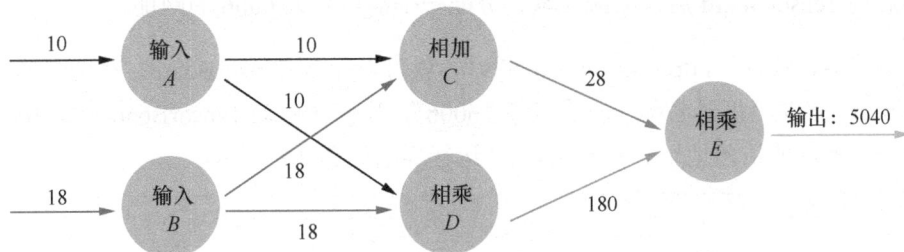

▲图 4-6　数据流图

如果在 Python 中使用 TensorFlow 来进行计算，如何实现呢？使用 TensorFlow 的实现代码和计算结果如图 4-7 所示。

```
1 import tensorflow as tf
2
3 A = tf.constant(10,name="input_a")
4 B = tf.constant(18,name="input_b")
5 C = tf.add(A,B,name="add_c")
6 D = tf.multiply(A,B,name="mul_d")
7 E = tf.multiply(C,D,name="mul_e")
8
9 sess = tf.Session()
10 output = sess.run(E)
11 print(output)
12 writer=tf.summary.FileWriter(r"./MyPython",tf.get_default_graph())
13 writer.close()
14
```

```
IPython console
   TF Console 1/A
In [163]: runfile('D:/MyPython/untitled0.py', wdir='D:/MyPython')
5040
```

▲图 4-7　使用 TensorFlow 的实现代码和计算结果

结果同样是 5040。

接下来，我们要使用 TensorFlow 的 TensorBoard，进行更加直观的数据流图显示。

在程序中加入以下代码，用于设置文件路径。

```
writer = tf.summary.FileWriter('D:\MyPython',sess.graph)
```

在 Anaconda 3 环境中，在"开始"菜单中选择"Anaconda Prompt"，打开命令提示符，输入如下代码，设置文件路径。

```
>tensorboard --logdir "D:/MyPython"
```

根据需要，对文件目录进行修改，不一定要使用此处的目录名称。注意，工作路径要与

Python 代码的路径一致。

成功启动 TensorBoard 后，系统会默认分配一个端口号为 6006 的网址。

打开浏览器，输入"http://localhost:6006/"，就可以显示 TensorBoard。有的机器显示的并不是 localhost，而是"机器名称"加端口号"6006"，我们在启动 TensorBoard 后，TensorBoard 会告诉你一个实际的访问地址。TensorBoard 运行界面如图 4-8 所示。

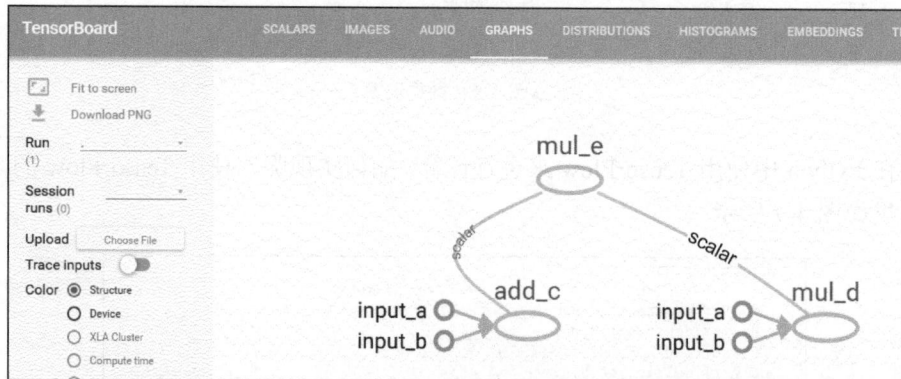

▲图 4-8　TensorBoard 运行界面

4.2.2　API 函数的使用

我们使用 TensorFlow 作为机器学习的工具，TensorFlow 的应用程序接口（Application Program Interface，API）函数非常多，读者可以到 TensorFlow 的官方网站上查阅相关资料。本书用到的几个 API 函数如下。

- 求矩阵乘积的 tf.matmul()。

- 求元素平方的 tf.square()。

- 求元素均值的 tf.reduce_mean()。

- 用于梯度下降优化的 tf.train.GradientDescentOptimizer()。

4.2.3　机器学习案例

1. 数据准备

用于机器学习的数据比较简单，定义

$$y=ax+b$$

其中，a 代表直线的斜率，$a \neq 0$；b 代表直线的截距。

机器并不知道这个公式。我们的目的是通过给机器输入与这个公式相关的学习数据，让机器自己学习这个公式，从而对于输入的每一个 x 值，机器可以给出相应的 y 值。

以公式 $y=2x+3$ 为例，使用 Excel 生成机器学习数据并在 Excel 中生成结果函数视图。之后我们通过机器学习，让机器通过学习 Excel 中的这些数据，生成类似的结果函数视图。Excel 基础数据准备与结果函数如图 4-9 所示。

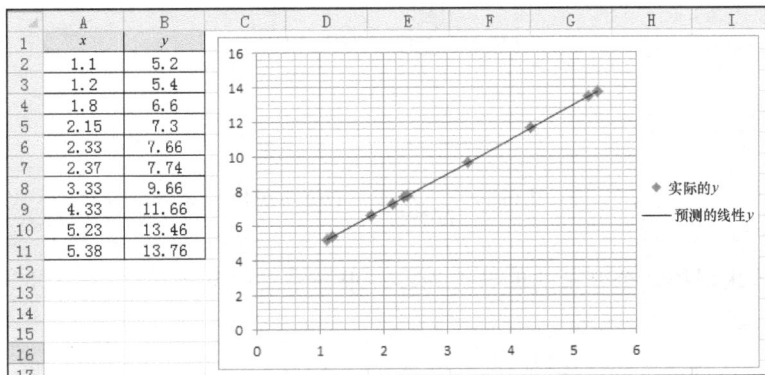

	A	B
1	x	y
2	1.1	5.2
3	1.2	5.4
4	1.8	6.6
5	2.15	7.3
6	2.33	7.66
7	2.37	7.74
8	3.33	9.66
9	4.33	11.66
10	5.23	13.46
11	5.38	13.76

▲图 4-9　Excel 基础数据准备与结果函数

很明显，这是一种基于线性回归模型的机器学习。TensorFlow 仅是一个计算工具，不用 TensorFlow 而直接用 Python、R 或者 Java、C#写计算方法也可以。最重要的是，我们要知道基础的计算逻辑。

这里生成的数据是线性的，很容易表示。而现实中的数据往往没有这么明确的线性关系，数据与线性回归模型是有偏差的。我们对上述数据进行一些微调。微调后的基础数据与结果函数如图 4-10 所示。

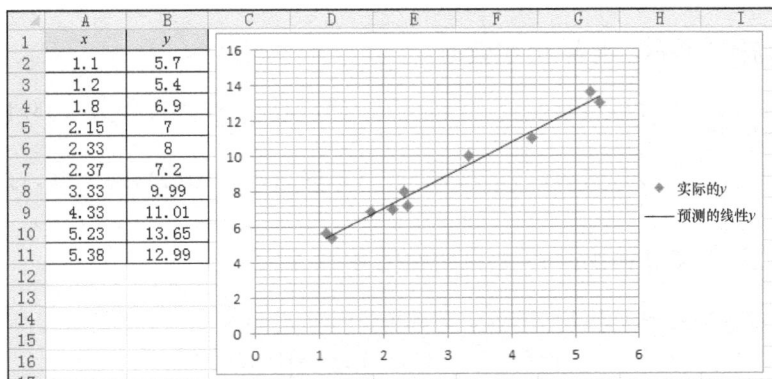

	A	B
1	x	y
2	1.1	5.7
3	1.2	5.4
4	1.8	6.9
5	2.15	7
6	2.33	8
7	2.37	7.2
8	3.33	9.99
9	4.33	11.01
10	5.23	13.65
11	5.38	12.99

▲图 4-10　微调后的基础数据与结果函数

此处机器学习的目标是通过线性回归找到这条直线，从而以最小的误差拟合数据。

在准备数据时定义的公式是 $y=ax+b$。

每个点到这条直线的距离 d 可以表示为

$$d = | y_i - (ax_i + b) |$$

如果对绝对值变求平方，那么损失函数可以表示为

$$\text{Loss} = \sum_{i=1}^{N} [y_i - (ax_i + b)]^2$$

求均值，有

$$\text{Loss} = \frac{1}{N} \sum_{i=1}^{N} [y_i - (ax_i + b)]^2$$

对上述两式求极值，令变量的偏导数为零，求导结果如下。

$$\frac{\partial \text{Loss}}{\partial a} = \frac{\frac{1}{N} \sum_{i=1}^{N} [y_i - (ax_i + b)]^2}{\partial a} = -\frac{2}{N} \sum_{i=1}^{N} x_i [y_i - (ax_i + b)] = 0$$

$$\frac{\partial \text{Loss}}{\partial b} = \frac{\frac{1}{N} \sum_{i=1}^{N} [y_i - (ax_i + b)]^2}{\partial b} = -\frac{2}{N} \sum_{i=1}^{N} [y_i - (ax_i + b)] = 0$$

机器学习过程其实就是通过解图 4-11 所示方程组求出 a 和 b 的过程。

2. 数据验证

接下来，进入数据验证环节。

首先，根据样本数据，准备 10 组数据。

```
xi =[[1.1,], [1.2,], [1.8,], [2.15,], [2.33,], [2.37,], [3.33,], [4.33,],
[5.23,],[5.38,]]
yi =[[5.2,], [5.4,], [6.6,], [7.3,], [7.66,], [7.74,], [9.66,], [11.66,],
[13.46,], [13.76,]]
```

然后，建立线性模型 $y=WX+b$，随机初始化 W 和 b。

```
x = tf.placeholder(tf.float32, shape=[None, 1])

y_true = tf.placeholder(tf.float32, shape=[None, 1])

weights = tf.Variable(initial_value=tf.random_normal(shape=(1, 1)))
```

```
bias = tf.Variable(initial_value=tf.random_normal(shape=(1, 1)))
y_pred = tf.matmul(x, weights) + bias
```

接下来，确定损失函数。

```
loss = tf.losses.mean_squared_error(labels=y_true, predictions=y_pred)
```

接下来，实现梯度下降优化。

```
optimizer = tf.train.GradientDescentOptimizer(0.01)
train = optimizer.minimize(loss)
```

接下来，初始化变量。

```
init = tf.global_variables_initializer()
```

接下来，进行训练。

```
sess = tf.Session()
sess.run(init)
for i in range(2000):
sess.run((train, loss),feed_dict={x:xi,y_true:yi})
```

接下来，进行预测，当 x=30 时，正确结果应该是 63。

```
print(sess.run(y_pred,feed_dict={x:[[30,]],y_true:[[None]]}))
```

最后，画数据图。

```
fig = plt.figure()
ax=fig.add_subplot(1,1,1)
ax.scatter(xi,yi)
```

运行结果如图 4-11 所示，预测的结果是 63.00613022，这已经非常准确。

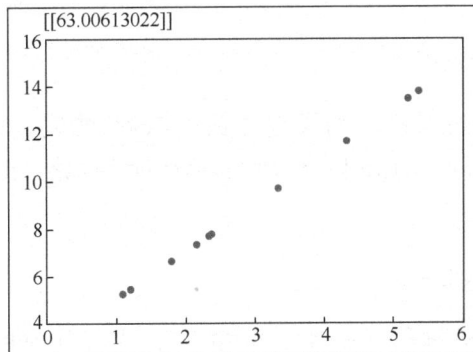

▲图 4-11 运行结果

现实中的数据不可能是完全线性的。我们对 yi 的值进行调整，把 yi 的值变成不是完全线性的，机器学习的结果如下。

```
yi =[[5.7,], [5.4,], [6.9,], [7,], [8,], [7.2,], [9.99,], [11.01,],
[13.65,], [12.99,]]
```

样本数据微调后机器学习的结果如图 4-12 所示，预测结果是 59.12093735。如果样本的数据量足够大，最后的结果会更接近真实值。

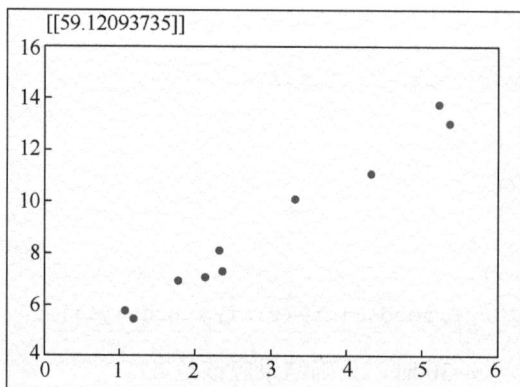

▲图 4-12　样本数据微调后机器学习的结果

人工智能领域的机器学习是一个非常庞大且非常复杂的领域，需要具备的知识点非常多。本节旨在让读者对机器学习有初步的认识。对机器学习有兴趣的读者可以系统学习相关知识。

掌握机器学习的关键在于对基础知识的理解。本书建议读者根据以下步骤循序渐进。

- 学习数据结构与算法的基础知识，如二叉树、搜索、动态规划、分组、排序、链表等。

- 学习数学与统计学的知识。

- 掌握机器学习的一些理论，如模型评估、ROC 曲线、PR 曲线、卷积神经网络（Convolutional Neural Network，CNN）、循环神经网络（Recurrent Neural Network，RNN）、特征工程等。

- 学习编程语言，如 Python。

最后，选取合适的计算框架（如 TensorFlow），掌握其 API 函数的用法，理论联系实际。

4.3 自然语言处理

NLP（Natural Language Processing，自然语言处理）是人工智能的一个细分领域，经历了较长时间的演进。

4.3.1 NLP 的分类

NLP 分为自然语言理解（Natural Language Understanding，NLU）和自然语言生成（Natural Language Generation，NLG），如图 4-13 所示。

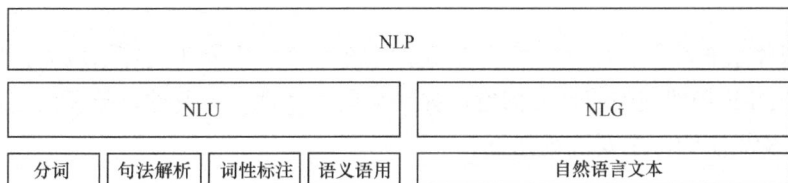

NLP		
NLU		NLG
分词　句法解析　词性标注　语义语用		自然语言文本

▲图 4-13　NLP 的分类

在自然语言处理领域，有很多的细分的知识体系。自然语言处理是涵盖多个学科的大型工程，主要涉及以下内容。

- 常见的分词、分句、分段、词目计算、词类标注算法。

- 计算机理论基础知识，如有限状态自动机、隐马尔可夫模型。

- 跨学科知识，如语音学、语言学、心理学、统计学、脑科学。

自然语言的理解层次一般分为以下 5 种。

- 语音分析，主要根据音位规则，从语音流中提取出独立的音素，再根据音位形态规则找出音节其所对应的单词。

- 词法分析，主要功能是找出词汇中的词素，从而获得其语音学的信息。

- 句法分析，对句子和句子中的短语结构进行分析，发现其内存的关联。

- 语义分析，找出单词、结构，结合上下文，获得准确的含义。

- 语用分析，研究语言所处的实际语言环境对语言使用者所产生的作用。

NLP 在商业上的应用如图 4-14 所示。

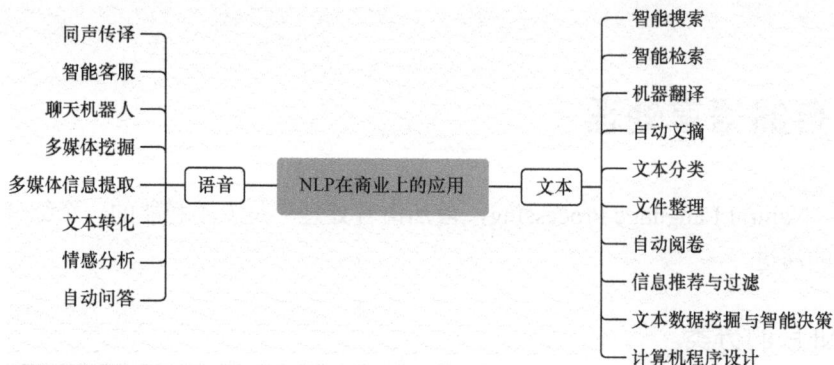

▲图 4-14　NLP 在商业上的应用

4.3.2　NLP 知识体系

NLP 知识体系非常大。针对自然语言场景问题，NLP 主要研究算法应如何应用及解决这些问题。目前 NLP 仍然面临着许多问题，如语言的多样性、多变性、歧义性，这些问题使得 NLP 的准确性受到制约。主要困难如下。

- 学习的困难。如何设计高效的学习模型？

- 语料的困难。NLP 应该使用什么样的语料？如何获得这些语料？

NLP 知识体系如图 4-15 所示。

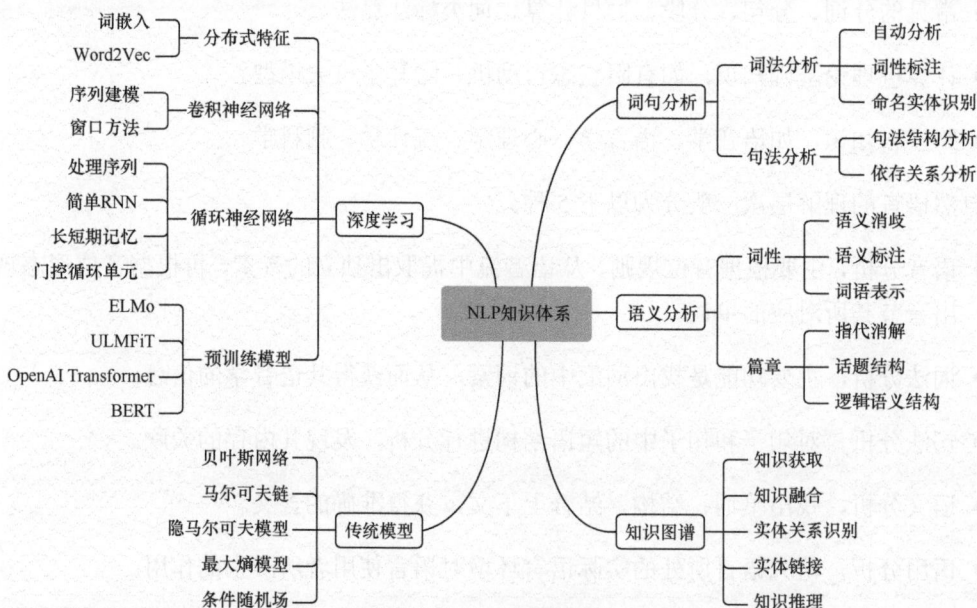

▲图 4-15　NLP 知识体系

4.3.3 NLP 语义识别

语义识别需要对句法进行剖析，剖析在问答系统、信息抽取、语法检查中都起着非常重要的作用。例如，对文本 "the man took the book" 进行剖析。上下文无关语法的剖析树如图 4-16 所示。

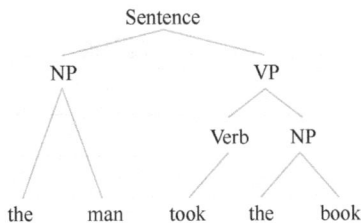

▲图 4-16　上下文无关语法的剖析树

术语解释如下。

- NP（Noun Phrase）表示名词短语。

- VP（Verb Phrase）表示动词短语。

- Verb 表示动词。

句法分析是指从单词串到句法结构的过程。一般来说，句法分析方法主要有如下两类。

- 基于规则的分析方法。

- 基于统计的分析方法。

在处理规模比较大的文本时，基于规则的分析方法覆盖的语法规则有限，而随着近些年大规模标注语料库的建立，基于统计学习模型的句法分析器开始流行。

今天，不论是自动翻译还是简单的句法分析，自然语言处理仍然有很多要完善的空间。"咬死了猎人的狗"究竟是 "[咬死了猎人][的狗]" 还是 "[咬死了][猎人的狗]" 呢？如果不借助上下文，即使是人也很难理解，更不用说使用的句法分析了。

接下来，以基于概率上下文无关文法（Probabilistic Context Free Grammar，PCFG）的句法分析为例进行讲解。其结构可表示为一个五元组$[X,V,S,R,P]$。

- X：有限词汇的集合，它的元素称为词汇或终结符。

- V：有限标注的集合。

- S：方法的开始符号，它包含于 V，可表示为 $S \in V$。

- R：有序偶对(α, β)的集合，即产生的规则集。

- P：每个产生的规则的统计概率。

语法规则集如表 4-1 所示。

表 4-1　语法规则集

规则	概率
$S \to$ NP VP	1.0
PP $\to P$ NP	1.0
VP $\to V$ NP	0.7
VP $\to$ VP PP	0.3
$P \to$ with	1.0
$V \to$ saw	1.0
NP $\to$ NP PP	0.4
NP $\to$ astronomers	0.1
NP $\to$ ears	0.18
NP $\to$ saw	0.04
NP $\to$ stars	0.18
NP $\to$ telescope	0.1

我们接下来对 "astronomers saw stars with ears" 这句话进行解析。结合语法规则集，得到两个句法树。句法树如图 4-17 所示。

$$P(T1) = 1 \times 0.1 \times 0.7 \times 1 \times 0.4 \times 0.18 \times 1 \times 1 \times 0.18 = 0.0009072$$

$$P(T2) = 1 \times 0.1 \times 0.3 \times 0.7 \times 1 \times 0.18 \times 1 \times 1 \times 0.18 = 0.0006804$$

▲图 4-17　句法树

我们通过计算可发现句法树 $T1$ 的准确概率高于 $T2$ 的，增加了句法分析的准确性，但 $T1$ 距离真实反映语义仍然有很大的发展空间。

4.3.4 NLP 话语分割

NLP 话语分割主要有无监督话语分割和有监督话语分割。

1. 无监督话语分割

无监督话语分割主要基于内聚性，用一定的语言学手段将文本单元联系在一起。而内聚往往由词汇内聚完成。同主题的句子和段落有内聚性，而通常相邻主题的句子和段落没有这种特性。

公式为

$$\sin_{\cos}\left(\frac{\boldsymbol{b}\cdot\boldsymbol{a}}{|\boldsymbol{b}||\boldsymbol{a}|}\right)=\frac{\sum_{i=1}^{N}b_i a_i}{\sqrt{\sum_{i=1}^{N}b_i^2}\sqrt{\sum_{i=1}^{N}a_i^2}}$$

内聚性打分是边界前伪句子中的词语到边界后伪句子中的词语相似度的平均值。构建边界前和边界后句子的词语向量 $\boldsymbol{b}$ 与 $\boldsymbol{a}$，其中向量的维度为 N，向量中第 i 个元素表示对应词语出现的频数。

2. 有监督话语分割

采用有监督话语分割需要确定话语分割边界，通过人工标注文本边界训练语料。运行分割算法，使用 WindowDiff 或 Pk 方法对自动标注边界和人工标注边界的测试集进行比较。

公式为

$$\text{WindowDiff}(\text{ref},\text{hyp})=\frac{1}{N-k}\sum_{i=1}^{N-k}[|\,b(\text{ref}_i,\text{ref}_{i+k})-b(\text{hyp}_i,\text{hyp}_{i+k})|\neq 0]$$

$b(i,j)$ 是文本中位置 i 和 j 之间的边界数目，N 是文本中句子的数目。结果是 $0\sim1$ 的一个值，如果是 0，则表示所有自动标注边界的位置都是正确的。

我们可以计算布朗语料库中每个句子的平均词数。在其他情况下，文本可能只是一个字符流。在将文本分词之前，需要将它分割成句子。有时，借助于标点符号以及一些典型的计算机符号（如换行符）来对句子分割，但对于没有任何标点符号的文本来讲，我们可以借助经验理解其内容。用 NLP 准备分割是一个比较难的研究领域，还有很大的发展空间。

4.3.5　NLP 指代消解

NLP 指代消解指确定哪些实体被哪些语言所指代的过程。

例如，我们有如下文本：

I used to have the **Key**. But I lost **it**.

如何识别 it 所表达的含义是 Key？

NLP 指代消解可分为共指消解和代词消解。

指代消解的指示语有如下 5 种类型。

- 不定名词短语。

- 有定名词短语。

- 代词。

- 指示词。

- 名字。

NLP 指代消解的中心算法规则如下。

规则 1：如果 $C\_f(U\_n)$ 中的所有元素都是由话段 $U\_{(n+1)}$ 中的代词构成的，则 $C\_b(U\_{(n+1)})$ 也必须是一个代词。

规则 2：转换状态是有优先顺序的。延续优先于保持，保持优先于顺畅转换，顺畅转换优先于不顺畅转换。

示例如下。

$U1$ 和 $U2$ 是两条连续的文本信息。

$U1$：David loved Elizabeth.

$U2$：He had known her for years.

我们可以很明显看出 $U2$ 中的 He 代表 $U1$ 中的 David，$U2$ 中的 her 代表 $U1$ 中的 Elizabeth。

计算机可以识别转换状态矩阵，如图 4-18 所示。

转换状态矩阵	$C_b(U_{n+1})=C_b(U_n)$	$C_b(U_{n+1})\neq C_b(U_n)$
$C_b(U_{n+1})=C_p(U_{n+1})$	延续	顺畅转换
$C_b(U_{n+1})\neq C_p(U_{n+1})$	保持	不顺畅转换

▲图 4-18　计算机识别转换状态矩阵

计算机识别过程如下。

```
U1:C_f={David, Elizabeth} ; C_p="David" ; C_b="NULL"
U2:C_f={He (David), her (Elizabeth)} ; C_p="He (David)"; C_b="He (David)"
```

结合计算机识别转换状态，以上属于顺畅转换。

指代消解是 NLP 里非常重要的一个细分的研究领域，应用场景非常多。例如，我们在通过智能对话预订酒店机票时，问："从天津到北京的机票多少钱？"NLP 会输出一个结果，这个时候，再问："那到上海呢？"这就需要 NLP 有更深层的理解了。而现实中的对话场景远比这个要复杂得多，NLP 是否能准确识别依赖指代消解的准确度。这直接关系到 NLP 产品的质量。

以上重点介绍了自然语言处理中的语义识别产品，对 NLP 中语义识别的一个领域进行了探讨。人工智能具有非常大的范畴。人工智能的子领域 NLP 涉及的基础研究非常多，但这些基础研究短时间内很难见效。很多公司有业绩压力，往往出于收益，即使 NLP 产品不是很完善也要先推向市场。

不论 NLP 应用于哪个领域、构建什么样的产品、解决什么样的现实问题，归根到底还要依赖基础科技的研究。每一个 NLP 产品都由大量基础功能整合而成。

我们不可能全部掌握并精通自然语言处理方面的知识。建议读者对 NLP 中的一个或几个重点进行研究。

第5章 驾轻就熟——产品经理微信小程序入门

微信小程序是触及私域流量的重要渠道。本章结合微信小程序登录产品，对产品基础功能、背景分析、产品流程制定、产品交互以及最终的产品实现进行讲解。读者通过学习本章的产品实战，可掌握基本的产品实现方法。

5.1 微信小程序产品基础

微信小程序是腾讯在 2017 年推出的一种不需要下载、安装即可在微信中使用的应用。与传统的 APP 相比，微信小程序最大的特点就是便捷。各大商家的产品常在用户增长进入瓶颈期后，通过微信小程序为用户提供相应的服务。它是获得用户、维持用户数量的另一种方式。

从产品实战来看，产品经理先要熟悉产品分析方法与实现策略，掌握从 0 到 1 搭建产品的技能。

本章会以实际的微信活动报名小程序为例进行讲解，在讲解过程中会结合实际产品设计中运用到的相关理论与产品方法进行产品分析。

在实际工作中面对全新的产品设计，产品经理可以结合本章的知识举一反三。

我们会循序渐进地讲解搭建微信活动报名小程序的全过程。

5.1.1　微信小程序的定义

微信小程序是运行于微信内部的一种功能应用，不需要安装新的应用，在微信中打开即可使用。对于小程序而言，微信就是它的"容器"，而这个"容器"中有各式各样的小程序。用户可以根据需要，通过扫码、搜索或者其他用户的推荐，在微信中打开自己需要的小程序。使用完之后，关闭即可，微信小程序不会占用手机的内存空间。

对于应用提供方而言，因为小程序可以在微信内便捷地获取和传播，所以微信小程序是各商家争夺用户的一个非常不错的地方。商家不仅可以将小程序与服务号、订阅号进行关联，还可以将小程序的二维码嵌入在文章中，使用户"所见即所得"。相对于手机应用而言，微信小程序的开发成本、获取用户的成本和传播成本更低。

根据最初的计划，微信不会为小程序提供专门的应用商店，同用户也没有订阅关系，也不向用户推送消息，也不会用于开发游戏。所以，如果读者一开始想通过微信小程序开发游戏，明显就不很适合，需要研究微信小游戏，进行相应的产品功能实现。截至2022年7月，微信平台推出了3种产品——微信小程序、微信小游戏和微信小商店，虽然用户在微信中可以使用微信小游戏，但它不属于微信小程序产品的范畴。

5.1.2　开发前的准备

在开发微信小程序前，要完成一些准备工作。

1. 小程序注册

登录微信公众平台官网，单击"立即注册"按钮，选择要注册的账号类型为"小程序"，如图5-1所示。

▲图5-1　选择注册账号类型

使用邮箱账号，填写基本的注册信息后，完成注册。需要提及的一个细节是，一个邮箱账号仅能用于申请一个小程序。

目前微信小程序开放注册的账号类型主要有个人、企业、政府、媒体和其他组织。

2. 开发工具

开发微信小程序，使用的是微信提供的集成开发环境（Integrated Development Environment，IDE）。这个 IDE 已经经历了多个版本的迭代，功能和稳定性比最初的版本好了很多，不过仍然有很多需要完善的地方。这个 IDE 会变得越来越强大，微信小程序产品的开发也会越来越流行。

开发工具在不断升级，在此不过多介绍，读者可以到微信公众平台官网下载最新版的 IDE。

3. 微信小程序的配置

读者下载并安装好 IDE 后，用已经注册的账号登录 IDE，就可以开始进行微信小程序产品开发了。微信小程序的运行离不开各种参数配置，各种配置参数定义了微信小程序在运行过程中的各项属性及操作方式。

1）全局配置

全局配置通过 app.json 文件进行。这个配置文件决定了页面文件的路径。所有要在微信小程序中运行的页面都需要在这里进行配置。主要配置的参数为 pages，代码格式如下。

```
"pages": [
    "pages/index/index"
],
```

关于配置细节，请参见官方文档。

2）页面配置

在页面配置中，主要指定页面的相关参数，如导航栏标题颜色、标题栏内容、是否开启当前页面下拉刷新等。读者可以在每个页面的*.json 文件中对相应的页面进行配置。详细配置项可参阅官方文档。

注意，页面配置项在当前页面中会覆盖 app.json 文件中的"window"（window 用于设置微信小程序的状态栏、导航栏、标题、窗口背景色）参数中相同的配置项。若你在 app.json 文件中的"window"配置项设置窗口背景色为黄色，对另一个页面你又在对应的"window"

配置项设置窗口背景色为绿色，则最终这个页面窗口背景色会显示为绿色。

3）sitemap 配置

微信提供了微信小程序内搜索功能。微信小程序及其页面是否允许被微信索引，主要通过程序根目录下的 sitemap.json 文件进行配置。配置文件的内容为一个 JSON 对象，读者如果希望自己开发的微信小程序的某个页面被搜索到，可以在"rules"中配置"action":"allow"。如果没有 sitemap.json 文件，则默认所有页面都允许索引。详细的配置规则参见官方文档。

4．微信小程序文件

与微信小程序相关的文件，主要有微信标记语言（WeiXin Markup Language，WXML）文件、微信样式表（WeiXin Style Sheet，WXSS）文件、JavaScript 文件和 JavaScript 对象标记（JavaScript Object Notation，JSON）文件。

WXML 文件主要用于小程序的页面展示。在实际的小程序开发中，要结合基础组件、事件接口，构建页面结构，也就是在这个页面你要展现什么内容、同用户有哪些交互，如常见的信息录入、表单提交、下拉刷新等。WXML 文件主要提供数据绑定、列表渲染、条件渲染、模板、引用等功能。

读者如果了解 Web 产品开发，就不难理解 WXSS 文件。简单地说，WXSS 同 Web 中的 CSS 类似，是样式语言，用于描述小程序组件样式。比如，你定义的按钮是蓝色的还是绿色的？长度为多少？使用什么样的字体？在语法格式上，WXSS 与 CSS 相似。在实际开发中，如果需要用到某些部分功能的细节，读者可以继续深入学习。初学者知道 WXSS 的基本功能就可以了。

小程序中的 JSON 文件主要用于配置参数。JavaScript 文件也比较容易理解，主要承载业务逻辑。例如，当用户提交表单信息时，把这些信息提交到哪个服务器、下拉刷新从服务器获得哪些数据，这些功能逻辑都存放在 JavaScript 文件中。读者需要对 JavaScript 文件的语法有一定的了解。

5．主要接口说明

微信小程序的接口很多。随着微信小程序的功能不断完善，接口会越来越多。我们结合要搭建的微信活动报名小程序，对实战过程中需要用到的主要接口进行介绍。先让读者有一个总体概念，之后不断地学习，掌握更多的接口。

1）微信登录

wx.login 用于获取登录凭证。微信小程序调用微信登录接口，若调用成功，微信会返回用户登录凭证给产品服务端，这个凭证的有效期只有 5 分钟，产品服务端要通过获得微信返回的登录凭证，调用 auth.code2Session，获得用户的 openid 和 session_key。

需要注意的是，微信小程序下的每个微信用户最多每分钟调用 auth.code2Session 100 次，超出这个值后微信小程序后台会反馈 "45011" 错误码。微信登录接口的操作和参数如表 5-1 所示。

表 5-1　微信登录接口的操作和参数

微信小程序发起的操作	返回的参数
wx.login()	code（获取登录凭证）

2）登录凭证校验

微信登录凭证校验 auth.code2Session 的作用是用微信登录 wx.login 获取登录凭证，换取用户的 openid 和 session_key。openid 是用户的唯一标识，用来在产品中标记用户身份，并与用户注册信息进行关联，关联后，下次用户登录小程序，可以直接使用微信的登录认证功能。

调用登录凭证校验 auth.code2Session 会返回 openid、session_key 和 unionid 这 3 个值。需要特别注意的是，unionid 可以用来确定用户的唯一性，这个唯一是指在整个微信体系内的唯一，包括网站、公众号、APP 中用户的 unionid 是唯一的。如果你的产品涉及腾讯的多个应用，为了方便将用户关联起来，可以使用 unionid 进行统一的用户识别。微信登录凭证校验接口的操作和参数如表 5-2 所示。

表 5-2　微信登录凭证校验接口的操作和参数

服务端发起的操作	https://api.weixin.qq.com/sns/jscode2session?appid=APPID&secret=SECRET&js_code=JSCODE&grant_type=authorization_code
输入参数	appid（小程序 appId，用户在申请小程序开发时，微信小程序管理后台会分配） secret（小程序 appSecret，用户在申请小程序开发时，微信小程序管理后台会分配） js_code（也就是调用 wx.login() 返回的登录凭证） grant_type（固定填写 authorization_code）
成功返回	openid（用户唯一标识） session_key（会话密钥） unionid（用户在开放平台的唯一标识）

3）检查登录状态是否过期

wx.checkSession 用于判断用户登录的有效性，如果用户经常使用小程序，会话会一直有效；如果长时间未使用，则会失效。失效后需要用户重新登录。

4）用户信息

用户信息接口用于在授权的情况下，获取用户的基本信息。授权接口在微信小程序中很常见，用户进入某个产品的小程序时，会询问用户相关信息，由用户决定同意还是拒绝。授权接口有很多，如关于用户信息、地理位置、后台定位、微信运动、录音、摄像头等的授权接口。在小程序登录场景下，调用用户信息接口完成用户授权，获得用户微信头像和昵称。

最早获得用户信息使用的接口是 wx.getUserInfo。最新的微信小程序中，要获得用户信息，最好使用 wx.getUserProfile。

获得用户信息授权后，商家可以将用户的信息纳入自己产品的用户体系的用户资料。需要注意的是，调用这个接口后，就会发起用户授权的弹窗，为了不打扰用户，这个接口要谨慎使用。在用户第一次授权后，将用户的相关信息存储下来，以后就不会频繁弹窗。当用户头像有变动时，原头像的链接就不能使用了，需要再次调用接口以获得用户最新的信息。获得用户信息接口的操作和参数如表 5-3 所示。

表 5-3　获得用户信息接口的操作和参数

微信小程序发起的操作	wx.getUserProfile
成功返回	nickName（用户昵称）
	avatarUrl（用户头像图片的 URL）
	gender（用户性别）
	country（用户所在国家）
	province（用户所在省份）
	city（用户所在城市）
	language（用户所在国家使用的语言）

5）底部加载

我们准备开发的微信活动报名小程序会涉及信息列表的翻页，即我们在 APP 中查看信息，页面下滑到底部后，信息会自动加载（我们浏览到页面底部时触发）。这个时候需要用到 onReachBottom()函数，它使用起来非常简单，只需要定义 onReachBottom()要执行的功能。具体是否到了页面底部，微信小程序会自行判断。

6）数据缓存

数据缓存涉及的接口有很多，我们本次主要介绍数据的 wx.setStorageSync 和 wx.getStorageSync 两个接口。使用这两个接口可以帮助我们将用户登录后获得的令牌存储起来，然后读取，以核实用户的身份，这样我们就不用频繁地调用微信的用户登录接口，可提升产品运行效率。设计和实现微信小程序产品时要注意，单个 key 允许存储的最大数据容量为 1MB，所有数据存储容量的上限为 10MB。

微信小程序虽然用起来很容易，但是真正想要把小程序产品做好是非常不容易的。这涉及非常多的产品细节。

随着业务场景和需求不断增多，微信小程序提供的功能会越来越丰富。微信小程序的相关功能也一直在调整和完善中。读者需要不断学习，多阅读微信小程序官方文档。

5.2　微信小程序产品分析

产品实战离不开产品经理对产品的分析。我们继续以搭建微信活动报名小程序产品为例，从产品经理的视角进行产品分析。

5.2.1　产品定位

产品经理在设计一款产品时，首先要考虑产品是什么、产品从何而来，这其实就是产品定位。

设计产品无非是确定产品可以解决用户的什么痛点。AI Ries 和 Jack Trout 在《定位》中提到："在传播过度的社会，人们唯一的防御之道是将心智极度简化。""心智"就是产品为用户留下的惯性思维，也就是产品的定位。

微信小程序产品也是产品，只不过是通过小程序的方式展示出来的，它在本质上和使用 APP 展示、使用 HTML5 展示没有区别。与此同时，微信小程序产品承载着用户需求和业务逻辑。因此，产品经理在设计微信小程序产品时，仍然要将其看作互联网产品，进行整个产品生命周期的考量。只不过在最终的产品实现细节上要考虑微信小程序的功能特性，产品功能要满足微信小程序的相关规范。

我们要搭建的微信小程序是一款活动报名产品，即一个读书会内部的会员活动报名工具。因此，我们可以将此产品定位为供读书会内部会员使用的便捷报名工具。此类产品其实在企业内部经常见到，产品需求源自企业内部实际的业务需要，而需求的提出者一般是各个部门（如人事部门、财务部门、运营部门等），产品的目标主要是提高信息的处理效率，而产品的用户则是组织机构内的成员。

5.2.2 产品用例

用例（use case）一词源于统一建模语言（Unified Modeling Language，UML）中的一个概念，是指在不展现系统内部结构的情况下，对系统某个连贯的功能单元进行的定义和描述。而本节所定义的产品用例旨在通过用户实际使用产品的场景抽象出具体需求。

构建产品用例的好处是，从实际需求出发来考虑产品功能，使产品最终的实现聚焦于产品本身，通俗地说，就是让产品比较接地气。微信活动报名小程序产品用例如图 5-2 所示。

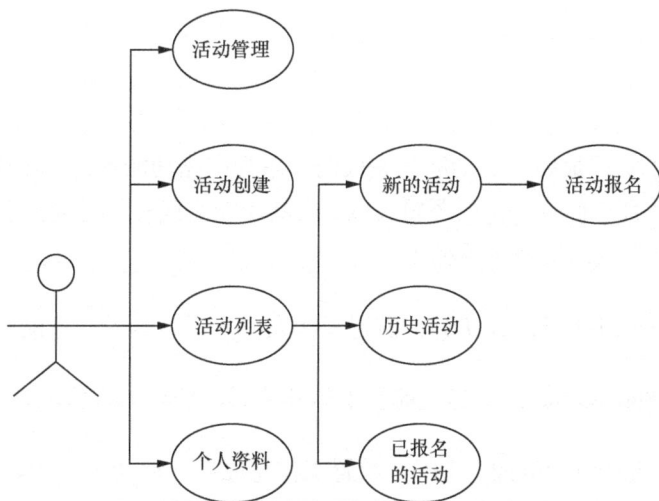

▲图 5-2　微信活动报名小程序产品用例

5.2.3 产品功能

产品功能告诉用户或消费者产品具有什么用途、能满足用户或消费者的哪些需求。对于要搭建的微信活动报名小程序，结合产品用例，我们可以使用思维导图总结产品功能。绘制思维导图的工具有很多，此处不赘述。微信活动报名小程序的功能如图 5-3 所示。

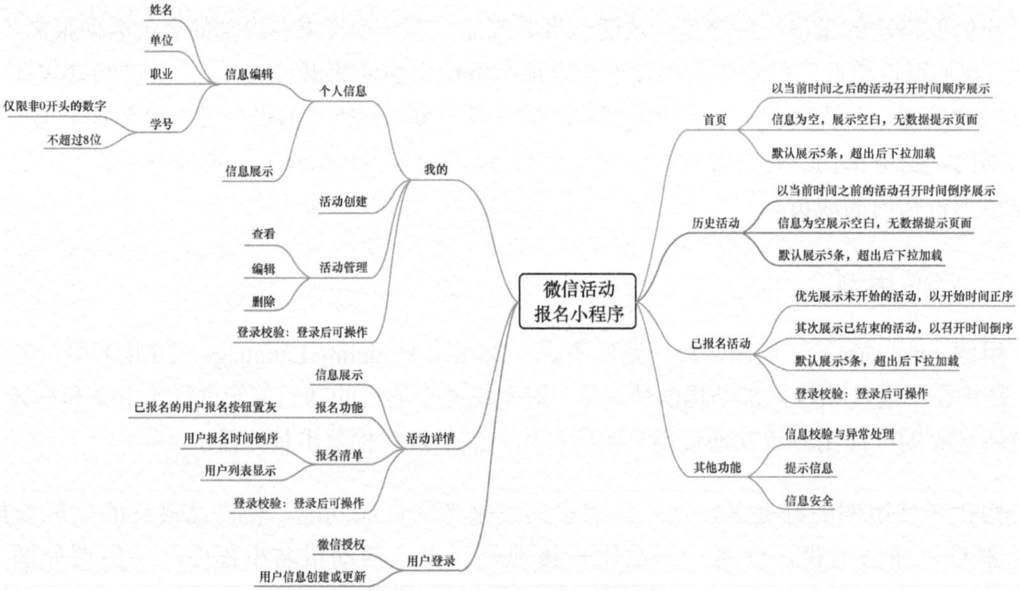

▲图 5-3　微信活动报名小程序的功能

5.2.4　产品流程

产品流程是为了实现最终产品功能而完成的一系列产品功能活动。既然是流程，就有功能完成的先后次序，并且它们有一定的逻辑关联。产品功能实现有一定的前置或后置条件。在项目管理理论中，4 种常见的依赖关系如下。

- 完成-开始（Finish-to-Start，FS），前置工作完成后，后续工作才能开始。

- 开始-开始（Start-to-Start，SS），前置工作开始后，后续工作才能开始。

- 完成-完成（Finish-to-Finish，FF），前置工作完成后，后续工作才能完成。

- 开始-完成（Start-to-Finish，SF），前置工作开始后，后续工作才能完成。

以 FS 为例，它表示的是后续工作的开始依赖前置工作的完成。

我们可以根据实际需要对微信活动报名小程序的流程进行设计。例如，要求用户完善资料后才能报名，只有管理员级别的用户才有创建活动的权限。根据目前产品的需求，我们并没有这些条件的限制，我们可以从实际业务流程出发进行产品流程的设计。微信活动报名小程序的流程如图 5-4 所示。

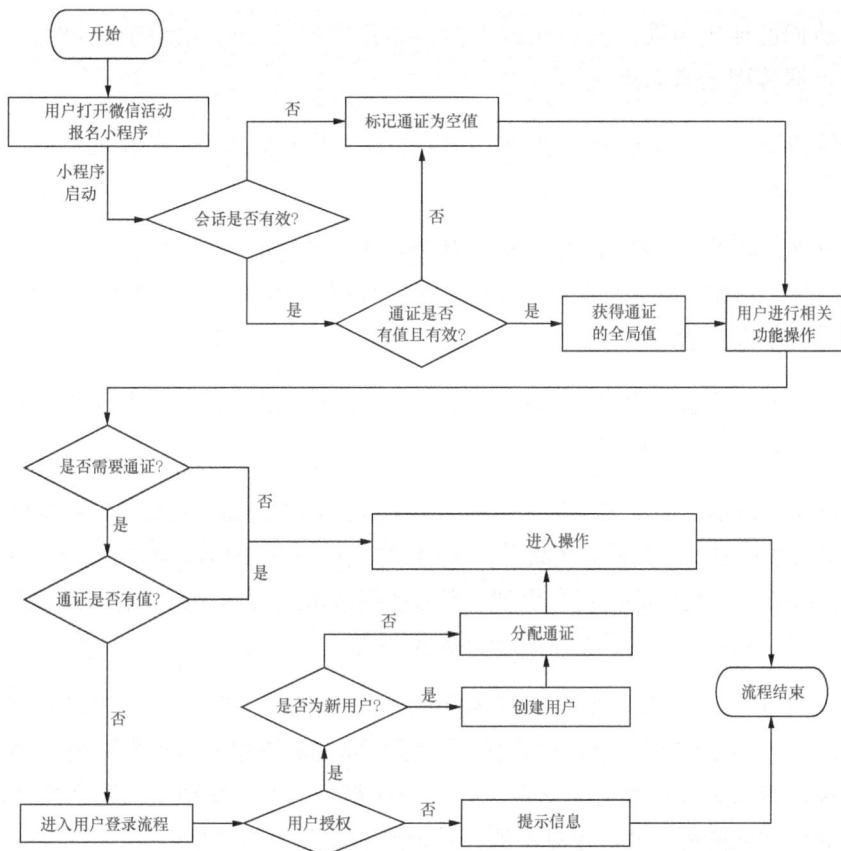

▲图5-4 微信活动报名小程序的流程

通过以上讲解，我们会发现微信小程序产品的分析过程和其他互联网产品的一样，用到的产品分析工具也没有变化。只不过我们在进行小程序产品的分析时要考虑到微信小程序的一些特性，如小程序从启动、加载、展现到关闭整个生命周期中的具体细节，这为下一步的微信活动报名小程序产品的实现奠定了基础。因此，产品经理在做某个产品时不但要精通业务，还要熟悉基本技术接口的逻辑细节。

5.2.5 产品设计原则

产品设计要遵循哪些原则？

结合这几年的工作经验，以产品经理的视角来看，我们在进行产品设计时，主要需要考虑以下产品设计原则。

- 明确的产品定位。我们的产品目标人群有哪些？产品定位是什么？如果人群是儿童或者老人，我们的产品设计肯定要非常简约，而且对于老人，字号、字间距等都要符合他们的使用习惯。所以在进行微信小程序产品登录功能的设计时，要将目标人群的习惯等因素考虑进去。

- 界面风格统一。产品的界面风格要一致，不能让用户进入不同的功能页面，就感觉像换了一个产品。

- 功能直观、易用。文案、图标等要给用户非常明确的指示，同时在功能上要符合大众的使用习惯。例如，用户习惯顶部左侧的箭头代表"返回"，如果非要将之设计成"关闭"按钮，就不太合适。

- 对用户友好，不骚扰用户。APP 上各种与功能无关的广告会让人反感。微信小程序不能泄露用户信息，给用户造成不便。

因此，在设计微信活动报名小程序产品时，要在产品"门面"上努力，以符合产品设计原则。在设计微信小程序产品之前，产品经理必须对微信小程序的运行流程和相关组件有一定的了解。若不理解微信小程序的原理和组件，产品经理就很难设计出精美的产品。产品经理对微信小程序的接口功能不仅要知其然，还要知其所以然。

虽然做 APP 产品和做微信小程序产品的流程大致相似，但由于实现工具不同，在细节上会有所差别。所以产品经理在做微信小程序产品前，要多阅读相关的官方文档。在实际工作中，往往存在产品经理在设计产品时想法很美好，但在最终的产品实现上问题多的情况，由产品实现工具而导致的功能逻辑冲突屡见不鲜，从而影响产品上线质量。

综上所述，我们在对微信活动报名小程序进行产品分析时，除实现基本功能外，还要考虑一些异常场景。这就要求在设计产品时，产品经理为产品异常定义各种处理方式。同时，给用户的异常提示要直观、明确，例如，网络因素导致的信息调用与返回异常在小程序的登录设计中也需要考虑。假如用户拒绝信息授权，产品该如何处理？在处理异常的同时，要保证对用户友好，以获得用户的信任。

另外，产品经理需要微信对小程序用到的各种接口非常熟悉，把握好细节才能避免失败。微信小程序后台也可能会出现接口异常。例如，接口信息返回超时、接口本身由于网络状况超时、系统繁忙、信息无效，以及小程序接口本身的调用频率限制等。在设计小程序登录时，产品经理需要将这些因素都考虑到。

为了在短期内实现用户数增长而盲目地透支用户信任的产品一定不是好产品。企业领导及产品经理都应该从用户角度出发去制定产品策略、设计产品功能，而不是盲目追求获客数、活跃度、增长率。

只有用户信任你的产品，用户数才会增长。当用户不再信任你时，你的产品做得再好，要在用户和市场中建立口碑也是非常难的。

回顾这些年市面上的各种 APP，不论其概念多么新颖、花了多少营销费用，最终很多都没有逃过产品的大浪淘沙。所以，微信小程序产品设计更多的是向用户表达一种态度——一切从让用户满意出发、以用户为中心。

5.3　微信小程序产品实现

产品经理最终的价值体现在产品的实现上，结果是最好的证明。我们继续以搭建微信活动报名小程序产品为例，从产品经理的视角实现产品。

其实在用户使用小程序的整个过程中，唯一需要用户确认的就是用户的授权。用户授权之后，小程序已经获得了用户注册的一些必要信息，如果不是非常必要，对于小程序，不需要再额外设计登录页面和注册页面。

在微信小程序产品的实现中，界面设计不是难点。难点是在产品设计中如何保持适度原则。例如，若一个用户的需求是看一则新闻，而产品非要用户提供身份证号，则这种产品设计明显不合理。

5.3.1　登录流程设计

以一个普通用户为例，当扫描小程序码或者从他人分享的小程序中打开小程序时，应该先呈现小程序的基本功能。以微信活动报名小程序产品为例，它允许用户在不登录的情况下浏览部分活动信息，若用户希望参与某个活动，再进行小程序的登录，以便于产品确认哪些用户参加了活动。

很多小程序产品一开始就要让用户提供获得个人信息的授权，可能因为企业对小程序的获客数有要求。看似用户数增长很快，即使在首次使用时获得了用户信息，如果以后用户再也不登录，对产品的增长也毫无帮助。所以，企业在为产品设定 KPI 时，要换一种考核方式，不考核获得的用户数，而考核活跃用户数同总用户数的百分比。

用户小程序登录环节涉及的逻辑如下。

* 到了登录环节，先查看用户的会话是否过期。使用 wx.checkSession 接口，如果会话已过期，则调用 wx.login 获得用户的 OpenID 和会话。

* 若用户会话未过期，则调用先前存储在本地的通证。首次登录时，用户在本地是不会存

储通证的。如果获得了用户通证，则说明该用户是老用户，可以根据用户的 Token 从产品的服务端获得对应用户的信息。登录完成。

- 若本地没有存储通证，则调用 wx.login 获得用户的 OpenID 和会话。这时，我们可以根据获得的用户 OpenID 到服务器中进行匹配。如果匹配到，则说明该用户是老用户，可以通过 OpenID 获得用户信息，并结合会话生成通证，返回给微信小程序，然后调用 wx.setStorageSync 将 Token 保存在微信小程序用户端。获得用户存储在服务器上的信息，登录完成。

- 若获得的用户 OpenID 不能与服务器中用户数据匹配，则说明该用户是新用户。这时，再使用 wx.getUserProfile 来询问用户授权以获得用户信息。新增用户的操作完成后，将通证保存在微信小程序用户端。获得用户存储在服务器上的信息，登录完成。

用户小程序登录流程如图 5-5 所示。

这样设计的好处是一个看似简单的登录有很多细节，但只有一次让用户授权确认，可以极大地减少产品对用户的打扰。

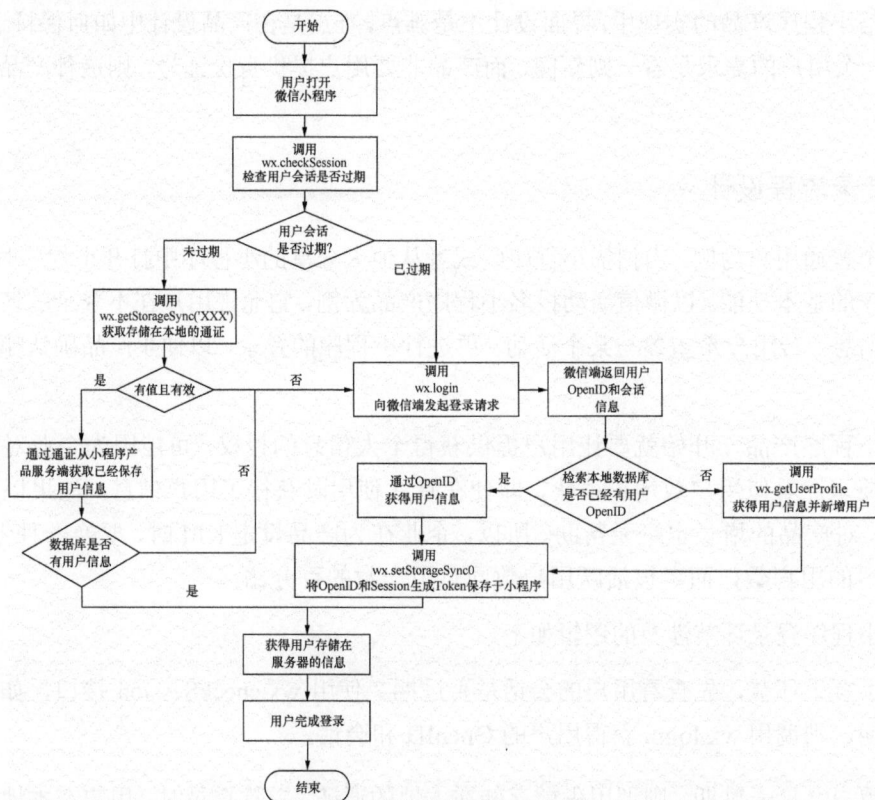

▲图 5-5　用户小程序登录流程

5.3.2　产品原型设计

产品的实现离不开原型设计。产品原型设计是一种低成本的产品实现方案，产品经理可以将产品分析的结果以原型的方式进行呈现。在呈现过程中，如果需求提出方或者市场需求发生了变化，需要进行产品更新，在产品实现前调整原型即可，从而可避免技术人员改动产品代码造成的人力浪费。

对于产品经理而言，产品原型设计的过程也是进一步梳理产品逻辑的过程。有些时候，在产品分析阶段对一些细节会考虑得不够周全，而在设计原型的过程中会想得更全面。所以，产品原型设计过程也是产品逐步求精的过程。

微信活动报名小程序的功能非常简单。本节介绍该小程序的原型设计。

1. 主页

用户打开小程序，首先呈现的是主页。主页要直观，能直接反映出产品的特点。对于用户而言，用户打开微信活动报名小程序，最想了解的是近期有什么活动，以便在第一时间找到核心信息。主页为用户展现的是正序排列的未来将要开展的活动。

如果一天有多个活动，我们不直接向用户显示"年-月-日"，而更友好地提示今天、明天、星期几等。

另外，对活动的状态进行提示，显示用户是否已经报名这个活动。

对于未报名的活动，用户单击后直接可以报名。

对于已报名的活动，显示"已报名"，并且报名按钮不可单击。

对于"历史"和"已报名"两个标签，我们可以复用主页面，从而减少产品实现的工作量、提升产品上线效率。主页的产品原型如图 5-6 所示。

▲图 5-6　主页的产品原型

2. "我的"页面

"我的"页面承载着产品通用的管理功能，例如，用户资料编辑、信息创建与管理、产品版本信息等。"我的"页面是比较通用的一个页面。这个微信活动报名小程序的功能比较简单，所以"我的"页面的原型设计也比较简单，仅需要体现核心功能。

　　用户的头像可以从微信授权中获得，同步用户微信头像可避免上传头像，同时对用户的一些基本信息也可以在用户授权的情况下进行同步，从而为用户提供更好的服务。单击"编辑"按钮，用户可进一步编辑自己的信息。另外，几个功能菜单也是围绕用户创建活动、管理活动和报名活动服务的，单击后可进入相应的功能页面。"我的"页面的产品原型如图 5-7 所示。

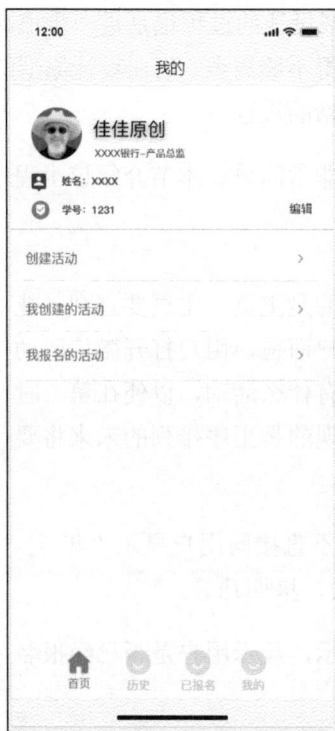

▲图 5-7　"我的"页面的产品原型

3. 个人资料页面

　　用户可以在个人资料页面录入自己的姓名、工作单位和工作岗位，以便于活动成员相互认识，为后续互动打下基础。由于这是书友会活动报名的小程序，因此用户可以为自己定义一个书友会学号，通过该学号在读书讲座活动中进行用户统计。

　　对于产品原型设计而言，本节展示的仅是非常基础的页面。在实际的产品实现过程中，对每个输入字段的异常提示，应该有相应的页面原型展示。如果你所在的公司是一个比较成熟的公司，有一套完善的产品规范，有稳定的用户，那么产品经理在设计原型时就会很高效，在产品文档中描述清楚哪些字段有哪些约束、产品页面有哪些异常、分别会出现什么样的提示即可；

在产品展现上，沿用公司产品规范即可。个人资料页面的产品原型如图 5-8 所示。

▲图 5-8　个人资料页面的产品原型

4. 创建活动页面

在创建活动页面，用户可以创建活动，输入活动标题、开始时间、结束时间和活动内容。必输入的字段后有红色的星号标记，以进行强调。对于开始时间和结束时间，由于要输入日期和时间，如果两个输入框分别用于输入日期和时间，页面会比较复杂，用户输入也要单击两次。因此，我们设计了组合输入框，用户单击后可以在弹出的微信时间控件中，一次性完成日期和时间的选择，这可在细节上提高产品的用户体验。

之后创建活动功能时，我们还可以继续扩展，如增加图片、音视频的发布支持。至于未来会有什么功能，其实也应随着用户的需求逐步增加。目前的产品实现所遵循的是最小可实现产品（Minimum Viable Product，MVP）思想，先满足用户的核心需求。如果过分追求产品功能的"大而全"，投产之后许多功能又没有用户使用，反而是一种浪费。创建活动页面的产品原型如图 5-9 所示。

▲图 5-9　创建活动页面的产品原型

5. 交互设计

交互设计是产品在设计阶段必须考虑的一个方面。好的产品交互设计可以向用户传达一种正向的理念,让用户在潜移默化中感受到被重视及关怀。交互设计既要考虑全局也要考虑细节。全局是指用户在使用产品的全过程中非常流畅,产品信息指向明确,操作清晰;而在细节上,小到按钮的反馈、提示文案的字体和配色,都要精准。产品要不断打磨。

以微信活动报名小程序为例,在产品实际实现过程中,虽然已经考虑了许多产品交互上的细节,但是发现每次回头来看,产品仍然会有需要完善的地方。世界上并没有真正完美的产品,产品的功能实现与完美需要有一个平衡。过度追求完美,为了一个非常细微的且用户可能花十年也感受不到的交互投入大量的人力和时间,或许也是不合适的。我们可以在一定范围内追求为用户提供更好的产品。

6. 功能实现

理论上产品经理不需要太在意产品的编码实现,因为这是软件架构师或者软件开发工程师需要考虑的事情。而现实中，优秀的产品经理往往有技术背景，像读者比较熟知的苹果创始人乔布斯、微软创始人比尔·盖茨、Meta（2021 年 Facebook 改名为 Meta）创始人马克·扎克伯格、小米创始人雷军，以及"微信之父"张小龙等都有过程序开发经历。所以"产品经理懂技术"一定是一个"加分项"。

在通过程序代码实现产品功能的过程中，对程序结构进行有效组织，使其使用逻辑清晰——这本身也是一种产品设计。常用的模型-视图-控制器（Model-View-Controller，MVC）模式可以突出程序的层次感和可维护性。对于微信小程序而言，我们可以将一些通用的方法类抽象出来，遵循面向对象的编程思想（即封装、继承、多态），从而为小程序未来的扩展打好基础。

图 5-10 所示为微信活动报名小程序的文件结构。当然，目前的微信活动报名小程序的功能非常简单，程序结构也并不复杂。当未来我们要进行其他功能扩展的时候，还会抽象出很多公共类，对程序结构也会不断进行调整。

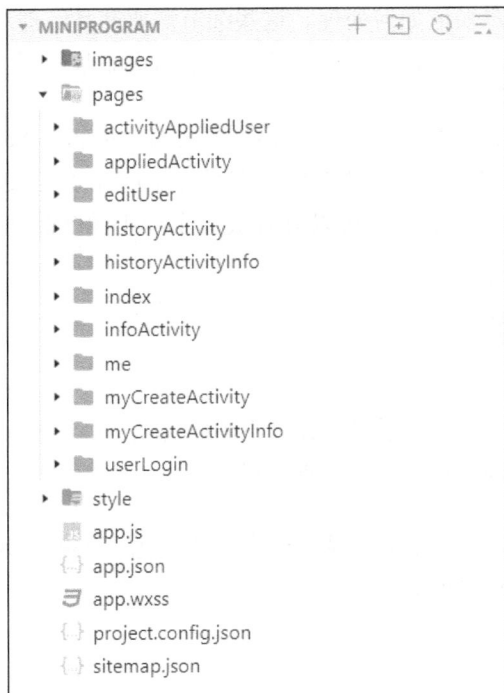

▲图 5-10　微信活动报名小程序的文件结构

7. 异常处理

异常处理是产品开发过程中必不可少的一个环节。产品经理对异常处理的定义，要从产品实际场景出发，结合自己的工作经验，对产品可能出现异常的环节进行识别处理，以提升产品的稳定性。

对于微信活动报名小程序产品而言，我们可以定义几个方面的异常，从而进行有针对性的处理。

- 微信小程序服务端异常。例如，接口频次限制、服务返回错误、处理超时、参数不正确、版本不支持、接口调用错误、授权认证异常等。

- 微信小程序应用端异常。例如，网络异常、字段参数异常、带宽限制、内存异常、代码本身的异常、权限异常、数据异常等。

产品经理在设计微信小程序产品时，不仅要解决用户的痛点（满足用户核心需求），还要给用户提供良好的用户体验，其中非常重要的细节就是友好的提示信息，以及对异常的处理。提示信息要恰到好处，不能没有，也不能过多而给用户造成打扰。异常处理要明确，在告诉用户问题的同时，还要让用户知道如何处理。这些细节需要产品经理对微信小程序的各项功能、参数非常熟悉，知道微信小程序在哪个地方的交互会出现哪些问题。

微信活动报名小程序的功能非常简单，但即使这样，要做到极致，也有非常多的产品细节要考虑。在今后的工作中，产品经理不论是在设计小产品还是大产品时，都可以借鉴本书的产品设计思路。即使是大产品，也可以分解成一个个小的产品功能并实现。

5.4　总结与提高

产品经理在实际工作中要善于总结。经过不断地总结，最终找出产品线的最佳路径。微信活动报名小程序的功能已经实现，我们需要总结。

该实例是作者的实验产品，未来产品功能会有所变化。受微信小程序本身的政策限制，个人主体的小程序不能使用信息发布功能。

5.4.1　总结

1. 产品基础

对小程序能实现什么功能以及不能实现什么功能，读者心里有数了。小程序的功能还在不断完善中。产品经理最重要的能力之一就是信息获取与分析能力，关注微信小程序官网动态以获得第一手权威信息是必需的。另外，多参加微信小程序官方组织的活动或会议，也是获得与专业人士进行知识交流的机会。

工欲善其事，必先利其器。任何软件产品的实现都离不开一套好的 IDE，开发微信小程序目前只能使用微信官方提供的 IDE。虽然该 IDE 谈不上特别好用，但基本够用。同时微信小程序的 IDE 集成了云开发环境，可方便读者直接在云环境里部署开发好的小程序。如果产品经理有技术背景，用好 IDE，掌握常用的快捷键和调试方法等，他就可以提升工作效率。

我们着重讲解了小程序的全局配置、页面配置和 sitemap 配置。对初入门的"产品小白"而言，只需了解各配置文件的作用、知道哪些功能在哪里配置。将来，随着学习的不断深入，需要用到的小程序的功能会越来越多，用到哪些功能，知道去哪儿找哪些配置、哪里会用到哪些配置信息、配置信息的详细内容是什么，就可以了。使用得多了，自然就铭记于心了。

对小程序涉及的 WXML、WXSS、JSON 和 JS 文件，相信读者已经不再陌生。读者如果有兴趣，可以阅读相关的图书。如果能把微信小程序这一个产品完全弄明白，已经非常不容易了，因为涉及的知识点非常多。另外，微信认证、用户信息、下拉刷新等这些常用的接口是必须掌握的。把这些接口的逻辑搞清楚，对读者今后的小程序设计将有极大帮助。

2. 产品分析

在产品分析中，我们主要从产品经理的通用技能出发，讲解了产品定位、产品用例、产品功能和产品流程所涉及的知识。不论是刚入行的产品经理，还是资深的产品经理，产品定位都是很有挑战的话题。即使是业界专家也有产品定位失败的时候。

对于产品经理而言，掌握一套完整的产品方法论是必不可少的。很多知识是相通的，许多产品用例不仅适用于 PC 软件、APP，还适用于微信小程序。即使将来出现其他的产品形态，我们也可以通过用例总结产品功能。这就像抽丝剥茧，一层层地将一个产品涉及的内容剥离出来并仔细分析。自顶向下，再自底向上，总结功能点，对这些功能点进行细化，并通过流程连接整理出各功能点之间的逻辑关系，从而最终构建出一套完整的产品。产品流程代表了产品的理念。

3. 产品实现

对于产品经理而言，产品分析环节是最能体现产品经理实力的环节。分析得全面、正确与否直接决定产品的成功与失败。产品该不该做、该怎样做，从哪里来、到哪里去，产品经理要认真思考这些问题。

前面讲解了小程序产品的原型设计、交互设计、功能实现和异常处理。原型设计能力是产品经理构建产品的基础技能，使用原型可以用较低成本描绘产品。在工作中，产品经理第一手的产品需求往往来源于上级领导，或者公司 CEO。现实中上级领导或 CEO 可能对产品会突然有一个想法，这个想法往往没有经过深入思考。产品经理的价值在于将领导的想法变成需求，进而转化为产品。产品经理需要将领导的想法进行完善，从而更好地适应市场的需要。

因此，产品经理对产品进行原型设计就是要将领导或者 CEO 的想法转换成看得见、摸得着的实物，把想做的产品以原型的方式直观呈现在领导或者 CEO 面前，这样他们可以在这个范围内进一步对需求的增加或修改进行讨论。这也是产品经理的价值体现。产品的原型设计包含产品的核心逻辑，反映产品的定位与风格。明确了原型，设计师也就知道如何进行产品用户界面（User Interface，UI）设计，交互设计也就水到渠成了。这个时候产品的产出一般有 PRD，其中包含设计资源文件、产品计划等。

到了功能实现阶段，研发人员介入，实现产品需求，使产品真正可使用，涉及系统架构、代码开发、测试等。PRD 是产品实现的指导性文件，明确告知整个产品团队产品实现的范围。同时，对于产品在运行过程中会出现的各种异常，在产品实现阶段，开发人员也要做好相应的处理备案。产品异常处理得好与差直接影响用户产品体验的好与坏。

5.4.2　提高

若产品经理的背景不同、经历不同，对同样的文章的感受就千差万别。正所谓一千个读者就有一千个哈姆雷特。即使这样，各种行业也涌现出了优秀的独角兽产品及企业。对于产品经理而言，产品商业逻辑总结起来有以下几种。

- 通过产品创新吸引用户。

- 通过不断营销获客扩大产品用户规模。

- 通过运营把产品规模做大、降低成本，即实施战略管理中提到的成本领先战略。

- 产品有持续的现金流，通过产品现金流获得收益。

- 通过多方获益（利用产品的平台化思维）。

在汽车发明之前，你问用户想要什么，他们只会告诉你"想要一匹更快的马"而已。产品经理如果需要使产品得到质的提高，就要把自己变成一个有思想的人，敢于对不合理的需求、不合理的职场规则说不。从用户角度出发提升自己的共情能力，要善于挖掘需求背后未表达的真正需求，加深对用户的理解及对用户需求的理解。

第三部分

第 6 章　崭露头角——产品经理实战之 B2B 产品

本章重点讲解产品在企业对企业（Business to Business，B2B）场景中的应用，以满足企业特定场景需求。在实现产品基础功能的过程中融合基础概念、产品模型、产品分析等知识进行讲解，帮助读者构建产品思维。

6.1　企业后台产品

在实际工作中，我们经常听到前台产品、中台产品和后台产品的说法。

- 前台产品——直接和用户产生联系的产品。很多人可能会认为用户经常接触到的产品功能交互页面就是前台产品，其实这并不完全正确。产品功能交互页面属于"前端产品"，但"前端产品"仅是前台产品的一部分。前台产品除包含"前端产品"外，还包含对用户请求与响应进行处理的各种业务逻辑。

- 中台产品——近些年兴起的产品概念。中台产品的核心价值是"承上启下"，从而提升效率、节约成本。以电商产品为例，假如我们要做一个推荐系统，需要从用户系统、订单系统、搜索系统、浏览日志、商品系统等系统甚至跨平台获取相关数据，这就需要完成同这些系统的对接。如果后续这些系统有变动，也要同步进行维护，工作量很大，且数据流与信息流很难统一。如果可以直接从数据中台获得信息，就会便捷许多。

- 后台产品——不直接面向用户，主要由企业内部人员使用的产品，例如，运营人员使用的配置管理产品、财务人员使用的结算管理产品、营销人员使用的销售管理产品。后台产品承载着企业核心的业务功能。如果说中台产品是企业的"指挥部",那么后台产品就是企业的"司令部"。后台掌握着企业几乎全部的资金、信息、数据资源。虽然不同企业的业务属性不同,后台产品也有一定的区别,但是不论业务逻辑怎么变,后台产品总会体现产品的内涵,正所谓"万变不离其宗"。

本节主要通过对日常工作中产品经理在设计后台产品时常面临的某些困惑进行讨论、分析,结合作者自己的工作经验,总结产品经理设计后台产品的核心思路。通过学习本节,读者可以掌握如何打造可伸缩的后台产品,使后台产品满足不断变化的业务需求,从而增强产品的竞争力。

6.1.1　后台产品经理的困局

在实际工作中,后台产品经理往往会面临几个困局。

- 功能冗余。一些产品经理觉得公司往往不太重视后台产品,产品经理觉得负责后台产品在工作上很难有业绩。因此在进行后台产品设计时,往往投入不够,觉得产品能满足基本的业务功能即可,交互逻辑设计得非常简单。业务需要一个功能就实现一个功能,造成后台产品功能重复开发且冗余。

- 理念陈旧。不同公司的后台产品的功能有很大的差别。有的公司主营业务单一,发展稳定,后台产品的功能相应比较简单,而且多年不发生变化。在这种情况下,后台产品仅满足基本的业务需要。有的公司主营业务多样,发展迅速、不断扩张,后台产品的迭代就非常快。产品经理在设计后台产品时,还停留在传统的后台产品阶段,认为后台产品就是后端的管理系统。这就导致后台产品跟不上公司发展的需求,从而影响公司业务开展、效率与收益。

- 扩展性差。产品经理在设计后台产品时,往往只着眼于眼前的功能需求,导致后期产品功能扩展受到非常大的制约。后台产品功能往往要服务于前台产品或者中台产品,扩展性差导致后台产品功能不能承载相应的功能需要。产品功能相互制约,导致后台产品的升级改造成本非常高。如果继续在原产品架构上优化,维护成本很高;如果舍弃原有后台并重建,又浪费资源,进退两难。而即使重建,产品经理未来也可能会面临扩展性差的问题。

6.1.2　核心思路

对于后台产品设计中面临的困局,我们该如何应对?我们结合实际产品经验,讲述产品经理在设计后台产品时的核心思路。

1. 明确后台产品业务范围

我们在设计后台产品时,需要明确后台产品的价值体现在哪里。一般来说,我们做任何产品都要考虑投资收益率（Return On Investment，ROI）。有些产品的 ROI 是显性的，比较容易量化，比如，你的产品直接给你带来的收入容易量化；而有些产品的 ROI 是隐性的，比如，我们做一个公益产品，这个产品的价值可能要几年后才能真正体现。

产品价值取决于后台产品业务范围。如果产品的业务范围仅仅是"实现简单的用户密码修改"，那么根本就没必要实现一个后台产品。而公司业务不同，后台产品实现的业务功能也不同。很明显，比如，在电商产品的后台、企业资源计划（Enterprise Resource Planning，ERP）产品的后台或者内容产品的后台，业务流程是不一样的。我们只有明确了后台产品未来要实现的业务范围，才可以在后台产品的可伸缩设计中做到心中有数。

2. 构建后台产品核心功能

后台产品承载的业务千变万化，但是在核心功能上不同的后台产品总会很相似。结合这些年在工作中接触到的各种后台产品，我们归纳出后台产品的核心功能。后台产品的核心功能如图 6-1 所示。

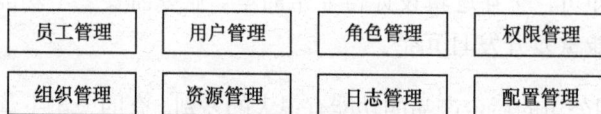

| 员工管理 | 用户管理 | 角色管理 | 权限管理 |
| 组织管理 | 资源管理 | 日志管理 | 配置管理 |

▲图 6-1　后台产品的核心功能

- 员工管理：主要用于对使用后台产品或者同后台产品有业务关系的企业员工进行管理。使用后台产品的员工来自不同的业务部门，员工的角色、权限也不同，并且会有员工的变动，如员工的入职、离职或者其他信息变化。

- 用户管理：这里的用户一般指的是使用企业前台产品所提供服务的用户。用户管理最常见的功能是对用户信息进行管理，如进行账号禁用与启用、用户属性维护。对于 SaaS 后台产品，用户管理还包含对用户银行账号、电话、联系方式等的管理。同样，购物类 APP 产品、金融类 APP 产品或者内容类 APP 产品等，对用户的身份真实性有一定要求，也会包含对许多用户敏感信息的管理。在这种情况下，需要对查看、编辑用户相关信息进行权限管理和日志记录等。

- 角色管理：后台产品中非常常见的一个核心模块。简单的角色管理仅需要定义角色名称，并将角色赋予用户。而复杂的用户管理不仅会对管理后台产品的用户权限进行定义，还会对前台产品的用户角色进行定义，进一步对不同用户使用产品功能的范围进行划分。角色管理是连接用户和权限的纽带。为用户直接赋权的做法虽然可行，但后期维护成本太高。通过角色管理，定义使用后台产品或者前台产品的用户角色，简化用户使用产品时的功能控制，便于未来产品管理功能的扩展。

- 权限管理：对于用户可使用的产品功能的规则集，定义产品的哪些功能可以由哪些用户使用，哪些用户不能使用哪些功能。除定义或管理权限名称这样的基础功能外，权限管理还要定义产品可执行范围的规则集。对于复杂的后台产品，权限管理还可定义相关的激活参数，如定义同样角色的用户，在某个时间点或者在某种特定场景下可使用的产品功能范围不同。

- 组织管理：后台产品往往会涉及企业内部或者外部的多个组织，不同组织在使用后台产品的功能方面也会有所不同。组织管理主要涉及组织的新增和维护、组织名称定义、组织范围等。组织和员工之间为一对多的关系，即一个组织下可以有多名员工；在某些特别情况下为多对多的关系。

- 资源管理：这个核心功能主要用于对整个前台产品或者后台产品所用到的资源进行控制。这些资源既涉及企业内部，也涉及企业外部。例如，财务管理后台产品不仅涉及公司内部的各种企业银行账户、结算时间、结算方式等，还涉及同公司业务有关的外部资源，包括对方的结算时间、结算方式、交互信息等。

- 日志管理：很多时候产品经理不认为日志管理功能是后台产品的核心功能，最初对之往往不重视，主要因为觉得日志管理不产生直接的经济效益。也有很多人觉得，日志管理就是一个记录、操作日志的模块，通常软件在代码执行过程中已经记录了用户操作，后台产品不需要额外的日志管理功能。在实际工作中我们也遇到过许多在后台产品中没有规划日志管理导致操作风险的情况。基于良好的日志管理功能，后台人员可以很方便地定位用户操作过程中的问题，从而提高产品反馈效率，提高用户产品体验。虽然通过技术人员从后台查看日志的方式可行，但是往往比较耗费时间，沟通成本高。

- 配置管理：主要指对所有后台产品以及前台产品涉及的相关参数进行配置，常见的参数有用户登录通证的有效期、密码长度限制、发送相关邮件的数据参数、发送短信的相关参数、前台产品与后台产品信息交互的密钥等。

3. 后台产品模块化设计方式

构建后台产品的核心功能后，就可以开始规划后台产品的其他功能。不同领域的产品业务千差万别，这就需要我们有后台产品模块化的设计思路。

简而言之，搭建后台产品模块类似于搭积木，要快速响应业务需求，使产品功能灵活、可伸缩。因此我们在设计后台产品时，就要将后台产品看作花瓶，不同的产品功能就是不同的花，将需要的花插入花瓶，而将不需要的花从花瓶中拿出。

后台产品框架如图 6-2 所示，模块可以有多个。各种模块根据实际业务进行具有针对性的定义。以实际工作为例，如果业务属于电商类，这些模块可以是订单管理、物流管理、库存管理、商品管理等；如果业务属于金融类，这些模块可以是资产管理、支付管理、清分与结算管理等。模块可以随着业务扩展进行定制化新增，从而满足增长需要。

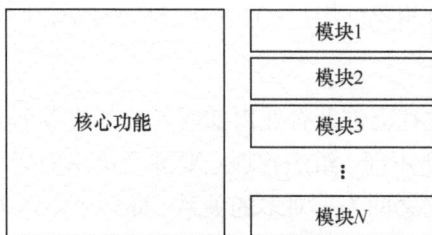

▲图 6-2　后台产品框架

很多产品经理会觉得负责后台产品不容易做出业绩，从而认为后台产品的各种功能能用就行。一些产品经理由于对业务认识不足，因此不知道后台产品设计从哪里入手。

同时，在一些公司中，通常只有前台产品经理，后台的产品实现往往仅由开发人员完成。总体上，要么公司领导对后台产品不重视，要么产品经理自己觉得后台产品不重要，要么产品经理不知道后台产品该如何设计。

结合实际工作，后台产品其实是公司非常关键的产品。后台产品承载着公司核心的业务，前台产品仅是公司业务的呈现而已。众所周知，往往前台产品风格变化比较快，而后台产品的核心功能一般能一直不变。

例如，公司要做一个金融类的 APP，虽然可以短时间包装多个金融 APP 产品，但是后台产品才真正承载着账户、对账、清结算这些核心的功能。

同时建议新入职的产品经理在熟悉公司业务的阶段先负责一个阶段的后台产品，以快速了解公司的核心流程。在熟悉了核心流程之后，再深入市场，从而实现后续的创新。

6.2　供应链金融

近年来，科技的进步和商业模式的变革加快了金融行业的发展。对于金融企业来说，仅有资金已经远远不够，还必须要有流量。目前，金融行业的竞争日趋激烈。具有丰富流量的互联网头部企业对金融领域的涉足，对传统的金融企业带来了不小的压力。

银行、保险、信托、基金、证券等企业纷纷向互联网转型，出现了互联网跨界金融、金融跨界互联网的交叉发展的景象。

结合哈佛商学院教授迈克尔·波特（Michael Porter）曾提出的波特五力分析模型，如今的金融业不仅要面临来自行业内竞争者的竞争，还要面临潜在竞争者的进入和替代者的威胁。金融越来越向专业化、细分化方向发展。

前几年许多银行、保险公司、基金公司都设立了金融产品经理的岗位，不过当时金融产品经理的工作风格更像是互联网产品经理的工作风格，主要实现金融的移动互联网化。经过几年的发展，目前银行、基金公司的手机应用以及各券商的手机交易软件的应用已经非常普遍，这些方向的金融产品经理已经成熟。

而供应链金融经过几个发展阶段，目前已具备了快速发展的条件，未来发展空间广阔。

6.2.1 供应链金融基础概念

供应链是以核心企业为中心，通过掌控物流、信息流、资金流和商流，在采购、加工、制成产品到销售的过程中，以供应商、制造商、分销商、零售商及消费者构成整体性的功能网链结构模式。它其实体现的是上下游之间的一种供需关系，而这种供需必然涉及资金的交互。

在企业财务管理中，资金周转率是一个很重要的财务指标，可反映资金流转速度。而在现实的供应链中，往往应收货款时间很长。

供应链金融的出现，正是为了解决供应链中各企业的资金痛点，提升企业的经营效率。现阶段，国内对于供应链金融还没有一个权威的定义。2005 年瑞士圣加伦大学霍夫曼教授当时给出的供应链金融的定义是"供应链中包括外部服务提供者在内的两个以上的组织，通过计划、执行和控制金融资源在组织之间的流动，以共同创造价值的一种途径"。

目前大多数人可能认为所谓的供应链金融就是供应链中的企业融资。其实供应链金融远远不是融资这么简单。供应链金融的整体框架如图 6-3 所示。

▲图 6-3　供应链金融的整体框架

6.2.2　供应链金融发展阶段

1.0 阶段约从 2003 年开始，深圳发展银行（现已归属平安银行）以银行视角阐述了对供应链金融的理解。这一阶段供应链金融主要在线下进行，由银行主导。这一阶段的供应链金融业务比较单一，根本不需要金融产品经理的参与（当然，在 2003 年时也没有金融产品经理的概念）。供应链金融的各参与方信息均不共享，规模难以扩张，金融运作效率差。供应链金融 1.0 阶段如图 6-4 所示。

2.0 阶段约从 2012 年开始，标志性事件就是平安银行借助互联网，将供应链由线下引至线上。在这个阶段银行不再是主导方，资金提供方向多元化方向发展，小额贷款公司、商业保险理财公司以及融资租赁等企业合作参与到供应链金融活动中。但这一阶段的供应链金融仍然基于业务进行，并没有金融产品经理的参与。供应链金融 2.0 阶段如图 6-5 所示。

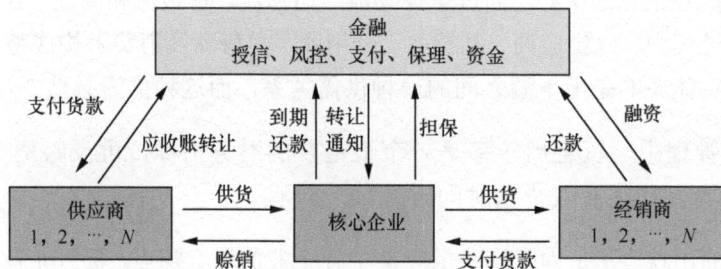

▲图 6-4　供应链金融 1.0 阶段

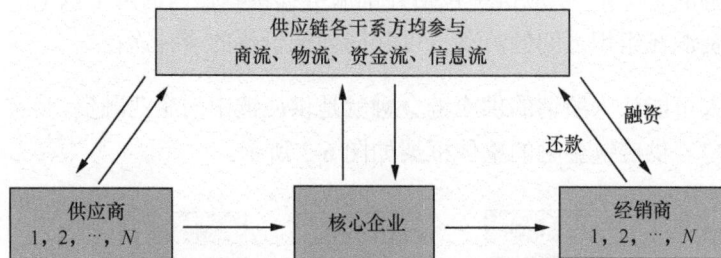

▲图 6-5　供应链金融 2.0 阶段

3.0 阶段从 2008 年开始，采用了平台化的发展模式。各方信息深度融合，借助大数据、云计算、物联网、区块链等新技术，极大地提高供应链金融的运作效率，实现跨地域、跨行业、跨平台、跨资金来源的高速发展。这个阶段涉及大量的跨行业知识，产品结构和业务模式变得复杂，传统的只专注于业务流程的人员已远远不能满足供应链金融的发展需要。在这个阶段，金融产品经理终于迎来春天，可以真正实现并体现产品经理的价值。供应链金融 3.0 阶段如图 6-6 所示。

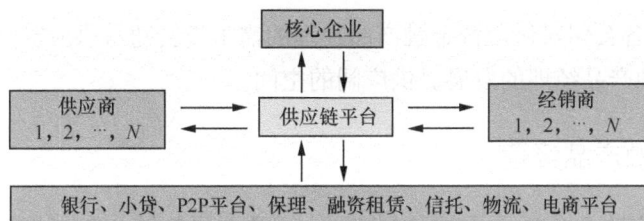

▲图 6-6　供应链金融 3.0 阶段

6.2.3　供应链金融市场规模

供应链金融的主要服务对象，也就是"产品分析"中的目标客户，是"中小企业"。根据相关报告，截至 2021 年年底，我国市场主体总量达到 1.54 亿户，个体工商户有 1.03 亿户，企业有 5100 万户。5100 万户企业中，中小微企业占比 90% 以上。

同时根据中国人民银行发布的《2021 年金融机构贷款投向统计报告》，2021 年年末普惠小微贷款余额达到 19.23 万亿元，虽然同比增长 27.3%，但相对于总的贷款余额 192.69 万亿元，小微企业的贷款占比仍然不大。

结合数据可以发现，中小微企业的资金需求量巨大。这就给供应链金融的市场发展提供了非常大的空间。结合我国目前供应链金融规模以及近几年的发展趋势，预测我国未来几年供应链金融发展趋势。供应链金融市场规模预测如图 6-7 所示。

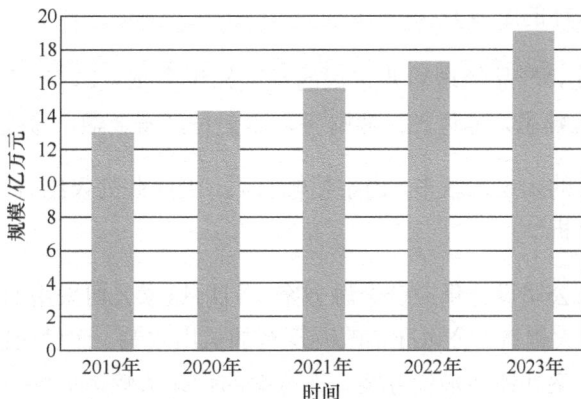

▲图 6-7　供应链金融市场规模预测

目前我国金融机构有 4600 多家。供应链金融作为未来金融领域的蓝海市场，势必有越来越多的公司涉足相关业务。供应链金融业务又涉及账户、用户、资金、渠道、支付、对账、清结算、风控、合规、流程、催收、平台等多个细分工作，基本上每个企业的每个细分工作都要至少配置 1 名产品经理。

由此可见，未来各公司对供应链金融产品经理的需求量会随着供应链金融业务的不断发展而不断增多，为金融产品经理的发展提供广阔的空间。

6.2.4　供应链金融产品经理

既然未来对供应链金融产品经理需求量巨大，那么供应链金融产品经理的工作职责是什么？需要具备什么样的知识？只是在熟悉业务后把业务方的需求写成 PRD 再交给开发者吗？

肯定不是。熟悉业务、会写 PRD 是对金融产品经理基本的要求，会这些只能说达到基本要求，但不是加分项。

金融产品经理的本职工作是通过金融产品解决需求方的痛点。供应链金融平台似乎可以把各供应链干系方的信息进行整合，但相互间的资金流、信息流、商流和物流的运作需要产品经理进行设计。

以下这些都是供应链金融产品经理要考虑的，而不是简单地说"建一个平台"一句话可以解决的。

- 什么样的企业适用什么样的利率？

- 产品服务费怎样收取？

- 产品能提供什么样的服务？

随着业务不断细化，产品经理需要掌握的基础知识会越来越多。这就需要供应链金融产品经理对基础知识非常熟悉，懂风控，懂财务，懂支付，懂金融，懂技术，懂业务，懂规则。

供应链金融所涉及的知识比较多，由于篇幅有限，因此此处仅结合一个和供应链金融相关的业务细节进行实战分析。

假如我们在为一家公司设计供应链金融方案，目前这家公司采用的是 30 天按发票金额付款的信用政策。为了扩大销售，公司准备改变现有的信用政策。而供应链金融产品经理所要做的就是设计金融产品方案并评估最优方案。而方案的设计依赖历史供应链数据。

假设我们结合历史数据，制定了如下两个金融产品方案，假设资金成本的占比是 10%，一年按 360 天计算，两个不同的金融产品方案涉及的数据如表 6-1 所示。

表 6-1　金融产品方案涉及的数据

相关数据	当前值	方案一的值	方案二的值
信用期/天	N/30	N/60	2/10、1/20、N/30

续表

相关数据	当前值	方案一的值	方案二的值
年销售量/件	72000	86400	79200
销售单价/元	5	5	5
边际贡献率	0.2	0.2	0.2
可能发生的收账费用/元	3000	5000	2850
可能发生的坏账损失/元	6000	10000	5400
平均存货水平/件	10000	15000	11000

对于信用期，$N/30$ 表示企业允许用户最长的付款期限为 30 天，$N/60$ 表示企业允许用户最长的付款期限为 60 天，2/10 表示如果买方在 10 天内付款,可以按售价享受 2%的折扣，1/20 表示如果买方在 20 天内付款,可以按售价享受 1%的折扣。

那么，方案一和方案二哪个方案更好一些？

金融产品经理必须具备基础的金融知识，供应链金融产品经理是金融领域的细分岗位。万变不离其宗，看似高深的东西其实实用到的知识可能很基础。接下来，我们使用常用的净损益差额这个指标来分析两个方案哪个相对更优。

$$边际贡献率 =边际贡献/营业收入 =1-变动成本率$$

$$变动成本率=1-0.2=0.8$$

$$变动成本率=变动成本/营业收入$$

方案一中净损益差额计算的过程如表 6-2 所示。

表 6-2　方案一中净损益差额计算的过程

计算的项	当前	方案一	差额	序列
营业收入/元	72000×5=360000	86400×5=432000	72000	A
变动成本/元	360000×0.8=288000	432000×0.8=345600	57600	B
边际贡献/元	360000×0.2=72000	432000×0.2=86400	14400	C
应收账款应计利息/元	360000/360×30×0.8×10%=2400	432000/360×60×0.8×10%=5760	3360	D
存货应计利息/元	10000×5×0.8×10%=4000	15000×5×0.8×10%=6000	2000	E
收账费用/元	3000	5000	2000	F
坏账损失/元	6000	10000	4000	G
净损益差额/元	计算序列 C−D−E−F−G 所对应差额值	计算序列 C−D−E−F−G 所对应差额值	3040	—

方案二中净损益差额计算的过程如表 6-3 所示。

表 6-3　方案二中净损益差额计算的过程

计算的项	当前	方案二	差额	序列
营业收入/元	72000×5=360000	79200×5=396000	36000	A
变动成本/元	360000×0.8=288000	396000×0.8=316800	28800	B
边际贡献/元	360000×0.2=72000	396000×0.2=79200	7200	C
应收账款应计利息/元	360000/360×30×0.8×10%=2400	平均收款期=10×20%+20×30%+30×50%=23　396000/360×23×0.8×10%=2024	−376	D
存货应计利息/元	10000×5×0.8×10%=4000	11000×5×0.8×10%=4400	400	E
收账费用/元	3000	2850	−150	F
坏账损失/元	6000	5400	−600	G
现金折扣成本/元	0	396000×20%×2+39600×30%×1%=2772	2772	H
净损益差额/元	计算序列 C−D−E−F−G−H 所对应差额值	计算序列 C−D−E−F−G−H 所对应差额值	5154	—

方案二中信用期"2/10、1/20、N/30"表示 10 天内付款，优惠 2%；20 天内付款优惠 1%；30 天付款没有优惠。因此，方案二比方案一多一项现金折扣成本。方案二的净损益差额大于方案一，也就是方案二优于方案一。

以上结合供应链金融业务中非常基础的一个业务点，阐述了供应链金融产品经理应如何通过金融产品知识设计金融产品，解决实际工作中的具体问题。方案一虽然在销售量上优于方案二，但是在总体上方案二优于方案一。

金融产品经理基本的能力就是借于金融的专业知识分析，给出合适的金融产品设计方案，方案的好与坏需要用数据证明。供应链金融产品经理也仅是金融领域一个细分岗位而已。

中小企业的融资痛点长期以来都存在，融资难比融资贵更普遍。而供应链金融可以很好地解决中小企业的痛点。以往供应链金融的资金提供方主要是银行，由于银行通常无法全面掌握中小企业在供应链各环节中的信息，因此往往在资金的提供上较保守，从而使资金运行效率不高。

随着信息技术的发展，如今的供应链金融提供了多种模式来解决中小企业的痛点。面向中小企业的供应链金融产品层出不穷，大致有应收账款产品模式、融资租赁产品模式。优质的资产直接可使平台具有低坏账率和低逾期率。

对于信托行业，资产质量同样重要。信托公司往往资金量充裕，痛点是希望快速寻求优质资产。供应链金融最大的优势在于通过供应链各环节的连通，使供应链金融各参与方的信息不对称情况得到缓解，银行、租赁平台、P2P 平台、信托公司等都可以发现优质的资产，从而降低信用风险。

对于企业来说，在提升融资效率的同时，有效降低融资成本，供应链金融可真正实现多方共赢。供应链金融产品经理不仅要熟悉供应链金融业务本身，还要聚焦于企业更深层次的要求。

如果产品经理要出色地完成工作任务，就要熟练掌握金融知识。产品经理应在理解业务的基础上，运用基础知识解决实际工作问题。实际工作中，复杂的产品最终都可通过自顶向下、自底向上的分析，拆解成一个个细微的功能。对每个细微的功能进行突破后再组装，可形成多种产品解决方案。

产品经理如果没有供应链金融知识的储备，遇到问题可能会觉得无从下手。产品经理想要游刃有余地工作，需要知识和经验的积淀，而积淀需要时间。在金融产品中往往还会隐藏很多未知的风险，我们需要对金融有基本的敬畏。

产品经理需要日积月累、不断探寻，从而不断创造出满足企业需要的供应链金融产品，提升社会整体经济运行水平，为社会的发展做出自己的贡献。这也是每个金融产品经理的使命。

第7章 登堂入室——产品经理实战之 B2C 产品

产品经理对理论知识进行学习主要是为了解决实际工作中遇到的问题。本章结合 B2C 基础产品进行实战讲解，以便读者进一步加深对 B2C 产品的理解。

7.1 数据可视化

每年年底许多金融产品会为用户推出年度账单，记录和分析、汇总用户一年的金融数据。某金融产品推出年度账单时，很多朋友会将之分享到朋友圈，促成一波"裂变式"的传播。仅一个简单的数据可视化创意就为产品提供了数亿次的点击量，节省了大量的广告营销费用。数据可视化为产品带来的价值不仅直观，而且非常容易量化。

数据在我们日常生活中无处不在。数据是现实世界行为的数字化记录与呈现，我们每时每刻都在产生有形或无形的数据。例如，当我们用手机打开某个应用时，数据就产生了。这些数据又通过多种形式向我们呈现，如我们看到的文字、听到的声音以及看到的图片和视频。

如今，我们每天面对形形色色的数据，我们都希望能快速地从数据中去除"噪声"，获得自己需要的信息，以便节省精力和时间。

一图胜千言。同样，当我们看用文字描述的各种复杂的数据信息时，如果将数据信息可视化，结论就会直观很多。

7.1.1 金融产品为何要数据可视化

金融产品为何要数据可视化？原因可以概括为以下两点。

- 在客户端，提升客户体验，促进传播。

- 在服务器端，获得更多利润，节省成本。

从客户端的角度来分析，若用户在手机银行中转账支付或者购买理财产品，用户的操作信息会形成一条条数据。用户看交易记录如下。

- 2021 年 12 月 17 日 18:00 转账给张三 100 元。

- 2021 年 12 月 17 日 17:46 支付 2000 元。

- 2021 年 12 月 17 日 17:50 购买××理财产品花费 1000 元。

- 2021 年 12 月 16 日 14:30 支付 100 元。

- 2021 年 12 月 2 日 9:30 支付 350 元。

- 2021 年 12 月 1 日 18:00 转账给张三 100 元。

用户看到的交易记录像流水账一样，很难在第一时间找到想要的信息。

如果能将用户每天、每周、每月或者每年的消费记录以可视化的形式呈现，用户就会很直观地知道自己的钱都用于何处。进行图形化呈现后，用户就心中有数了（比如，原来支付占比较大），对培养用户良好的理财习惯能起到一定的帮助作用。交易记录数据饼图如图 7-1 所示。

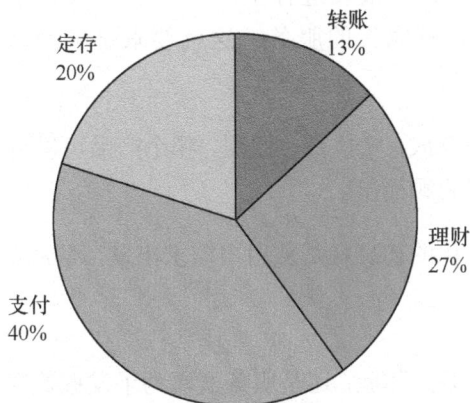

▲图 7-1 交易记录数据饼图

通过数据可视化，我们可以直观地发现用户餐饮消费占比较大，那么银行在做相关的营销活动时，可以有针对性地向用户多派发同餐饮相关的优惠券，以进一步增强用户黏性。

当然，如果发现用户手机充值占比较小，也可以派发充值优惠券，进一步促进用户消费。根据可视化结果以及营销目标，采用相应营销策略。支付情况数据饼图如图 7-2 所示。

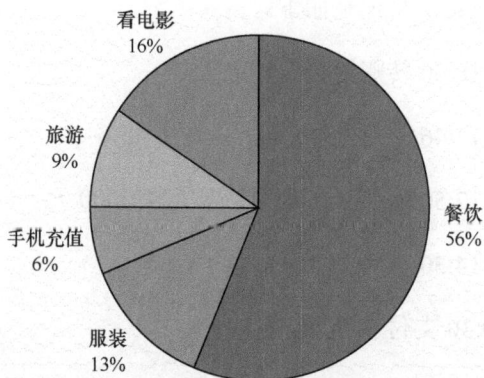

▲图 7-2　支付情况数据饼图

某购物平台在做营销活动时，通过数据可视化发现了异常交易数据，从而发现了产品活动中存在的巨大 Bug，通过及时修复减少了损失。

7.1.2　金融产品如何进行数据可视化

金融行为数据最终会以数据报表进行呈现。除满足其日常的功能需求外，用户还希望金融产品可以提供"金融管家"的服务。这就要求金融产品可以为用户提供有价值的数据。

目前各类金融产品百花齐放，竞争日益激烈，哪个产品可以更好地吸引并留住用户、产生持续流量，哪个产品便可以脱颖而出。

金融产品进行数据可视化的初衷就是从用户需求出发，解决用户的痛点。

1．表达清晰、明确

不论是客户端为了提升客户体验，还是服务器端为了发掘数据价值，金融产品数据可视化的根本目的是传达精准的信息。因此可视化视图一定要表达清晰、明确，不能造成误导或误解。

比如我们想为用户呈现其全年的消费项目情况，希望将用户全年的消费数据可视化。用户全年账单数据样例如图 7-3 所示。

	A	B	C	D	E	F	G	H	I	J	K	L	M
1	支付情况												
2	月份	2021年1月	2021年2月	2021年3月	2021年4月	2021年5月	2021年6月	2021年7月	2021年8月	2021年9月	2021年10月	2021年11月	2021年12月
3	餐饮/元	900	100	70	100	600	500	200	60	900	180	500	200
4	服装/元	200	200	60	300	400	800	200	800	200	400	700	200
5	手机充值/元	100	300	60	20	200	600	500	100	100	600	200	400
6	旅游/元	200	50	30	300	100	600	50	700	300	300	100	200
7	电影/元	300	20	45	200	500	300	70	300	30	100	600	100

▲图 7-3 用户全年账单数据样例

产品经理准备以气泡图来进行数据可视化表示。用户全年账单数据气泡图如图 7-4 所示。

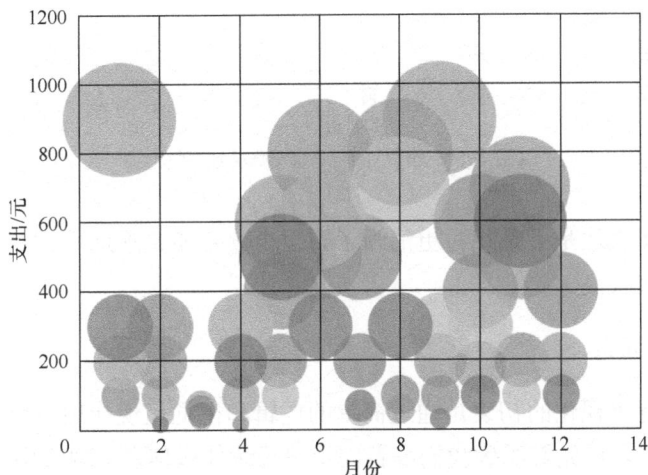

▲图 7-4 用户全年账单数据气泡图

用户看到全年账单数据气泡图可能会"一头雾水"，无法理解气泡图想要表达的信息。

从产品经理角度来说，产品经理为用户提供全年账单的消费情况，其实是想表达哪些开支在哪些月份比较大，觉得用柱状图表达显得普通，就想通过气泡图增加新鲜感。产品经理想要追求新鲜感本身没有错，但是前提是要从客户需求出发。表达清晰、明确是数据可视化的基础要求。

可视化图表一般分为标签、x 轴、y 轴、刻度、图例、数据呈现，使用这些基础元素，可以让图表更清晰、直观。我们按这个思路，对用户全年账单数据气泡图进行优化。优化后的用户全年账单数据气泡图如图 7-5 所示。

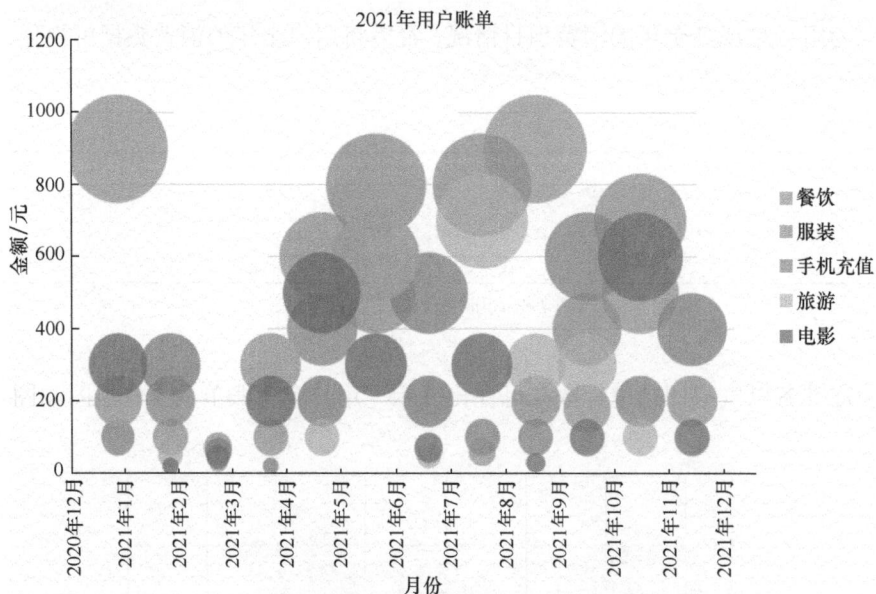

▲图 7-5　优化后的用户全年账单数据气泡图

这样的数据视图表达是不是相对更清晰了？至少读者能直观地看到灰色圆，通过图例可以明显看出餐饮消费比较高。

2. 降噪声、去冗余

我们对数据进行可视化的初衷是通过简单的逻辑和视觉呈现让用户快速把握要点。因此，在构建可视化图表时，首先要明确我们准备向用户传达什么信息。现实中，我们希望图表"大而全"，若把所有的信息都用一个图表呈现，就会导致图表中存在很多噪声。

在现实工作中，我们需要向管理层汇报业绩数据，有时候为了简便总想把很多信息都融合在同一张数据图表中。理财产品销售数据与银行营业网点数折线图如图 7-6 所示。

显然，图 7-6 是不完善的，纵轴缺单位。假如你是领导，你能读懂图中的信息吗？理财产品销售数据与银行营业网点数的数据体量相差非常大，两者用纵坐标轴表示不仅不能反映出任何相关联的问题，反而会给领导带来困惑。

这就需要更进一步地降低噪声、去除冗余。在此数据图中，如果你只是想为领导呈现××理财产品销售数据每个月的业绩情况，呈现理财产品销售业绩就可以，银行营业网点数可以作为噪声去除。理财产品销售数据柱状图如图 7-7 所示。

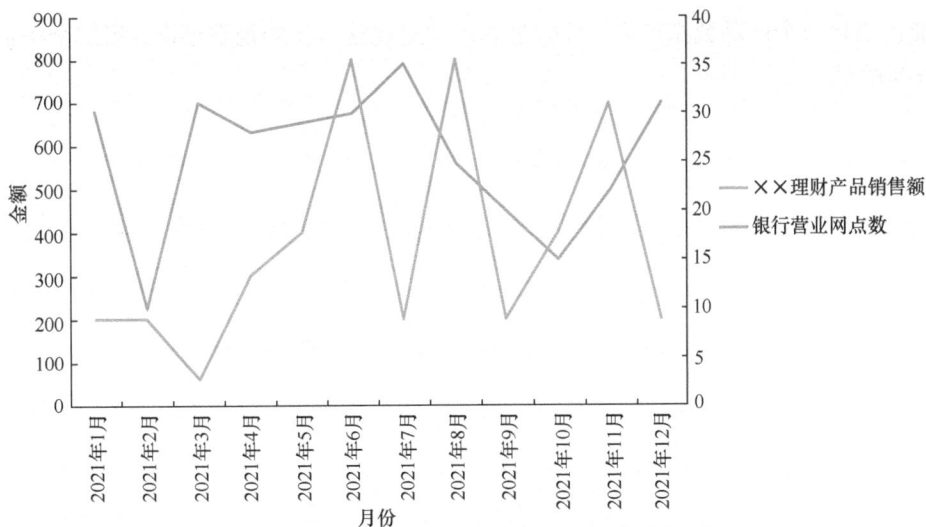

▲图 7-6　理财产品销售数据与银行营业网点数折线图

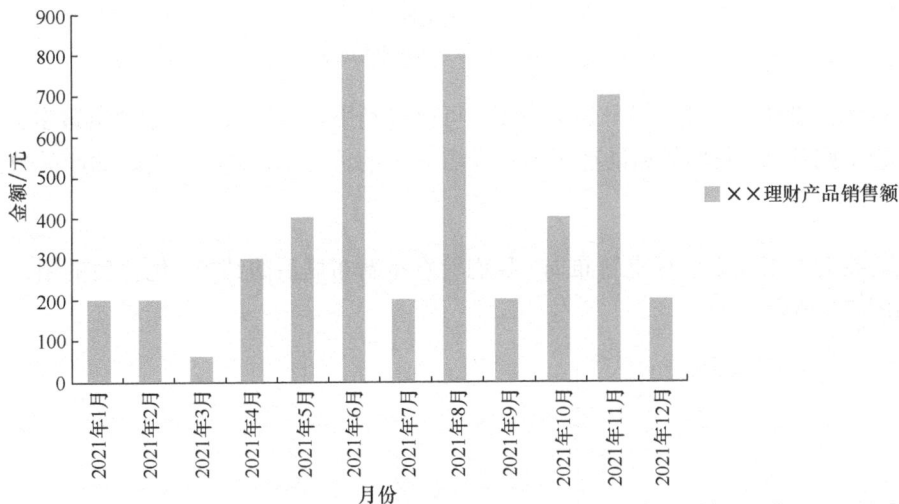

▲图 7-7　理财产品销售数据柱状图

这就很直观地向领导传达了哪个月该理财产品的业绩比较好。如果还有其他理财产品的数据，可以将之加入图表中形成对比。降噪声、去冗余的关键就是要舍去不是同类或者不相关的数据，聚焦同类数据。

3. 简约而不简单

简约而不简单的核心思路就是依据有限的图表元素，通过合适的布局体现出图表的美感，不需要增加元素，便能向用户简约、直观地传达信息。我们还以用户全年的消费数据为例。产品经理准备构建一个产品数据图表，目的是为用户呈现这一年的消费情况。用户全年消费条形图如图 7-8 所示。

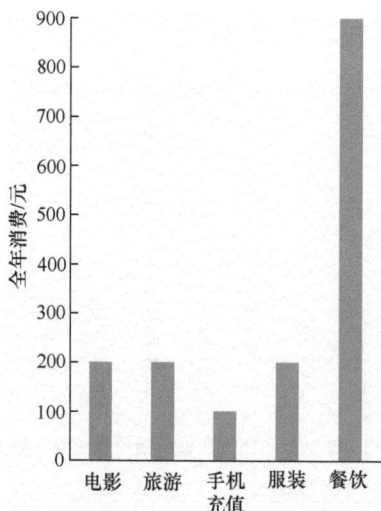

▲图 7-8　用户全年消费条形图

大致看起来没什么问题，似乎也很直观，可以看到用户在餐饮上全年消费最多。但这张图又似乎缺少了些什么，我们如何能在不增加图表元素的情况下，给用户更好的产品数据视图体验呢？

这就需要对图表元素进行重新布局。我们看看重新布局后的结果，优化后的用户全年消费条形图如图 7-9 所示。

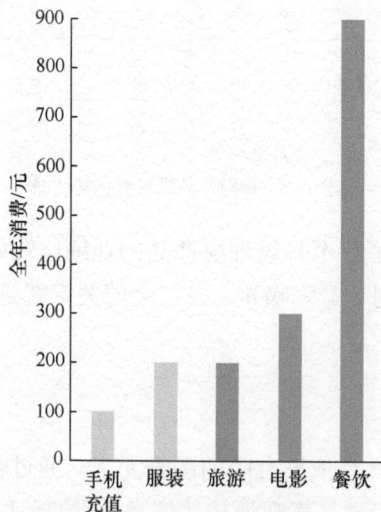

▲图 7-9　优化后的用户全年消费条形图

我们发现，在原数据图中不新增任何元素的情况下，仅通过重新布局和颜色上的改变，就提升了数据可视化的用户体验。除条形图以外，产品经理在实际工作中，在某些产品场景下还会使用到折线图，当多条折线图呈现在一个图表中时，如果数据比较密，会给用户一种"意大利面条"的感觉。因此在这种情况下也需要进行视图简约化，由于篇幅有限，在此就不展开讨论了。如果读者遇到这种"意大利面条"式的图表，可以按照本书这种思路进行优化。

4. 重细节巧注释

产品经理打造卓越的产品，除要有大的视野之外，还要有"把控细节"的耐心，正所谓"细节决定成败"。我们对产品进行数据可视化时，需要通过恰到好处的注释给用户传达精准的信息，从而带来"极致"的用户体验。

以用户全年消费条形图为例，优化后的数据视图虽然在一定程度上提升了用户体验，但还有优化空间，那就是通过注释进一步向用户传达更多的信息。加入参照线的用户全年消费条形图如图 7-10 所示。

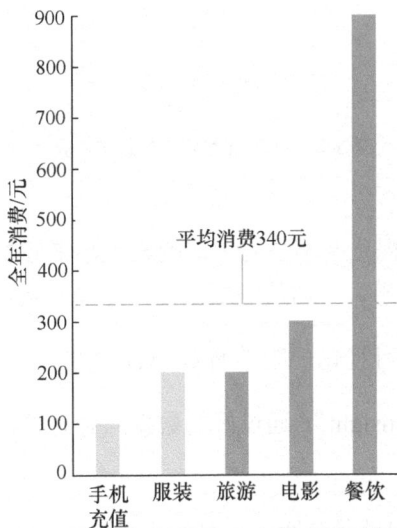

▲图 7-10 加入参照线的用户全年消费条形图

仅需要增加一个全年消费的平均值，用户就可以很明显地看到自己哪些花费超出了平均值，以便于在新的一年里可以更好地开源节流。

例如，若产品经理向领导汇报手机银行 APP 全年的活跃用户数据，单纯地给一张关于活跃用户数的折线图，并不能传达关键信息。8 月，活跃用户数突然上升，如果没有注释，领导肯定会问为什么会突然上升。

如果产品经理主动添加一些注释以及比较明显的参照线，会让领导很直观地发现手机银行 APP 活跃用户数上升，因为新版 APP 上线了，从而进一步进行信息挖掘。手机银行活跃用户数如图 7-11 所示。

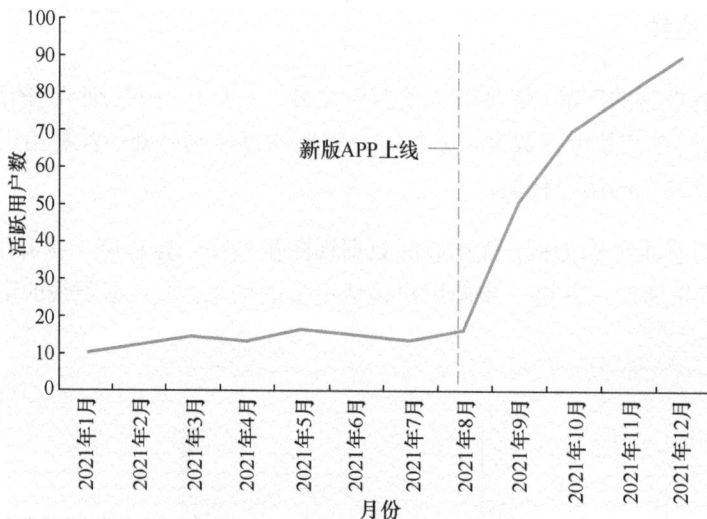

▲图 7-11　手机银行活跃用户数

产品经理要知道，数据可视化并不是为了使图表看起来好看，而是通过整理数据，向用户传达价值信息。一切为用户着想，一切从需求出发，才是金融产品数据可视化的初心。

产品经理对金融产品数据可视化一般遵循 GLAD 原则。

- G 代表 "Good data and insight"，通过好的数据结合好的洞察（也就是产品的 "数据感"）构建数据视图。

- L 代表 "Less noise"，也就是降噪，产品经理要通过简约的数据视图设计，向用户快速传达关键信息。

- A 代表 "Accurate expression"，意味着产品经理向用户呈现的图表信息要精准、直观，不能给用户带来误导。金融产品更是如此，一个小数点位置的变化可能会产生千差万别的结果。

- D 代表 "Distinct mark"，产品经理需要通过对细节的把控，使数据视图达到画龙点睛的效果。这要求经验的积累。

除 GLAD 原则外，产品经理做好金融产品数据可视化，还需要掌握许多基础知识。本节仅抛砖引玉。

金融产品数据可视化的呈现方式多种多样，如散点图、热力图、折线图、柱状图、条形图、饼图、面积图、雷达图、瀑布图、气泡图、漏斗图。

通过这些图构建满足用户需要的数据视图，需要产品经理熟练掌握基础知识、精通业务。

优秀的产品经验是稀缺的。金融产品数据可视化的应用场景很多，产品经理还有很大的发展空间。产品经理要把握机遇，发现数据之美，从而体现自己的价值。

7.2 还款记账产品

现在许多人每月有各种需要还款的账单，如信用卡等。

部分人使用 Excel 记录每月还款的情况。在计算机上使用 Excel 操作比较方便，信息直观。不过在移动端上操作就不很便捷。

假设要设计一个可在移动端使用的账单还款助手，方便用户在移动端记录每月还款情况。

对于市面上已经存在的产品。借助波特五力模型（见图 7-12），从供应商的议价能力、购买者的议价能力、新进入者的威胁、替代品的威胁和同业竞争者的竞争这 5 个维度分析产品的价值。

▲图 7-12 波特五力模型

从分析结论上来看，头部互联网企业的在线还款记账产品已经非常成熟，再做一款类似的记账产品，很难与这些产品相提并论。因此我们所做的记账产品的定位是极简、小众。

大厂的记账产品功能多而全，而我们的记账产品小而精。本节介绍记账产品从 0 至 1 的实现过程，为读者今后设计其他产品提供参考。

7.2.1　竞品体验

产品经理在进行产品设计前，最重要的就是进行竞品体验。通过竞品体验，产品经理会有如下收获。

- 更清晰地理解自己产品的价值主张。

- 了解竞品的优势与劣势，自己将要做的产品同竞品的差异有哪些。

- 产品的定位与卖点。

- 用户使用我们的产品而不使用竞品的理由是什么。

如果产品经理经过产品分析，自己都说服不了自己，产品就没有继续设计的必要。如果产品经理没有做产品调研、竞品分析，投入了很多时间和金钱，结果在产品投向市场后才发现没用户，就为时已晚。

我们对市面上主流的账单还款产品——银联云闪付中的信用卡功能和支付宝中的信用卡功能进行分析。

1. 银联云闪付——信用卡还款

信用卡还款是银联云闪付比较重要的一个功能。

银行为银联提供了各种 API，银联可以把绑定的银行信用卡的账单日、最后还款日、账单金额、最小还款金额实时向用户展示。这是银联信用卡还款产品的一大特点。

信用卡还款免手续费可以让用户在还款时不会有额外支付其他费用的顾虑，实时到账也提升了用户体验。添加信用卡也比较方便。信用卡支持光学字符识别（Optical Character Recognition，OCR），用户在添加信用卡时不用输入卡号等。

通过"在线申卡"功能，用户可以很方便地申请各家银行的信用卡。银行为银联提供 API，银联帮助银行获客，也算是互惠互利、合作共赢。银联信用卡还款产品定位明确，信用卡账单清晰，还款流程简单，但缺少对非信用卡还款的支持，如缺少消费贷款、房贷、房租等的记账与还款功能。

银联云闪付信用卡还款主要页面如图 7-13 所示。

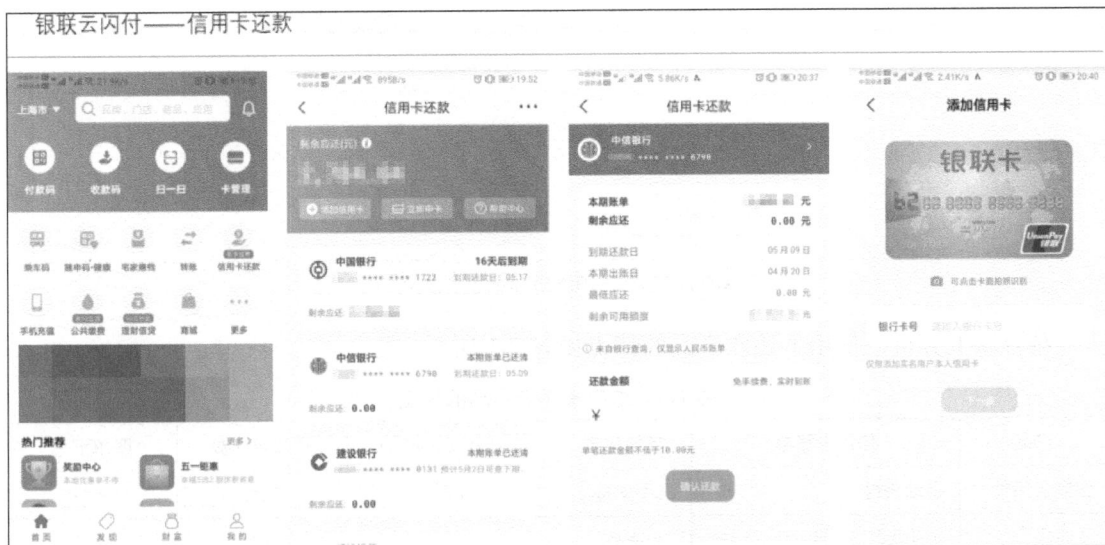

▲图 7-13　银联云闪付信用卡还款主要页面

2. 支付宝——信用卡还款

支付宝也为用户提供了信用卡还款产品，可以在信用卡还款列表中展示用户绑定到支付宝的信用卡。但部分银行不提供账单应还金额的实时查询功能，在信用卡实时查询的范围方面，支付宝不如银联云闪付所覆盖的银行全面。

对于信用卡的还款，用户需要自行设置还款时间。还款需要支付一定的费用，也不能实时到账，只是提示"预计今天到账"，和银联产品相比在到账时效方面缺少竞争力。

支付宝信用卡还款产品提供了"添加还款类型"功能，不仅可以添加信用卡，还可以添加房贷、车贷、房租的还款信息。另外，这类产品还可为用户提供更多的记账类别，便于用户查看自己不同的还款项目。

支付宝信用卡还款主要页面如图 7-14 所示。

▲图 7-14　支付宝信用卡还款主要页面

结合以上分析，信用卡还款产品的特点如表 7-1 所示。

表 7-1　信用卡还款产品的特点

产品	信用卡账单	其他记账	在线还款的时间	还款手续费	账单汇总
银联云闪付	自动获得	不支持	实时	免费	支持
支付宝	手动获得，部分银行支持实时	支持	当天	收费	支持

可以看出，对于信用卡还款这么一个小功能，各家产品也有不同的风格。当然，这些产品也会随着市场需求不断调整。不同用户可以根据自己的需要选择产品。这就需要产品经理对市面上现有产品的功能"做减法"，从而打造出新的产品。

7.2.2　产品定位

对于产品经理，做一款像云闪付、支付宝功能这么齐全的账单管理产品是不现实的。在这几家公司，几个团队配合，至少需要十几个人才能开发出账单管理产品。而根据用户群体的广泛性，需要围绕账单还款这个核心功能扩展出很多衍生功能。

而现实中，产品经理想要做一款还款记账产品，就要不断地在产品上做减法，产品定位要更小众，即希望能向使用 Excel 记账的用户提供便捷的记账功能。

7.2.3　产品框架设计

对产品功能做减法后，仅保留几个必要功能。

用户模块，如注册和登录是必不可少的。由于产品设计的初衷是尽量不收集用户信息，因此用户注册时仅需要输入用户名和密码。自愿提交信息的用户可以提供电子邮箱地址，认证通过后的用户不仅可以使用找回密码功能，还可以修改密码。

在账单管理模块，用户可以新增账单月份，在月份中录入还款项名称、账单日、最后还款日、账单金额和已还金额，系统会自动计算剩余应还金额。还款汇总编辑功能会汇总当月所有还款项的总金额、已还金额和应还金额，方便用户查看自己的还款情况。

考虑到用户新增月份后要新增还款项，为用户提供了还款项智能模板，用户新增月份后不需要再录入还款项，该模板会自动填入上个月已经录入的还款项，用户据此填写本月的账单金额即可。

还款趋势分析是一个额外的附加功能，便于用户直观地查看每个月总的账单情况和还款情况。产品功能结构如图 7-15 所示。

▲图 7-15　产品功能结构

这样，一个基本的还款记账产品分析就完成了。当然，产品细节还有打磨的空间，如一些操作过程中的异常处理和提示，进一步提升用户体验等。作为产品经理，我们首先应站在用户的角度看待问题，规划产品。

7.2.4　产品文档

完成还款记账产品分析后，实现产品功能。产品的实现一般离不开三大产品文档——BRD、MRD、PRD。

一般而言，BRD 是基于商业目标或价值描述的产品需求内容文档，类似于软件工程中的可行性分析，是产品在投入研发之前为企业高层进行决策提供的依据。

如果读者要做创业计划书，BRD 也是很重要的一个部分，一般会涉及市场分析、销售策略、盈利预测。BRD 通常是供决策层讨论的演示文档，一般比较短小，没有太多的产品细节。也就是说，它用于表明这款产品值不值得做。

MRD 用于描述产品在市场层面打算想做成什么样。其作用是承上启下。

- 承上，对 BRD 中管理层的意见和公司战略方向进行整合，汇总产品核心功能与核心价值。

- 启下，对于即将编写的 PRD，明确产品范围、功能定义，防止产品设计与最初的目标不一致。

MRD 可以理解为指导性的框架说明文档。有些公司前台、中台、后台产品经理分工比较细，比如，业务产品经理直接告诉技术产品经理，他要实现一个查看业绩的功能，用于查看、导出某个时间范围内的团队业绩。

接下来，技术产品经理会根据业务产品经理的这句话，编写 PRD，说明这款产品打算怎么做。

这里的在线还款记账产品实战主要基于 PRD 进行讲解。

7.2.5　产品实现

1. 产品流程设计

PRD 就是将产品理念进行落地的文档，主要面向团队开发人员，需要详细地阐述所有功能。就产品流程而言，PRD 不是最终的产品文档，产品文档可以继续拆分为需求说明书、设计说明书、测试说明说、运营说明书等。

既然产品定位是一款极简的还款记账产品，就要先明确核心流程。对于产品流程设计，我们可以采用以下两种设计方法。

- 自底向上的设计方法，产品经理先明确基础的功能流程，将一个个基础功能流程整合起来，形成最终的总流程。

- 自顶向下的设计方法，产品经理先明确总流程，然后对总流程中涉及的每个子流程进行细化。

我们对这款产品采用自顶向下的设计方法进行分析。产品流程设计如图 7-16 所示。

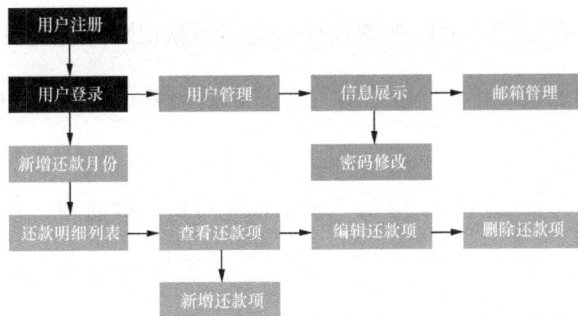

▲图 7-16　产品流程设计

2. 产品功能设计

产品功能设计采用产品 MVP 理念，先满足核心功能。如果用户希望有一辆车以解决出行问题，我们就造一辆车让用户先开起来，至于里面有没有空调、座椅是不是真皮，暂时不重要。

产品功能设计也是如此。为了方便用户直观地体验产品，用户不需要注册就可以先体验，因为好的产品不应该绑架用户。有些产品设计为用户不注册就不让用户体验，这是不合理的。

用户注册、用户登录、用户管理、信息展示密码修改、邮箱管理这些产品功能很基础，不再介绍。接下来主要介绍还款记账产品的核心功能，在这款产品的实战过程中我们也会发现很多值得深思的产品细节。

在产品主页面中，突出了"开始记账"的按钮，以方便用户第一时间找到记账入口。如果用户还没有登录，则会先向用户展示登录页面。用户登录，后进入每月的还款汇总列表页面。产品主页面如图 7-17 所示。

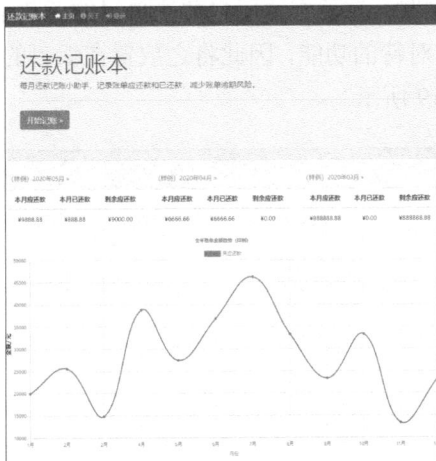

▲图 7-17　产品主页面

还款项都以月份进行分类，所以视图设计以基本还款记账月份列表进行展示。

- 用户查看自己的还款账单，一般查看这个月总共需要还多少钱、已经还了多少钱、还剩下多少钱未还。

- 用户选择记账年和记账月份，单击"新增记账月份"会新增一条记账月份卡片。

- 用户单击月份卡片中的"查看"，会显示该月的还款项明细信息，用户可以进行还款项的新增、编辑、删除操作。

按照流程设计，用户从列表页面中可以查看月还款项细节。然而，首次使用的用户在新增记账月份之后，不能第一时间知道从哪开始新增还款项。因此，从细节出发，在"新增记账月份"栏中，突出显示"新增记账月份"按钮。还款概览产品的原型如图 7-18 所示。

▲图 7-18 还款概览产品的原型

新增完记账项后，会实时显示新增的还款项卡片。为了方便用户了解还款项数量，对每个还款项名称进行自动编号。同时，为了方便用户关注自己的还款情况，将应还金额大于 0 的标红。考虑到"删除"是应谨慎对待的功能，因此将之放置在编辑的下一级，而没有与编辑平级。还款列表产品的原型如图 7-19 所示。

▲图 7-19 还款列表产品的原型

单击"编辑＞"按钮，进入还款项编辑产品功能页面。如果我们希望每次修改每一还款项的还款金额时当月的总还款情况都同步更新，就需要在产品的内部定义一个触发器，以确保各数据都可以实时更新。还款项编辑产品的原型如图 7-20 所示。

▲图 7-20　还款项编辑产品的原型

而每次用户修改还款项的还款金额时，当月的总还款情况都需要同步更新，这就需要在产品设计的内部定义一个触发器，以确保各数据都可以实时更新。

3. 产品安全设计

我们在使用 ID 产品提供的数据接口录入还款项时，要对信息传入者的身份进行认证，对不合法的身份要进行识别，否则会有注入风险。后续如果要保证数据传输安全，还可以通过配置权威机构认证的数字证书，采用超文本传输安全协议（HyperText Transfer Protocol Secure，HTTPS）进行数据传输。

最后，我们通过 KANO 模型（由东京理工大学教授 Noriaki Kano 提出）进行产品的功能分析，看看我们是否遗漏优先级比较高的功能。KANO 模型原本是用于对用户需求进行分类和优先级排序的工具，通过分析用户需求对用户满意度的影响，从而了解产品性能和用户满意度之间的关系。KANO 模型如图 7-21 所示。

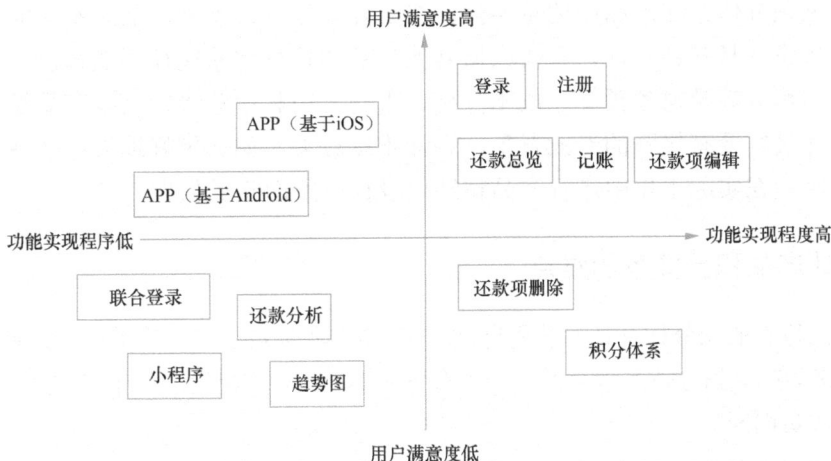

▲图 7-21　KANO 模型

通过分析 KANO 模型可知，在还款记账产品中，优先级比较高的注册、登录、记账、还款总览、还款项编辑功能已经实现了。接下来，我们要考虑如何给用户提供更好的功能了。基于 MVP 理念，先用最小成本将产品投入市场，根据用户和市场反应，不断升级迭代，这样用户的学习成本相对较低。

这款产品为用户提供的还款记账基础功能只解决了用户还款记账的痛点。如果想让用户体验更好，我们还要提供一些锦上添花的功能。同时借助口碑，进一步吸引其他用户群体。不论怎样，产品经理的一切设计工作都要围绕产品的核心定位开展。

7.3　积分体系设计

现在市面上所有主流的产品都有自己的积分体系。比较常见的有银行的储蓄卡积分、信用卡积分，各种购物网站的会员积分。产品积分的作用也是显而易见的，不仅可以帮助商家留存用户、增强用户黏性，还可以帮助商家进行用户分析，从而更好地制定产品策略、提升产品的用户服务水平。现实中的积分体系总体而言主要有 3 类。

- 价值类的积分，简而言之就是积分可以当钱花，例如，银行的信用卡积分可以用来兑换礼品、消费抵现。

- 身份类积分，积分达到不同等级对用户有不同等级的称谓。

- 权益类的积分，积分达到某个等级用户可以享受某些服务，或者可以享受打折、满减的权益。

由此可见积分体系在产品中的重要性。在实际工作中，不同产品有不同的特色，这就导致积分体系设计具有针对性，直接照搬其他产品的积分体系往往不能解决本质问题。尤其是价值类的积分涉及财务预算、成本分析、市场营销和运营等，需要产品经理掌握多方面的知识，并且需要有极强的专业背景，设计难度较大。如何更好地设计产品积分体系，是众多产品经理在实际工作中进行产品精细化设计时所面临的问题。

7.3.1　设计产品积分体系的难点

构建产品特有的积分体系是目前所有 ToC 产品中非常重要的一项工作。如果没有认真规划，设计出来的产品积分体系将会是一个可有可无的功能，不能给产品带来效益，甚至会对产品的发展造成负面影响。

这就很考验产品经理做正确的事且把事情做正确的能力。因为积分体系太普遍了，所以很多人觉得设计一个积分体系不难。产品经理觉得很多积分产品非常简单，没有深入思考产品功能和逻辑，产品上线后，才发现各种细节问题。

本节介绍设计产品积分体系的难点。

1. 积分体系定位难

很多时候产品经理在执行上级领导的指示。上级领导指出，"别家产品有积分体系，我们也上线一个积分体系，功能就同他们的积分体系一样。"领导的这句话可能只是一个想法，至于细节上做成什么样，其实领导也不是很清楚。这个积分体系的定位是什么，领导也没明确表示。

定位不明确就会导致产品需求一直变。积分的定位是用价值抵现，还是仅根据积分给用户不同的称谓而已？定位不明确还会导致最终产品和产品场景不兼容，也没法和运营部门的运营策略进行衔接。

如果是价值类的积分，又涉及现金抵扣，就需要财务部门的同事配合，使其符合公司财务流程；否则钱从哪儿出不知道，抵扣的钱从哪里补也没有明确，财务账不平，财务的同事会很困惑。虽然最后积分体系做出来了，但是可能无法使用。

2. 积分成本测算难

对于价值类的积分，若积分可以直接抵现或者换购商品，就需要对积分的成本进行测算，指定多少积分折算成多少钱，并从多个维度进行计算。每年产品的销售额也不是一成不变的，每年要在积分上花多少营销费用也不固定。产品的利润同积分之间也有一定的关联。如果积分发得太多，或者等值的金额太大，就会影响到产品最终的收益。

积分增加了产品收入还是增加了产品费用支出、是否划算等都是需要动态测算的。最终要确定积分的成本、产生的价值。历史成本、未来成本都是在设计积分体系时需要考虑的。准确地对积分成本进行测算，需要结合多个产品信息系统的数据，这是积分体系设计的一个难点。

3. 积分体系规划难

积分体系看似只是公司产品体系中的一个小功能，其实远不止如此。积分体系的规划要符合公司的战略目标，要符合产品的定位与长远目标。

用户在使用产品时，有多个场景会涉及积分的获得，例如，除通过刷卡这个场景获得银行的信用卡积分外，用户在与银行相关的 APP 内玩游戏、评论、分享以及"拉新"等都可以获得积分。

积分的消费不仅需要兑换平台，还需要为其他平台提供服务。除要满足当前需求外，积分体系规划还要有一定的前瞻性。市场风格和消费者偏好一直处于变化之中，未来存在许多不确定性，因此积分体系规划比较难。

7.3.2　如何设计产品积分体系

设计产品积分体系的这些难点会对产品积分体系的最终投产造成一定的影响。产品经理在做产品设计前需进行风险识别。设计产品积分体系就是通过一定的经验和方法论，降低风险。本节将分析应如何设计产品积分体系。

1.　明确积分体系的定位

决定搭建积分体系，很多时候是领导脑海里闪现的一个想法，但很多细节领导是没想清楚的。这时，产品经理就体现出价值了，产品经理所要做的就是将领导的想法细化，通过自己的研究和经验，帮领导梳理思路，引导领导明确积分体系的定位。

在 2018 年，招商银行推出了"统一积分计划"，对原招商银行信用卡积分和招商银行一网通积分进行合并，统一归集至招商银行的积分体系。招商银行的积分体系的定位和目标很明确，目标是在新的积分体系下实现用户积分的统一查询、统一兑换、统一管理。

结合招商银行提升月活跃用户数（Monthly Active User，MAU）的北极星指标与积分了解用户行为，取得了不错的营销效果。所以，产品经理在设计积分体系时，一定要明确定位和目标，并向领导反馈，看是否满足公司战略要求和产品发展规划。

2.　做好积分成本测算

不论哪种类型的积分体系都是要进行积分体系测算的。很多人直观地认为，身份标识类的积分体系不会将积分转化为金钱或者权益，看似不用进行积分成本测算，但实际上也是需要的。对于这种类型的积分体系，我们更关注研发成本和运营成本。

例如，我们开发积分体系需要投入多少人力和资源？产出的活跃用户或者增加的新用户是多少？有多少人愿意为了提升等级进行付费？在 QQ 游戏中，购买一定的游戏道具，可以快速提升积分，从而提升玩家级别。这就是带来的收益。

一般而言，积分的使用成本属于营销预算，除将研发和运营成本进行预算分摊外，还要计算积分的使用价值，也就是一积分等值于多少钱。如果是权益类的，比如满 100 积分免运费，这 100 积分的成本就是运费的支出。根据历史数据，整理的积分成本测算表如表 7-2 所示。

表 7-2　积分成本测算表

项目名称	第 1 年	第 2 年	第 3 年	第 4 年
研发投入/万元	40	20	15	5
系统维护费用/万元	5	5	5	5
积分预算金额/万元	100	100	100	100
积分兑换支出/万元	55	75	80	90
发放的积分/万分	100	120	140	160
积分成本（与每积分等值的人民币）/元	1.82	1.60	1.75	1.78

在积分成本测算表中，假设随着用户的增多，发放的积分也以一定的规律增加。当然，实际中增加的幅度是可以进行调整的。我们可以动态地看出每年的积分成本在变化。所以在进行积分体系规划时，不仅要考虑积分权益比例的配置功能，以及兑换产品所需积分的动态联动功能，还要考虑积分池的总量，以及用户获得积分的数量控制，以避免用户获得的积分过多，导致成本失控。

3. 定义用户行为的积分规则

用户在使用产品的过程中会有多种行为，为用户的所有行为定义等值的积分肯定是不合理的。用户的不同行为会体现用户的不同价值。为了更好地激励用户，就要合理制定积分规则。

以资讯类产品为例，我们希望通过用户的"点赞""分享""评论"等操作浏览量和传播数，对于"评论"这个用户行为，定义多少积分奖励呢？

一般而言，我们会根据当年的用户行为数据来制定来年的积分规则。理论上，用户的"评论"行为可以看作离散概率分布。假设根据数据预测来年资讯类产品将会发布资讯 100 条，预算的用户"点赞"行为的总积分是 10 000 分，那么用户每点赞一次获得多少积分比较合适？我们根据以下积分公式测算。

$$P(X = k) = \frac{u^k}{k!} e^{-u}$$

式中，P 代表概率，k 代表评论的个数，u 代表样本量，e 为常数。

根据当年用户数据得知，平均一篇资讯有 20 名用户发表"评论"。基于积分公式的测算过程如图 7-22 所示。

评论的个数	样本	概率
k	u	P
10	20	1.081%
11	20	2.139%
12	20	3.901%
13	20	6.613%
14	20	10.486%
15	20	15.651%
16	20	22.107%
17	20	29.703%
18	20	38.142%
19	20	47.026%
20	20	55.909%
21	20	64.370%
22	20	72.061%
23	20	78.749%
24	20	84.323%
25	20	88.782%
26	20	92.211%
27	20	94.752%
28	20	96.567%
29	20	97.818%
30	20	98.653%
31	20	99.191%
32	20	99.527%
33	20	99.731%
34	20	99.851%
35	20	99.920%
36	20	99.958%
37	20	99.978%
38	20	99.989%
39	20	99.995%
40	20	99.997%
41	20	99.999%
42	20	99.999%
43	20	100.000%
44	20	100.000%

▲图 7-22 基于积分公式的测算过程

根据测算过程可以得出，在来年有 43 位用户发表评论的概率能达到 100%，为了方便计算，我们认为来年每篇资讯会有 40 个"评论"行为。所以，测算出"评论"这一行为的单次积分，10 000/（100×40）=2.5（积分）。

另外，我们可以制定行为与积分规则矩阵，同样以资讯类产品为例，对用户积分和行为的对应规则进行测算。积分规则矩阵如图 7-23 所示。

	A	B	C	D	E
1	行为	积分规则	一般用户获取的积分	目标用户获得的积分	积分设定标准
2	点赞	1积分/篇	2.5	25	设1年的文章数为100。
3	评论	1积分/篇	2.5	25	一般用户点赞率为1%。
4	分享	1积分/篇	2.5	25	活跃用户点赞率为10%。
5	发布文章	200积分/篇		200	评论、分享同理
6		总积分	7.5	275	
7		核心行为积分	0	200	
8		核心行为积分占比	0	73%	
9					

▲图 7-23 积分规则矩阵

如果我们的目标是通过积分获得发布文章的用户，那么我们就要将发布文章作为核心行为。当发布一篇文章的积分为 100 积分时，核心行为积分占比为 100/（100+25+25+25）×100%，即 57%，不能同一般用户进行显著区分，因此我们最终将发布一篇文章的积分提高至 200 积分，目标用户的核心行为积分占比达到 200/（200+25+25+25）×100%，即 73%，这相对比较合理。

4. 制定积分核销方案

有了积分，就要规划积分的核销。积分不能永久新增下去，这不利于成本控制，而且积分的时效性有助于增加用户的"紧迫感"。目前这也是商家常用的用户激励策略，积分快到期前，用户会收到商家的短信或者邮件提醒。

除不能无限制地增加之外，积分最好不要长期有效。

因此积分体系的设计要考虑积分核销方案的制定。制定积分核销方案，可以从两个方面着手。一方面，用户主动核销积分，例如，用户在积分商城进行商品兑换，商品可以是实物商品也可以是虚拟商品，主要通过用户操作积分，提升用户使用率。同时，主动核销积分还可以为用户提供抽奖服务，促使用户核销积分。另一方面，被动核销积分，按固定时间（例如以年为单位）进行积分清零。或者，按相对时间清零，也就是让积分有一定的有效期，可以是积分获得 1 个月后清零，或者半年后清零。这可以根据实际情况进行调整。

5. 设计积分运营监控功能

产品积分体系需要运营监控功能的支撑，否则，既无法实时知道积分使用情况（例如，积分的发放与兑换情况、积分池的存量、积分兑换率、用户使用量等），也无法即时对积分策略和积分定价进行调整。对于积分商城，积分商品的价格要随积分价值的变化而变化。同时，也要设定一定的溢价率。常见的积分商品定价可以参照如下公式：

$$商品积分价格=(进货成本+商品其他成本)×积分兑人民币比值×溢价参数$$

在设计积分体系时，要求将积分的运营监控功能纳入设计方案，选定监控指标，如监控用户哪个行为获得的积分最多，这样可以评判积分策略是否合理，用户获得积分是太容易还是太难。若太难，用户会失去兴趣，积分也失去了意义；若太简单，不利于体现积分价值。从积分的发放到最终的使用，形成转化漏斗，可以更好地观测积分使用效果。

综上所述，积分体系的建立是一个很大的工程。除本身的核心模块外，还要有外围的配置管理、运营监控以及产品积分商城等功能模块。对于积分体系的设计，最重要的是要明确定位和目标。产品经理在设计积分体系时，要多问几个为什么，并对积分体系的可行性（包括经济可行性、技术可行性和外围条件可行性）进行分析。示例如下。

- 最终这个积分体系落地需要投入多少钱？

- 技术团队是否有这个实力完成这项工作？是否有足够的人力来做这件事情？需不需要招人？

- 外围条件是否成熟？有没有自己的电商平台？需不需要进行电商平台采购，从而支持积分的兑换？

要考虑的问题很多。在有了定位和目标后，明确需求范围，制定产品积分体系的路径图，自顶向下进行积分体系的规划，利用 KANO 模型来对积分体系的需求分类，并对需求按优先级进行排序。对于涉及的积分体系细节，进行数学建模，从而对积分体系进行量化说明。

结合积分体系定位的用户群体，最终将设计好的积分体系落地。当然，实际工作中业务场景不同、定位不同、目标不同，积分体系的风格也有所不同。

第四部分

第 8 章 青出于蓝——产品经理实战之数据分析

本章讲解基础的产品数据分析知识，涉及数据的计算，结合案例展开讨论，使原本枯燥的公式与数据变得更有趣。建议读者在阅读本章的过程中准备好纸和笔并深入思考。

8.1 杜邦分析法企业效益分析

金融产品中有很多评判企业业绩的方式和方法。金融产品经理在进行产品行业分析时，常用的公开信息就是企业的业绩报告。评价企业业绩最直观的方法就是对其年度业绩报告进行分析。

产品经理会从企业的业绩报告中了解以下信息，并将之作为预测来年经营情况的参考。

- 公司业务盈利情况。

- 公司资产使用效率。

- 公司债务负担风险。

企业的业绩报告从财务的视角评价企业业绩。企业经营情况会与企业评级挂钩，这是为企业设计相关金融产品的重要参照依据，会对金融产品收益率造成直接影响。

企业盈利不确定性的风险高，银行或其他投资人为企业融资提供的产品利率相对高，作为对银行或其他投资人的一种风险补偿（企业盈利不确定性风险高可能会导致企业亏损甚至破产，银行或其他投资人给这家企业的钱可能会无法收回）。

本节主要讲解如何通过杜邦分析法评判企业业绩。

杜邦分析法最早由美国杜邦公司使用，所以得名。杜邦分析法通过对几种主要的财务比例之间的关系进行分析，综合评判公司盈利能力和股东权益回报水平。

杜邦分析法的核心方法是将企业净资产收益率逐级分解为多项财务比例的乘积。

$$净资产收益率 = 销售净利率 \times 总资产周转率 \times 权益乘数$$

注意，净资产收益率（Return on Equity，ROE）不是我们常说的资产收益率（Return on Assets，ROA）。

从净资产收益率的公式可以看出，净资产收益率和 3 个指标有关。

- 销售净利率（Net Profit Margin on sales，NPM），也就是净利率（net margin），指的是扣除所有成本、费用和企业所得税后的利率。净利润的多少取决于利润总额和所得税率。净利率可以反映企业的盈利能力。

- 总资产周转率（total assets turnover ratio），指的是企业一定时期的销售收入净额与平均资产总额之比。总资产周转率可以反映企业的运营能力。

- 权益乘数（Equity Multiplier，EM），是指资产总额相当于股东权益的倍数。权益乘数越大，说明股东投入的资本在资产中所占的比例越小，财务杠杆（financial leverage）越大。权益乘数可以反映企业的资本结构。

我们再看几个公式，因为接下来的分析会用到这些公式。

- 净资产收益率 =总资产净利率 × 权益乘数

- 权益乘数 = 资产总额 ÷ 股东权益总额 =1÷(1-资产负债率)

- 资产负债率 = 总负债 ÷ 总资产

- 总资产净利率=销售净利率 × 资产周转率

- 销售净利率 = 净利润 ÷ 销售收入

- 总资产周转率 = 销售收入 ÷ 总资产

- 净利润 = 销售收入 - 全部成本 + 其他利润 - 所得税费用

- 全部成本 ＝ 制造成本 ＋ 销售费用 ＋ 管理费用 ＋ 财务费用+税金+附加费

- 总资产 ＝ 长期资产 ＋ 流动资产

- 流动资产 ＝ 现金有价证券 ＋ 应收账款 ＋ 存货 ＋ 其他流动资产

我们用杜邦分析法进行树状图梳理，杜邦分析法结构如图 8-1 所示。

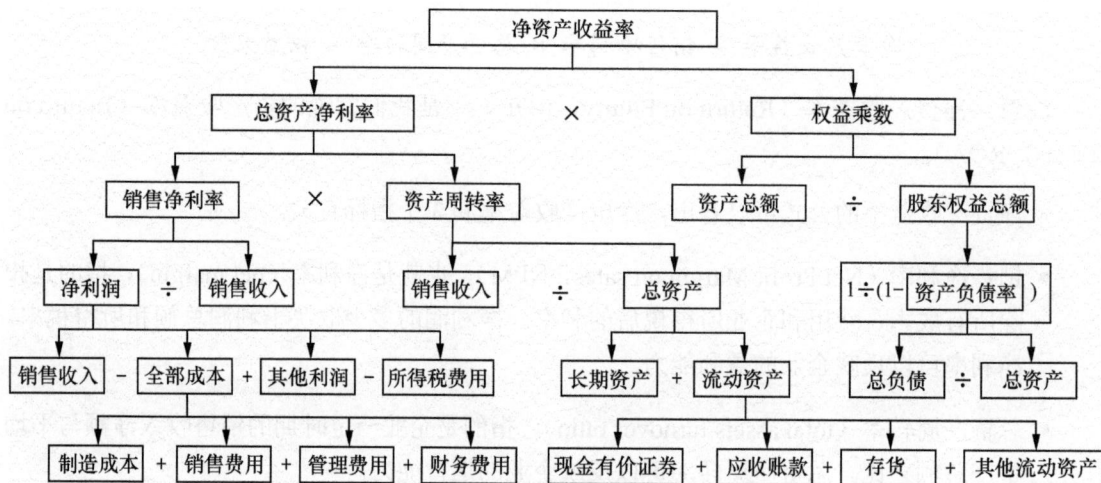

▲图 8-1　杜邦分析法结构

接下来，我们结合案例评判企业效益。

假设某家上市公司的业绩报告主要信息如表 8-1 所示。

表 8-1　某家上市公司的业绩报告主要信息

条目	金额/元
销售收入	2 141 754 152.99
其他收益	4 755 397.35
营业成本	1 832 252 240.42
管理费用	24 058 684.51
财务费用	127 748 516.91
资产减值损失	6 217 202.29
税金及附加费	25 879 893.06
营业外收入	37 924 860.38
营业外支出	2 286 384.40
所得税费用	29 135 265.31

续表

条目	金额/元
长期资产	8 884 280 998.98
流动资产	2 409 923 714.84
资产总额	11 294 204 713.82
股东权益总额	2 757 388 841.40
货币资金	1 058 856 611.04
应收票据及应收账款	765 652 670.66
预付款项	62 243 792.68
其他应收款	37 169 299.16
存货	121 491 794.50
其他流动资产	364 509 546.80
总负债	8 536 815 872.42

分析过程如下。

首先，计算全部成本。

全部成本=营业成本+管理费用+财务费用+资产减值损失+税金及附加费

  =1 832 252 240.42 元+24 058 684.51 元+127 748 516.91 元+6 217 202.29 元

   +25 879 893.06 元

  =2 016 156 537.19 元。

然后，计算营业利润。

营业利润=销售收入−全部成本+其他收益

  =2 141 754 152.99 元−2 016 156 537.19 元+4 755 397.35 元

  =130 353 013.15 元。

接下来，计算净利润。

净利润=营业利润+营业外收入−营业外支出−所得税费用

  =130 353 013.15 元+37 924 860.38 元−2 286 384.40 元−29 135 265.31 元

  =136 856 223.82 元。

接下来，计算销售净利率。

销售净利率=净利润÷销售收入

$\qquad$ =136 856 223.82 元÷2 141 754 152.99 元

$\qquad$ ≈6.39%

接下来，计算流动资产。

流动资产=货币资金+应收票据及应收账款+预付款项+其他应收款+存货+其他流动资产

$\qquad$ =1 058 856 611.04 元+765 652 670.66 元+62 243 792.68 元+37 169 299.16 元

$\qquad$ +121 491 794.50 元+364 509 546.80 元

$\qquad$ =2 409 923 714.84 元

接下来，计算资产周转率。

资产周转率=销售收入÷资产总额

$\qquad$ =2 141 754 152.99 元÷11 294 204 713.82 元

$\qquad$ ≈18.96%

接下来，计算总资产净利润。

总资产净利润=销售净利率×资产周转率

$\qquad$ =6.39%×18.96%

$\qquad$ =1.21%

接下来，计算资产负债率。

资产负债率=总负债÷总资产

$\qquad$ =8 536 815 872.42 元÷11 294 204 713.82 元

$\qquad$ ≈75.59%

接下来，计算权益乘数。

权益乘数=资产总额÷股东权益总额=1÷(1−资产负债率)

$$=1\div(1-75.59\%)$$

$$\approx4.1$$

最后，计算净资产收益率。

净资产收益率=总资产净利率×权益乘数

$$=1.21\%\times4.1$$

$$\approx4.96\%$$

为了便于读者更直观理解，我们将以上分析数据整理至杜邦分析法的结构图中。读者可以自己计算，以加深理解。杜邦分析法计算过程如图 8-2 所示。

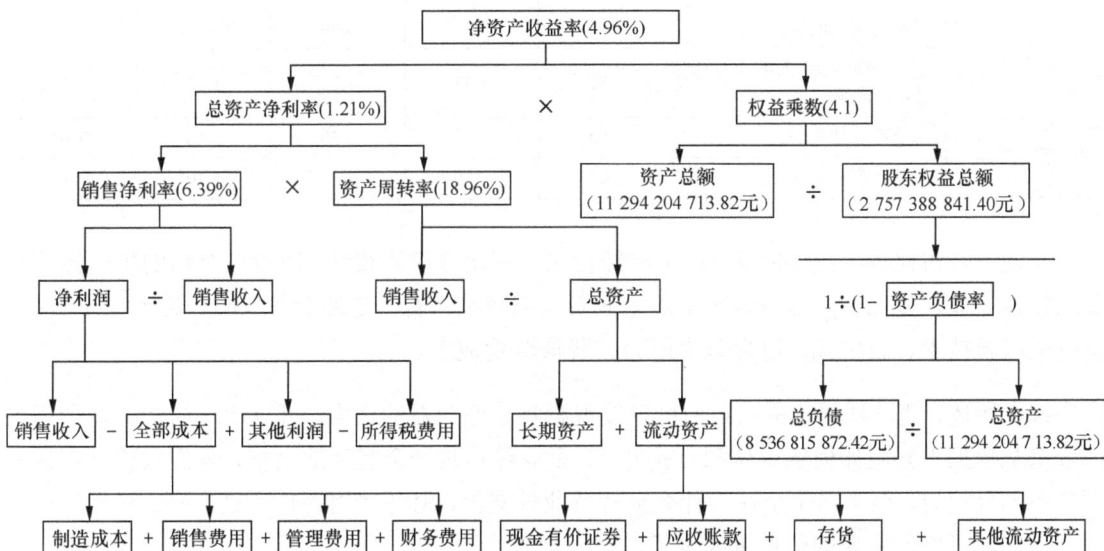

▲图 8-2 杜邦分析法计算过程

通过逐步分析，读者发现了什么潜在的信息？

净资产收益率为 4.96%，还可以。我们通过行业类似企业的资金周转率做对比分析。同行业基本数据如表 8-2 所示。

我们发现同行业优秀值是 1.1，而我们所分析的这家企业资金周转率为 18.96%，离优秀还有一定的差距。总资产周转率比较低，总资产报酬率和权益报酬率低下，总资产的周转速度相对较慢，说明销售能力有待加强。企业可以改变销售模式，加速资金周转以带来利润绝对额的增加。

表 8-2 同行业基本数据

项目		优秀值	良好值	平均值	较低值	较差值
偿债能力状况	资产负债率/%	45.80	54.20	68.10	83.60	93.50
	流动比率/%	230.93	175.44	136.45	108.54	83.78
	总债务/EBITDA	0.80	1.48	3.32	8.20	12.59
	全部资本化比率/%	7.22	9.23	26.27	41.90	64.73
	已获利息倍数	6.30	3.90	2.00	1.40	−0.40
	速动比率/%	186.00	148.00	96.60	84.00	55.00
	经营活动现金净流量/总债务	0.26	0.15	0.08	0.00	−0.03
财务效益状况	净资产收益率/%	7.50	5.50	2.80	−0.20	−3.50
	销售（营业）利润率/%	27.80	20.20	11.70	8.20	2.50
	总资产报酬率/%	6.60	4.60	2.90	−1.10	−3.40
	成本费用利润率/%	9.70	7.50	4.80	3.70	−0.10
	经营活动现金流入量/主营业务收入净额	1.57	1.37	1.25	1.16	1.06
资产营运状况	总资产周转率/次	1.10	0.80	0.50	0.40	0.30
	流动资产周转率/次	4.00	3.00	2.00	1.30	0.40

长期资产占比较大，长期资产在生产经营中的利用效率比较低，所以在今后的生产经营中必须将重点放在提高资产运作效率上。企业负债率较高，有一定的财务风险。营业成本较高，可以采取新技术、新模式，以提升生产力、降低营业成本。

综上所述，通过杜邦分析法我们可以发现影响企业效益的因素，可以通过增加或减少相关因素来从数据上知晓如何实现盈利。事实上，企业经营是一个复杂的过程，我们只通过年报看到了小部分信息。至于这个企业为什么会有营业外支出，财务费用为什么这么高，只能从公司内部得知。我们所掌握的信息量太少了。

杜邦分析法从企业绩效评价的角度来进行分析，但只包括财务方面的信息，只反映企业过去的经营业绩。在如今的信息时代，顾客、供应商、雇员、商业模式与技术创新等因素对企业经营业绩的影响越来越大，所以杜邦分析法并不能全面反映企业的实力。

在当今的市场环境中，企业的无形知识资产对提高企业长期竞争力至关重要，像市场上存在的某些产品，在创立之初就一直在大量投资，利润最初是负数，但不能认为这些企业没有价值。因此，杜邦分析法并不能真实反映无形资产的估值。

杜邦分析法不仅是一种工具，还给了我们一种理念。我们可用它来评判企业业绩，在做其他金融产品分析或者设计时也可以作为参考。

银行家舍入法实验分析

产品经理在日常管理产品的过程中,进行产品实验往往必不可少。很多互联网公司引入"眼动仪"分析用户浏览 Web 页面时的行为,以便进行产品布局与产品交互的优化。

本节讲解产品设计中涉及的非常细微的产品功能。

金融产品所涉及的数值基本是小数类型。小数点后的数字位数越多,数值越精确。不过金融产品在向用户展示小数类型的字段信息时,一般取小数点后两位。在数据量少的情况下,小数点后两位以哪种方式取舍,数据汇总误差不大。但如果数据量多,取舍的方法不同,数据在汇总时的误差也会有很大的差别。

在本节中,使用计算机软件程序作为实验工具,程序语言使用 C#语言。C#语言具有语法简洁、兼容性高与灵活性高等特点。

为以 C#语言作为创建实验数据生成器的基础语言,批量生成实验数据,通过多次不同量级的数据生成实验,对生成数据进行汇总与分析,对比银行家舍入法与传统的四舍五入法的精准度。

8.2.1 舍入法基本介绍

在四舍五入中,若保留位数的后一位大于或等于 5,则进一;否则,舍去。

样例如下。

- 1.234,保留小数点后两位,结果是 1.23。

- 1.235,保留小数点后两位,结果是 1.24。

银行家舍入法的规则如下。

四舍六入五考虑,五后非零就进一,五后为零看奇偶,五前为偶应舍去,五前为奇要进一。

样例如下。

- 1.3651,属于五后非零就进一,保留小数点后两位,结果是 1.37。

- 1.3650,属于五后为零看奇偶,五前为偶应舍去,保留小数点后两位,结果是 1.36。

- 1.3550,属于五后为零看奇偶,五前为奇要进一,保留小数点后两位,结果是 1.36。

　　银行家舍入是电气与电子工程师协会（Institute of Electrical and Electronics Engineers，IEEE）规定的小数舍入标准之一，因此所有符合 IEEE 标准的语言都应该实现这种算法。

　　舍入法比较实验的方法如下。

　　（1）我们使用程序生成一批保留到小数点后 4 位的随机数，对这些随机数求和。

　　（2）分别对每个随机数使用传统四舍五入法保留小数点后两位，进行求和。

　　（3）分别对每个随机数使用银行家舍入法保留小数点后两位，进行求和。

　　（4）分别将四舍五入法求和结果、银行家舍入法求和结果与随机数求和后的结果进行对比，选择最接近真实结果的舍入法。

　　初始生成的数据有 1000 条，之后生成的数据扩展至 100 万条。

　　使用 C#语言创建基于控制台的实验数据生成器，所使用的 IDE 为 Microsoft Visual Studio 2019。舍入法比较实验使用的程序如下所示。

```
static void Main(string[] args)
    {
        while(true){
            string input;
            Console.Write("请输入要生成随机数个数：");
            input = Console.ReadLine();
            if (input.Equals ("exit"))
            break;
            int num = int.Parse(input);
            Random ran = new Random();
            double rannum;
            double[] array = new double[num];
            for (int i=0; i < num; i++)
            {
                rannum = (double)(ran.Next(1, 9999) * 0.0001);
                array[i] = rannum;
            }
            double sum_ran=0;//随机数总和
            double sum_round=0;//四舍五入
            double sum_lombard=0;//银行家舍入法
            foreach (double n in array)
            {
                sum_ran = sum_ran + n;
```

```
        sum_round = sum_round + Math.Round(n, 2, MidpointRounding.
                                           AwayFromZero);
        sum_lombard = sum_lombard + Math.Round(n, 2);
    }

    Console.WriteLine("样本数据的计算的总和为{0}", sum_ran);
    Console.WriteLine("传统四舍五入法，计算的总和为{0}", sum_round);
    Console.WriteLine("银行家舍入法，计算的总和为{0}", sum_lombard);
    Console.WriteLine();
    }
}
```

(neutron)

运行以上代码后，输入需要生成的随机数的数量，程序就会自行生成指定数量的随机数并求和，同时会分为传统四舍五入法和银行家舍入法，对原始数据进行取舍后，求和。程序运行结果如图 8-3 所示。

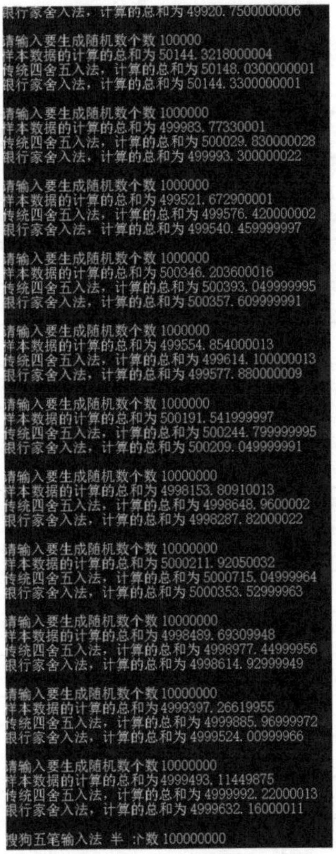

▲图 8-3   程序运行结果

8.2.2　实验数据记录

我们将程序生成的实验数据进行记录。

- "数据量"列：生成的保留到小数点后 4 位的随机数的数量。

- "样本数据"列：生成的随机数的和。

- "四舍五入"列：生成的各样本数据以四舍五入法保留小数点后两位再求和之后的结果。

- "银行家"列：生成的各样本数据以银行家舍入法保留小数点后两位再求和之后的结果。

- "胜出者"列：以四舍五入法保留小数点后两位的求与结果与银行家舍入法保留小数点后两位的求和结果分别与原始数据的求和结果作比较。若四舍五入法的结果更接近原始数据结果，则为−1；若银行家舍入法与更接近原始数据结果，则为 1。

最后，对"胜出者"列求和。如果和是负数，则四舍五入法胜出；如果和是正数，则银行家舍入法胜出。

数据记录如表 8-3 所示。

表 8-3　数据记录

数据量	样本数据	四舍五入（−1）	银行家舍入（1）	胜出者
1000	499.587 9	499.5	499.49	−1
1000	492.030 8	492.12	492.1	1
1000	507.011 1	506.93	506.9	−1
1000	503.120 9	503.26	503.15	1
1000	518.008 8	517.97	517.95	−1
10 000	4 984.820 3	4 985.25	4 984.89	1
10 000	4 957.318 2	4 958.12	4 957.71	1
10 000	5 015.773 1	5 015.97	5 015.6	1
10 000	5 007.479 1	5 008.13	5 007.71	1
10 000	4 986.147 1	4 986.52	4 986.19	1
100 000	49 929.58 9	49 933.81	49 930.11	1
100 000	50 055.852 5	50 060.86	50 057.14	1
100 000	49 865.477 1	49 870.7	49 867.43	1
100 000	49 917.842 3	49 924.37	49 920.75	1
100 000	50 144.321 8	50 148.03	50 144.33	1
1 000 000	49 983.773 3	500 029.83	499 993.3	1
1 000 000	499 521.672 9	499 576.42	499 540.46	1
1 000 000	500 346.203 6	500 393.05	500 357.61	1

续表

数据量	样本数据	四舍五入（-1）	银行家舍入（1）	胜出者
1 000 000	499 554.854	499 614.1	499 577.88	1
1 000 000	500 191.542	500 244.8	500 209.05	1
10 000 000	4 998 153.809	4 998 648.96	4 998 287.82	1
10 000 000	5 000 211.921	5 000 715.05	5 000 353.53	1
10 000 000	4 998 489.693	4 998 977.45	4 998 614.93	1
10 000 000	4 999 397.266	4 999 885.97	4 999 524.01	1
10 000 000	4 999 493.114	4 999 992.22	4 999 632.16	1

为了方便比较，统一将数据记录表中的样本数据、四舍五入法得到的数据、银行家舍入法数据放大至千万的数量级。然后，分别求四舍五入法得到的与基准值的差值以及银行家舍入法得到的与样本数据的差值，比较两者的差值，差值的绝对值越小，对应的数值越接近真实值。与样本数据的差值数据如表 8-4 所示。

表 8-4 与样本数据的差值数据

系数	样本数据	四舍五入	银行家舍入	与样本数据的差值	
				四舍五入	银行家舍入
100 000	49 958 790	49 950 000	49 949 000	-8 790	-9 790
100 000	49 203 080	49 212 000	49 210 000	8 920	6 920
100 000	50 701 110	50 693 000	50 690 000	-8 110	-11 110
100 000	50 312 090	50 326 000	50 315 000	13 910	2 910
100 000	51 800 880	51 797 000	51 795 000	-3 880	-5 880
10 000	49 848 203	49 852 500	49 848 900	4 297	697
10 000	49 573 182	49 581 200	49 577 100	8 018	3 918
10 000	50 157 731	50 159 700	50 156 000	1 969	-1 731
10 000	50 074 791	50 081 300	50 077 100	6 509	2 309
10 000	49 861 471	49 865 200	49 861 900	3 729	429.000 000 1
1 000	49 929 589	49 933 810	49 930 110	4 220.999 999	520.999 998 9
1 000	500 558 52.5	50 060 860	50 057 140	5 007.499 999	1 287.499 999
1 000	498 654 77.1	49 870 700	49 867 430	5 222.9	1 952.9
1 000	499 178 42.3	49 924 370	49 920 750	6 527.7	2 907.7
1 000	501 443 21.8	50 148 030	50 144 330	3 708.2	8.199 999 705
100	499 983 77.3	50 002 983	49 999 330	4 605.670 002	952.670 001 2
100	499 521 67.3	49 957 642	49 954 046	5 474.71	1 878.71
100	500 346 20.4	50 039 305	50 035 761	4 684.639 998	1 140.639 998
100	499 554 85.4	49 961 410	49 957 788	5 924.6	2 302.6

续表

系数	样本数据	四舍五入	银行家舍入	与样本数据的差值	
				四舍五入	银行家舍入
100	50 019 154.2	50 024 480	50 020 905	5 325.8	1 750.799 999
10	49 981 538.1	49 986 489.6	49 982 878.2	4 951.509 001	1 340.109 001
10	50 002 119.2	50 007 150.5	50 003 535.3	5 031.294 993	1 416.094 993
10	49 984 896.9	49 989 774.5	49 986 149.3	4 877.569 001	1 252.369
10	49 993 972.7	49 998 859.7	49 995 240.1	4 887.038 002	1 267.438 001
10	49 994 931.1	49 999 922.2	49 996 321.6	4 991.055 014	1 390.455 014

根据与样本数据差值数据生成柱状图。四舍五入法与银行家舍入法的对比如图 8-4 所示。

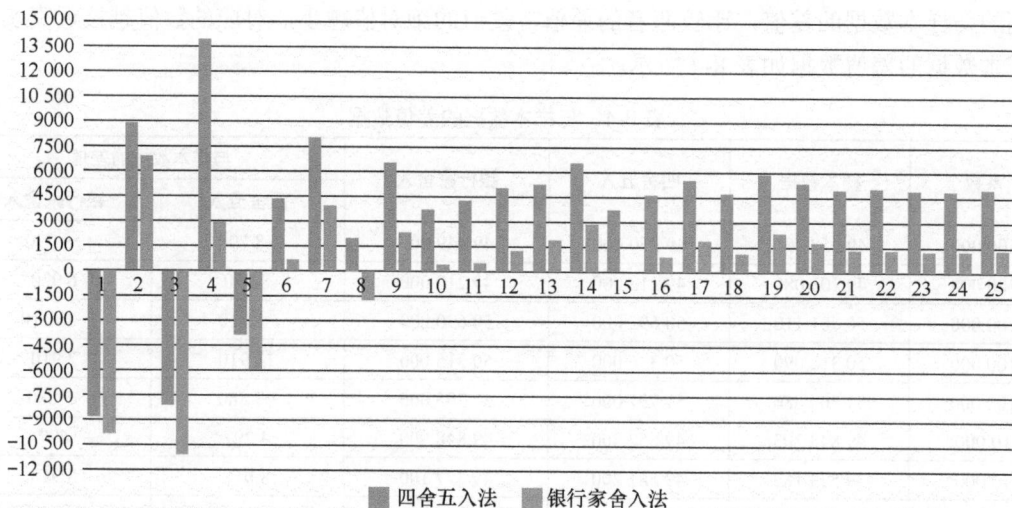

▲图 8-4　四舍五入法与银行家舍入法的对比

从图 8-5 中可以看出，在数据量比较少的情况下，四舍五入法与银行家舍入法的差别并不很大，而且在某些时候甚至比银行家舍入法得到的数据更接近样本数据的真实值。不过，随着随机数样本数量的不断增加，银行家舍入法的优势逐渐体现出来。在实验进行到第 6 次的时候，也就是随机数的样本数达到 10 000 的时候，银行家舍入法得到的数据就开始更加接近真实样本数据值。之后在第 16 次的实验中，也就是数据量达到 100 万时，与传统的四舍五入法相比，银行家舍入法得到的数据与样本数据真实值的差别显著缩小。可见，银行家舍入法在数据量比较大的时候，效果更明显。

从实验数据上看，在数据量大的时候，银行家舍入法的精度要比四舍五入法的高。如果从统计学的角度解释，传统的四舍五入法计算的结果有的偏大，有的偏小，而银行家舍入法不像四舍五入法那样逢五就入，使得结果更偏向大数。所以银行家舍入法在结果上更接近平均值。

如果从概率论的角度来解释，在计算结果中，舍入位数字出现 0~9 的概率是均等的。四舍五入法逢五进一的规则导致结果中进的概率（即舍入位数字为 5、6、7、8、9 的概率）是 0.5，而舍的概率（即舍入位数字为 1、2、3、4 的概率）是 0.4，可以明显看出进舍双方的概率是不均等的。

而银行家舍入法缩小了两组数字之间的概率差距。所以，银行家舍入法比传统的四舍五入法要更科学，相比四舍五入法，其优点是更公平。

实验本身的不足之处在于样本数据量仍然不够多，而且程序设计比较简单，不够自动化，对程序计算出的结果需要手动录入 Excel 中。当数据样本数达到 1 亿时，数据竟然超出计算机内存支持的最大数据量。

产品实验方法仍然有很多改进之处，例如，换一台配置更高的计算机，同时让程序将数据自动填充至 Excel 数据表中，减少人工录入。实验次数可不仅可以是现在的 25 次，还可以成倍增长，以获取更多的数据，得到更精准的实验结果。

在现实生活中，例如，金融活动中的数据量比较大，结果需要更准确。虽然银行家舍入法更接近真实值，但在金融的视角，仍然不够准确。在金融系统的设计中，往往采用放大和缩小的方法（通过增减小数位数和调整精度高低进行运算，运算结束后再截取小数位数），来获取更精准的结果。

对某些数据也可采用一些特殊的处理方法。例如，若一个用户借款 10 000 元，期限是 3 个月，计算每个月应还的本金，结果是 3 333.333 33 元，但不论你怎么计算，仍然是有误差的。这个时候，往往对前两期取平均数 3 333.333 3 元，而最后一期使用 10 000 元−6 666.666 6 元=3 333.333 4 元来消除计算误差。

其实每一种方法都有各自的用途，在现实计算中，产品经理一定要分析场景，根据场景，设计具体的解决方案。

第 9 章 游刃有余——产品经理实战之策略产品

复合型产品经理需要掌握与产品相关的多种技能。本章主要讲解策略产品所涉及的基础知识。读者学习本章后,可以掌握与产品相关的实用技能,为产品的商业化实现奠定基础。

9.1 路径规划

AI 是一个领域,也是一门学科,它涉及的知识非常多且应用广泛。近年来随着 AI 产业的不断发展,各行业对 AI 产品经理的需求也有所增多。AI 在日常生活中的应用场景很多,示例如下。

- 日常生活中常使用的智能音箱。

- 工作打卡用到的人脸识别。

- 超市和餐厅里的刷脸支付。

- 家用的智能扫地机器人。

- 情景感知的智能家居。

AI 几乎无处不在,与我们的生活息息相关。

在设计 AI 产品时,产品经理仅把市面上已经有的人工智能服务整合到产品中看似实现了产品功能,其实并不能提升产品的竞争力。打造基于 AI 的核心产品,还有非常长的路要走。

作为产品经理，不仅要"知其然"，还要"知其所以然"。

AI 的核心是算法，算法是实现人工智能的重要内容。

先结合一个简单的案例进行人工智能路径规划的讲解。

有 3 个美女和 3 只野兽要过河，只有一条船，没有船夫，美女和野兽都会划船。但这条船一次只能载两个人，任何情况下，只要野兽的数量大于美女的数量，美女就会被野兽吃掉。也就是说，在河的两岸（河的左岸和右岸），野兽的数量任何时候都不能大于美女的数量。

如何让 3 个美女和 3 只野兽全部过河并且美女安全（即不被野兽吃掉）？

如果我们从逻辑上理解，其实就是对各种方案进行探索，最终试出一条可行的方案。

现在，我们可以假设 3 个美女和 3 只野兽都在河的左岸，要到河的右岸。

第 1 步，两只野兽一起到河的右岸，然后一只野兽回河的左岸。

第 2 步，两只野兽一起到河的右岸，然后一只野兽回河的左岸。

第 3 步，两个美女一起到河的右岸，然后一个美女和一只野兽回河的左岸。

第 4 步，两个美女一起到河的右岸，一只野兽回河的左岸。

第 5 步，两只野兽一起到河的右岸，一只野兽回河的左岸。

第 6 步，两只野兽一起到河的右岸。

以上可以理解为决策问题，其实这也是人工智能学科中的一个经典问题。

虽然我们分析的思路以及答案看似解决了问题，但是我们又会面临新的问题。

- 除上述方法之外，还有其他方法吗？

- 哪种实现方法最快？

- 如果美女和野兽的总数分别是 60、600，以现有的分析方法能否解决问题？

手动计算是非常复杂、耗时的。这就需要我们编制一套智能搜索算法，通过计算机帮助我们计算。

9.1.1 问题分析

从初态和终态可以知道，初态时河的左岸有 3 个美女和 3 只野兽，而终态时河的右岸有 3

个美女和 3 只野兽。

- 初始状态是[3, 3]，表示左岸开始有 3 个美女和 3 只野兽。

- 最终状态是[0, 0]，表示左岸最终美女和野兽的数量均为 0。

美女和野兽从左岸到右岸、从右岸回左岸，是要靠船来运送的。所以，船的状态有两种（航行中就不考虑了），要么在左岸，要么在右岸。

我们用 1 表示船在左岸，用 0 表示船在右岸。

结合美女和野兽的状态，最初始状态就是[3, 3, 1]，表示最初船停靠在左岸，左岸有 3 个美女、3 只野兽。终态时船在右岸，左岸美女数量和野兽数量都为 0，用[0, 0, 0]表示。

如果从状态的视角来分析，会有几种状态？

答案是会有 32 种状态。这个结果是如何计算得出的？这就用到了数学中的排列组合知识。

- 美女的状态有 4 种——[0, 1, 2, 3]，表示左岸没有美女，有一个美女，有两个美女，有 3 个美女。

- 野兽的状态有 4 种——[0, 1, 2, 3]，船的状态有 2 种——[0, 1]。

我们将状态排列组合并标记出不符合条件的状态。

- 野兽数大于美女数的状态，用深灰色标出，不符合条件。因为按照题目要求，若河的左岸和右岸野兽数大于美女数，美女会被吃掉，任务失败。这里不仅要考虑左岸的情况，还要考虑右岸的情况，例如，[2, 0, 1]，船在左岸的时候，右岸有 1 个（3 减 2）美女和 3 只（3 减 0）野兽，也是不满足题目要求的。

- 不可能存在的状态，用浅灰色标出。例如，船不可能停在没有人的岸边——[0, 0, 1]，以及美女不可能在野兽占多数的情况下划船到对岸——[3, 0, 1]。

整理后的状态矩阵视图如图 9-1 所示。

	A	B	C	D	E
1	3.3.1(初态)	1.3.1	3.3.0	1.3.0	
2	3.2.1	1.2.1	3.2.0	1.2.0	
3	3.1.1	1.1.1	3.1.0	1.1.0	
4	3.0.1	1.0.1	3.0.0	1.0.0	
5	2.3.1	0.3.1	2.3.0	0.3.0	
6	2.2.1	0.2.1	2.2.0	0.2.0	
7	2.1.1	0.1.1	2.1.0	0.1.0	
8	2.0.1	0.0.1	2.0.0	0.0.0(终态)	
9					

▲图 9-1　状态矩阵视图

我们根据状态矩阵视图，生成图 9-2 所示美女与野兽过河状态空间图。

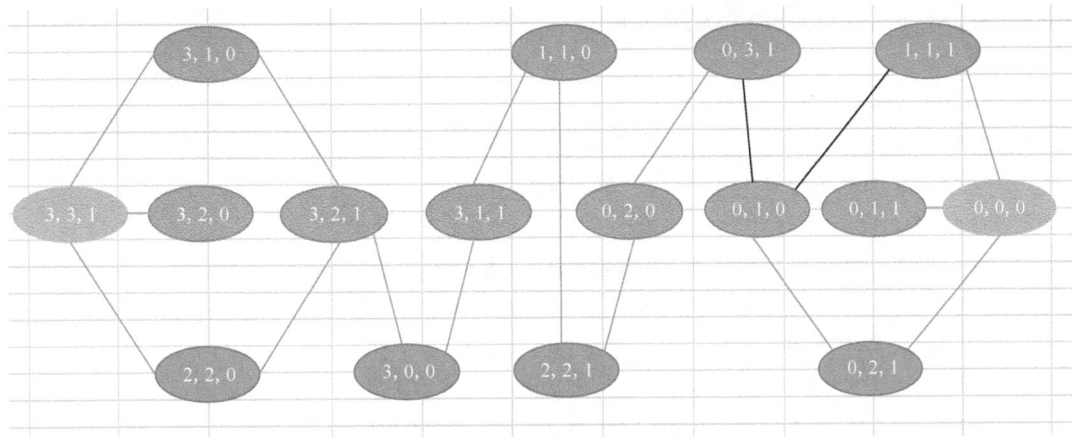

▲图 9-2　美女与野兽过河状态空间图

所有从初态可以到达终态的路径都是美女可以安全过河的方案。

9.1.2　算法实现

接下来，通过算法实现我们的分析逻辑。

解决美女与野兽过河的问题需要用到数据结构中图的遍历知识。图的遍历一般有深度优先遍历和广度优先遍历。如果从最小生成树的角度，可以使用普里姆算法和克鲁斯卡算法。如果要求最优解，我们还会用到最短路径计算的概念。

我们解决同一个问题的方法不止一种。

算法的基本逻辑是找出船上的载人状态，例如，船上可以有 1 个美女、1 只野兽，也可以有两个美女，还可以有两只野兽。

船的美女数量和野兽数量受到船的承载量限制。

要求船上最多承载的美女数量与野兽数量之和为 2。根据船上运送人员的数量以及船的运送满足题目要求的结果，寻找满足条件的运送方案，并将方案数据存储于动态数组中。为了防止重复计算，我们还要判断生成的方法是不是已经存在于历史的动态数组中。如果历史中已经有了这条信息，我们就不再计算，直接寻找新的方法，直到找出所有的结果。

此处实现的算法已经经过实验检验并可以保证正确运行。美女与野兽过河的代码如下所示。

```csharp
using System;
using System.Collections;
namespace AI_Practice_BelleAndGeek
{
    class Program
    {
        static int BoatLoad = 2;//船的载荷
        static int PersonNum = 3;
        static int BelleNum = PersonNum;//美女数
        static int GeekNum = PersonNum;//野兽数
        static BelleAndGeek[] PersonOnBoat;//
        static int MethodStep = 1;  //达到目标需要的步数
        static int MethodNum = 1;//  可以达到目标的方法总数
        static int CalculatorNum = 0;//计算的次数
        static int Step = 50;
        static int ExecutiveNum = 0;
        static ArrayList MinArray = new ArrayList();
        struct BelleAndGeek
        {
            public int _Belle;
            public int _Geek;
            public int _BelleOnBoat;
            public int _GeekOnBoat;
        }
        public static void Main(string[] args)
        {
            GameBegin();
            BelleAndGeek BAG;
            BAG._Belle = BelleNum;
            BAG._Geek = GeekNum;
            BAG._BelleOnBoat = 0;
            BAG._GeekOnBoat = 0;
            ArrayList BAGArray = new ArrayList();
            BAGArray.Add(BAG);
            PathCalculate(BAG, BAGArray, 0);
            Console.ReadKey();
        }
```

```
static void GameBegin()
{
    Console.WriteLine("执行开始，美女人数为{0}，野兽数为{1}，船的最大载荷为{2}",
    BelleNum, GeekNum, BoatLoad);
    PersonOnBoat = FindPersonOnBoat(BoatLoad);
    Console.WriteLine("船上主要有{0}种载人情况，如下。", PersonOnBoat.Length);
    for (int i = 0; i < PersonOnBoat.Length; i++)
    {
        Console.WriteLine("船上有{0}个美女,{1}只野兽。", PersonOnBoat[i]._Belle,
        PersonOnBoat[i]._Geek);
    }   Console.WriteLine("--------------------------------------");
}
static void PathCalculate(BelleAndGeek bagStart, ArrayList bagArray,
                          int direction)
{
    ExecutiveNum++;
    ArrayList PathArray = new ArrayList();
    for (int i = 0; i < PersonOnBoat.Length; i++)
    {
        PathArray = bagArray;
        CalculatorNum++;
        BelleAndGeek BAG;
        BelleAndGeek BAG_Path;
        BAG_Path._Belle = PersonOnBoat[i]._Belle× (int)Math.Pow(-1, direction);
        BAG_Path._Geek = PersonOnBoat[i]._Geek * (int)Math.Pow(-1, direction);
        BAG._Belle = bagStart._Belle - BAG_Path._Belle;
        BAG._Geek = bagStart._Geek - BAG_Path._Geek;
        BAG._BelleOnBoat = PersonOnBoat[i]._Belle;
        BAG._GeekOnBoat = PersonOnBoat[i]._Geek;
        //检查运送美女和野兽的路径是否满足要求以及路径是否重复
        if (Check_Path_Valid(BAG._Belle, BAG._Geek, PersonNum)
        && !Check_Path_Repeat(BAG, bagArray, direction))
        {
            if (BAG._Belle == 0 && BAG._Geek == 0)
            {
                MethodStep++;
                if ((PathArray.Count + 1) < Step)
                {
                    Step = PathArray.Count + 1;
```

```
                        MinArray = (ArrayList)PathArray.Clone();
                    }
                    if (MethodStep > 1)
                    {
                        MethodNum = MethodNum + MethodStep;
                        Step--;
                        MethodStep = 0;
                    }
                    OutPrintInformation();
                    OutPrintArray(PathArray);
                    Console.WriteLine("------------------------------");
                    Console.WriteLine();
                    continue;
                }
                else
                {
                    if (direction >= (Step - 1)) continue;
                    PathArray.Add(BAG);
                    PathCalculate(BAG, bagArray, ++direction);
                    //Console.WriteLine("执行了{0}次",ExecutiveNum);
                }
            }
            else
            {
                continue;
            }
            direction--;
            PathArray.RemoveAt(PathArray.Count - 1);
        }
    }
    static void OutPrintInformation()
    {
        Console.WriteLine("当前程序计算{0}次",
        CalculatorNum, MethodNum / 2);
        Console.WriteLine("当前最优搜索次数为{0}，最优解为", Step + 1);
        Console.WriteLine();
    }
    static void OutPrintArray(ArrayList InputArray)
    {
```

```
Console.WriteLine("初始状态：左岸有{0}个美女，{1}只野兽。右岸有 0 个美女，
0 只野兽。", BelleNum, GeekNum);
Console.WriteLine();
BelleAndGeek[] BAGArray =
(BelleAndGeek[])InputArray.ToArray(typeof(BelleAndGeek));
for (int j = 1; j < BAGArray.Length; j++)
{
    if (j % 2 == 0)
    {
        Console.WriteLine("【船上有{0}个美女，{1}只野兽】回左岸，
        这时左岸有{2}个美女{3}只野兽->", BAGArray[j]._BelleOnBoat,
        BAGArray[j]._GeekOnBoat, BAGArray[j]._Belle, BAGArray[j]._
        Geek);
    }
    else
    {
        Console.WriteLine("【船上有{0}个美女，{1}只野兽】去右岸，
        这时左岸有{2}个美女，{3}只野兽->", BAGArray[j]._BelleOnBoat,
        BAGArray[j]._GeekOnBoat, BAGArray[j]._Belle, BAGArray[j]._
        Geek);
    }
    if ((j + 1) % 5 == 0) Console.WriteLine();
}
Console.WriteLine("[船载上左岸剩余的人去右岸]");
Console.WriteLine();
Console.WriteLine("最终状态：左岸有 0 个美女，0 只野兽。右岸有{0}个美女，
{1}只野兽。", BelleNum, GeekNum);
}
static bool Check_Path_Valid(int belle, int geek, int Num)
{
    bool check = true;
    if (belle == Num && geek == Num)
    {
        check = false;
        return check;
    }
    if (belle > Num || geek >= Num || belle < geek || belle < 0 || geek < 0)
    {
        check = false;
        return check;
```

```
        }
        return check;
    }
    static bool Check_Path_Repeat(BelleAndGeek BAG, ArrayList BAGArray, int n)
    {
        bool check = false;
        BelleAndGeek[] bagArrTemp =
        (BelleAndGeek[])BAGArray.ToArray(typeof(BelleAndGeek));
        for (int i = 0; i < bagArrTemp.Length; i++)
        {
            if (i % 2 == (n + 1) % 2)
            {
                if (bagArrTemp[i]._Geek == BAG._Geek && bagArrTemp[i]._Belle ==
                BAG._Belle)
                {
                    check = true; break;
                }
            }
        }
        return check;
    }
    static BelleAndGeek[] FindPersonOnBoat(int n)
    {
        ArrayList PathList = new ArrayList();
        int i, b, g;
        for (i = n; i >= 0; i--)
        {
            for (b = n; b >= 0; b--)
            {
                g = i - b;
                if ((b > 0 && g >= 0) || (b >= 0 && g > 0))
                {
                    BelleAndGeek BelleAndGeekStatus = new BelleAndGeek();
                    BelleAndGeekStatus._Belle = b;
                    BelleAndGeekStatus._Geek = g;
```

```
                    PathList.Add(BelleAndGeekStatus);
            }
        }
    }
    BelleAndGeek[] BelleAndGeekArray =
    (BelleAndGeek[])PathList.ToArray(typeof(BelleAndGeek));
    return BelleAndGeekArray;
    }
  }
}
```

我们由代码执行结果可见安全过河的方法有好几种。算法执行结果如图 9-3 所示。

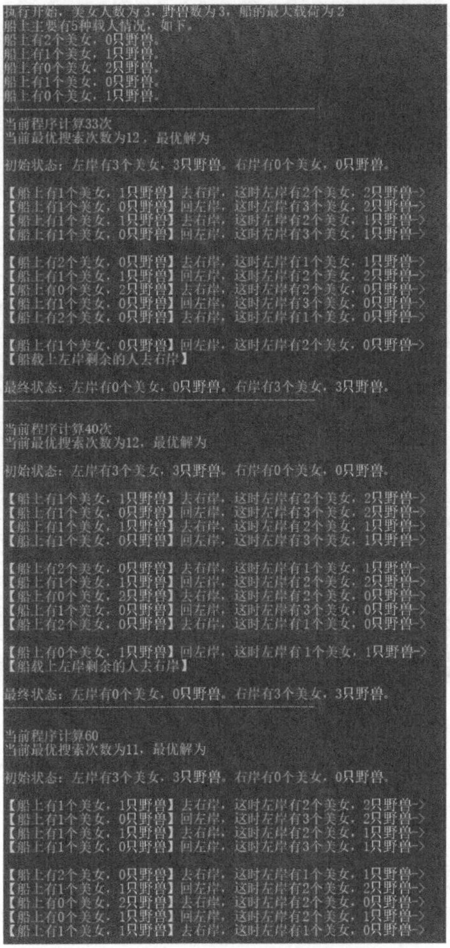

▲图 9-3　算法执行结果

我们结合美女与野兽过河这个经典的问题，阐述了解决此类问题的基本逻辑与方法，并对算法进行了扩展。对美女数量和野兽数量以及船的载荷进行修改后，此算法仍然可以根据要求进行计算，算法的灵活性较强。美女数量、野兽数量与船的载荷修改后，算法执行结果如图 9-4 所示。

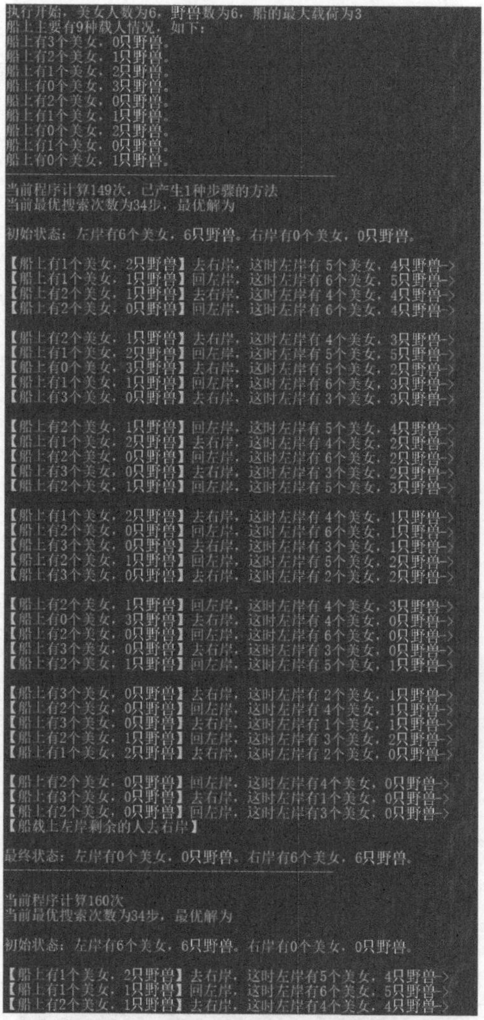
```
执行开始，美女人数为6，野兽数为6，船的最大载荷为3
船上主要有9种载人情况，如下：
船上有3个美女，0只野兽。
船上有2个美女，1只野兽。
船上有1个美女，2只野兽。
船上有0个美女，3只野兽。
船上有2个美女，0只野兽。
船上有1个美女，1只野兽。
船上有0个美女，2只野兽。
船上有1个美女，0只野兽。
船上有0个美女，1只野兽。
--------------------------------------------------
当前程序计算149次，已产生1种步骤的方法
当前最优搜索次数为34步，最优解为

初始状态：左岸有6个美女，6只野兽。右岸有0个美女，0只野兽。

【船上有1个美女，2只野兽】去右岸，这时左岸有 5个美女，4只野兽->
【船上有1个美女，1只野兽】回左岸，这时左岸有 6个美女，5只野兽->
【船上有2个美女，1只野兽】去右岸，这时左岸有 4个美女，4只野兽->
【船上有2个美女，0只野兽】回左岸，这时左岸有 6个美女，4只野兽->

【船上有2个美女，1只野兽】去右岸，这时左岸有 4个美女，3只野兽->
【船上有1个美女，2只野兽】回左岸，这时左岸有 5个美女，5只野兽->
【船上有0个美女，3只野兽】去右岸，这时左岸有 5个美女，2只野兽->
【船上有1个美女，1只野兽】回左岸，这时左岸有 6个美女，3只野兽->
【船上有3个美女，0只野兽】去右岸，这时左岸有 3个美女，3只野兽->

【船上有2个美女，1只野兽】回左岸，这时左岸有 5个美女，4只野兽->
【船上有1个美女，2只野兽】去右岸，这时左岸有 4个美女，2只野兽->
【船上有2个美女，0只野兽】回左岸，这时左岸有 6个美女，2只野兽->
【船上有3个美女，0只野兽】去右岸，这时左岸有 3个美女，2只野兽->
【船上有2个美女，1只野兽】回左岸，这时左岸有 5个美女，3只野兽->

【船上有1个美女，2只野兽】去右岸，这时左岸有 4个美女，1只野兽->
【船上有2个美女，0只野兽】回左岸，这时左岸有 6个美女，1只野兽->
【船上有3个美女，0只野兽】去右岸，这时左岸有 3个美女，1只野兽->
【船上有2个美女，1只野兽】回左岸，这时左岸有 5个美女，2只野兽->
【船上有3个美女，0只野兽】去右岸，这时左岸有 2个美女，2只野兽->

【船上有2个美女，1只野兽】回左岸，这时左岸有 4个美女，3只野兽->
【船上有0个美女，3只野兽】去右岸，这时左岸有 4个美女，0只野兽->
【船上有2个美女，0只野兽】回左岸，这时左岸有 6个美女，0只野兽->
【船上有3个美女，0只野兽】去右岸，这时左岸有 3个美女，0只野兽->
【船上有2个美女，1只野兽】回左岸，这时左岸有 5个美女，1只野兽->

【船上有3个美女，0只野兽】去右岸，这时左岸有 2个美女，1只野兽->
【船上有2个美女，0只野兽】回左岸，这时左岸有 4个美女，1只野兽->
【船上有3个美女，0只野兽】去右岸，这时左岸有 1个美女，1只野兽->
【船上有2个美女，1只野兽】回左岸，这时左岸有 3个美女，2只野兽->
【船上有1个美女，2只野兽】去右岸，这时左岸有 2个美女，0只野兽->

【船上有2个美女，0只野兽】回左岸，这时左岸有4个美女，0只野兽->
【船上有3个美女，0只野兽】去右岸，这时左岸有1个美女，0只野兽->
【船上有2个美女，0只野兽】回左岸，这时左岸有3个美女，0只野兽->
【船载上左岸剩余的人去右岸】

最终状态：左岸有0个美女，0只野兽。右岸有6个美女，6只野兽。
--------------------------------------------------

当前程序计算160次
当前最优搜索次数为34步，最优解为

初始状态：左岸有6个美女，6只野兽。右岸有0个美女，0只野兽。

【船上有1个美女，2只野兽】去右岸，这时左岸有5个美女，4只野兽->
【船上有1个美女，1只野兽】回左岸，这时左岸有6个美女，5只野兽->
【船上有2个美女，1只野兽】去右岸，这时左岸有4个美女，4只野兽->
```

▲图 9-4　参数修改后算法执行结果

算法仍然有优化空间。在船有最大载荷且美女数量和野兽数量均为 8 的情况下，找到第一种方案程序需要执行约 40 万次。算法的时间复杂度和空间复杂度较高，仍然有进一步优化的空间。

我们可以发现，美女与野兽过河问题用到的理论知识非常多。该算法并不十分完美。要将这个问题解决好，达到算法的“极限”，我们仍然需要付出很多努力，而这仅是产品设计中很基础的部分。

9.1.3 扩展阅读

通过前面的案例，读者应熟悉了路径规划的基础知识。本节介绍以实际工作中的产品所涉及的路径规划。现实中产品的路径规划功能涉及非常基础的算法。

假如某外卖平台的智能配送调度做得不好，通过人工派单效率太低，他们需要做一个智能配送调度的产品，以高效派单。

如果你是负责智能配送调度产品的产品经理，你打算怎么做？

一般来说，我们在准备做某个产品时，先要做可行性分析，如技术可行性分析、经济可行性分析，了解市场并进行竞品分析，写 BRD、写 MRD，然后用数据将评估结果呈现给领导，以便于公司管理层决定产品是否继续推进。这个步骤中，各领域的产品经理的工作过程都差不多。在该案例中，这些基本的工作是必须要做的，除此之外，产品经理更多要考虑的是如何让产品尽快落地。

如何让产品尽快落地？这就涉及 AI 调度产品的具体设计工作，而这个阶段的工作产出就是 PRD。一般行业的产品经理写 PRD，更多的是把业务流程梳理清晰，画出产品原型，再把每一个流程细节和逻辑写清楚。产品经理的工作无非是梳理业务流程、画出产品原型，完成需求评审，再推进产品开发，最后进行系统集成测试（System Integration Testing，SIT）、组织用户验收测试（User Acceptance Test，UAT），直到产品上线以及投产后产品运营与观测。

从创意到最终的实现，产品设计过程涉及的环节比较多。产品经理在整个过程中的工作内容更像是业务分析（Business Analysis，BA）或者项目管理（Project Management，PM）。产品经理的工作内容比较固定，不断通过产品迭代完善产品功能。上述工作内容是产品经理的基础工作。如果产品经理的工作仅限于业务分析或项目管理，那么当产品涉及人工智能场景时，他就不能胜任了。

领导让你设计一款 AI 调度产品，如果你仅画几个原型，然后告诉软件开发工程师就按这个实现，但具体产品怎么实现调度、产品逻辑是什么，开发工程师也不知道。这就很容易造成产品失败。因此你在梳理业务的同时，要在 PRD 里详细描述出调度的算法逻辑。你可以不懂编程，但一定要把算法逻辑写清楚，开发人员可以把逻辑转化成程序代码，从而实现产品功能。

1. 产品功能

产品功能如何实现、在 PRD 中如何呈现，需要用到 AI 知识。AI 的基础是数学知识。将产品功能点拆解成若干基本功能点，其中一个基础的功能点需用到最优路径规划的知识。我们设计的 AI 调度产品希望通过给定的派送目标点的数量与派送目标点之间的距离规划出最优路径。

产品逻辑描述如下。

- 输入：派送目标点数量，配送目标点间的距离。

- 输出：最优路径。

为了便于理解，我们用一个简单的场景说明。假如一个派送员在位置 1，要向 3 个地点送外卖，各派送点之间的距离如图 9-5 所示。

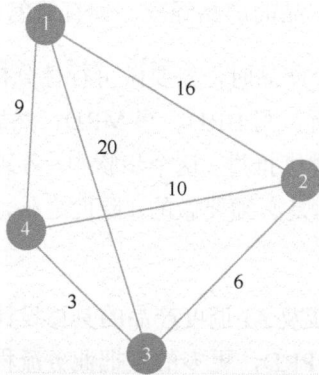

▲图 9-5　各派送点之间的距离

我们接下来要确定的就是最优路径，并把算法逻辑写到 PRD 中。开发人员可以根据我们定义的逻辑，实现 AI 智能配送调度中的最优派送路径，系统就可以对派送员的派送路线进行最优规划。由人调度到机器智能配送调度，不仅速度快，而且派送路径更优。

我们可以将派送员的派送路径看作一个 n 元组。本案例中，所有步骤可以表示为 $\{X_1, X_2, X_3, X_4\}$。我们把它转化成一棵派送路径树，如图 9-6 所示。

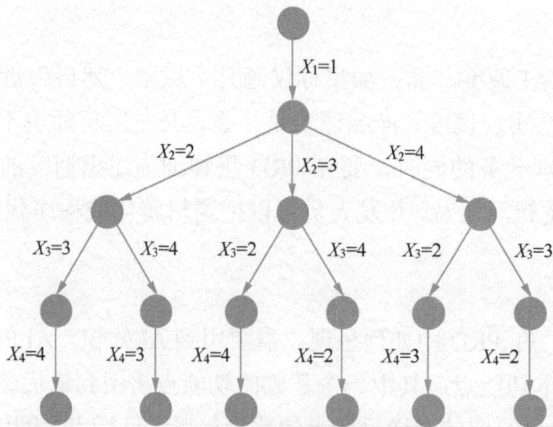

▲图 9-6　派送路径树

X_1=1 表示第 1 步在编号为 1 的地点，X_2=2 表示第 2 步去编号为 2 的地点，X_2=3 则表示第 2 步去编号为 3 的地点。

派送路径树列出了派送员到派送目标点的所有路径。

我们如何描述呢？这就用到了数学中的矩阵。

我们定义一个矩阵 $\boldsymbol{P}$，如果从点 i 到 j 有边，则 $P[i][j]=<i,j>$。例如，从图中的点 1 到点 2 的距离是 16，则有边；而点 1 到点 1 的距离为 0，我们认为是没有边的。按照这个逻辑生成矩阵。路径矩阵如图 9-7 所示。

$$\boldsymbol{P} = \begin{pmatrix} 0 & 16 & 20 & 9 \\ 16 & 0 & 6 & 10 \\ 20 & 6 & 0 & 3 \\ 9 & 10 & 3 & 0 \end{pmatrix}$$

▲图 9-7 路径矩阵

根据矩阵，我们可以看出哪条路径最优。而现实中的场景肯定比这个复杂得多，一个派送员可能在一段时间内会接到数十个派送任务，而派送员也不可能只有 1 个，规划路径还需要计算机来完成。所以，我们需要把业务逻辑转变成开发人员可理解的描述语言。

一般产品经理写到这一步，可以直接在文档中描述"使用最优路径原则"，从而忽略这一部分的细节，具体实现由软件架构师在技术文档中体现。但是，最优路径有多种实现方式，产品经理如果希望对自己的产品"知其然也知其所以然"，要深入了解产品的功能特性的颗粒度，这样在今后产品功能的扩展和再升级方面会更加自信。

智能配送调度的实现逻辑在 PRD 里可以这样描述。

前置条件：每次派送完整的路径中，去过的派送点不再去，不走重复的路线。

（1）定义矩阵 $\boldsymbol{P}$，如果从一个点 i 到 j 有边，则 $P[i][j]=<i,j>$；否则，$P[i][j]=0$。

（2）设当前走过的路径长度为 PL，当前最优路径为 BP。

（3）从点 1 出发，借助辅助节点 P，生成节点 A，则 $X[1]=1$；从 A 点出发，则 $PL=P[1][1]=0$；到下一派送目标点，若派送目标点为 2，则 $X[2]=2$。所以 $PL+P[1][2]=0+16=16$，$PL=16$，有效，因此生成目标点 B。

（4）B 点对应图 9-6 中的点 2。从 B 点出发，到派送目标点 3，$PL+P[2][3]=16+6=22$，PL 值更新为 22，即 $PL=22$，有效，因此生成目标点 C。

（5）C 点对应图 9-6 中的点 3。从 C 点出发，到派送目标点 4，$PL+P[3][4]=22+3=25$，$PL=25$，有效，因此生成节点 D。

（6）根据前置条件，从 D 点直接回出发点 1，则 $PL+[4][1]=25+9=34$。这时的最优路线 $BP=PL=34$。找到第 1 条派送路线。

（7）从生成的 D 点开始回溯到 C 点，C 点满足条件的路径只有到达 D 点这一条，于是继续回溯至 B 点，B 点之前是到 C 点（派送点 3），发现 B 点可以至派送点 4，即从 B 点出发，到派送目标点 4(结合第（3）步中 PL 的值)，$PL+P[2][4]=16+10=26$，PL 值更新为 26，即 $PL=26$，有效，因此生成节点 E。

（8）节点 E（派送点 4）处满足条件的只有到派送点 3，从派送点 3 回出发点 1。因此 $PL+P[4][3]=26+3=29$，PL 值更新为 29，即 $PL=29$，有效，因此生成节点 F。

（9）从 F 点（派送点 3）回出发点 1，$PL+P[3][1]=29+20=49$，PL 更新为 49。找到第 2 条派送路线（$PL=49$），但是大于之前第 1 条派送路线（$BL=34$），因此最优路线 BP 仍然等于 34。

（10）从 F 点（派送点 3）回溯至 E 点（派送点 4），没有满足条件的路线，继续回溯到 B 点（派送点 2），没有满足条件的路线，继续回溯到 A 点（出发点 1）。

（11）从 A 点（出发点 1）到派送目标点 3，$PL+P[1][3]=0+20=20$，PL 值更新为 20，即 $PL=20$，生成节点 G。

（12）从 G 点到派送目标点 2，$PL+P[3][2]=20+6=26$，PL 值更新为 26，即 $PL=26$，生成节点 H。这时派送员在派送目标点 2。

（13）从 H 点到派送目标点 4，$PL+P[2][4]=26+10=36$，PL 值更新为 36，即 $PL=36$，生成节点 I。这时派送员在派送目标点 4。从 I 点回出发点，则 $PL+P[4][1]=36+9=45$。找到第 3 条派送路线（$PL=45$），但是大于之前第 1 条派送路线（$BL=34$），因此最优路线 BP 仍然等于 34。

（14）以同样的方法进行回溯，回到节点 G（派送点 3），$PL=20$，派送点 3 在第（12）步中的目标点是 2（节点 H），这次到派送目标点 4，则 $PL+P[3][4]=20+3=23$，即 $PL=23$，生成节点 J。这时派送员在派送目标点 4。

（15）从 H 点到派送目标点 2，则 $PL+P[4][2]=23+10=33$，PL 值更新为 33，即 $PL=33$，生成节点 K。这时派送员在派送目标点 2。

（16）从 K 点回出发点，则 $PL+P[2][1]=33+16=49$。找到第 4 条派送路线（$PL=49$），但是大于之前第 1 条派送路线（$BL=34$），因此最优路线 BP 仍然等于 34。

（17）从 K 点（派送点 2）回溯至 J 点（派送点 4），没有满足条件的路线，继续回溯到 G 点（派送点 3），没有满足条件的路线，继续回溯到 A 点（出发点 1）。

（18）继续探索新的路线。从 A 点（出发点 1）到派送目标点 4，$PL+P[1][4]=0+9=9$，PL 值更新为 9，即 $PL=9$，生成节点 L。

（19）从 L 点到派送目标点 2，$PL+P[4][2]=9+10=19$，PL 值更新为 19，即 $PL=19$，生成节点 M。这时派送员在派送目标点 2。

（20）从 M 点到派送目标点 3，$PL+P[2][3]=19+6=25$，PL 值更新为 25，即 $PL=25$，生成节点 N。这时派送员在派送目标点 3。

（21）从 M 点回出发点，$PL+P[3][1]=25+20=55$。找到第 5 条派送路线（$PL=45$），但是大于之前第 1 条派送路线（$BL=34$），因此最优路线 BP 仍然等于 34。

（22）以同样的方法进行回溯，回到节点 N（派送点 3），再回到 M 点（派送点 4），$PL=9$，派送点 4 在第（19）步中的派送目标点是节点 M，这次到派送目标点 3，$PL+P[4][3]=9+3=12$，即 $PL=12$，生成节点 O。这时派送员在派送目标点 3。

（23）从 O 点到派送目标点 2，$PL+P[3][2]=12+6=18$，PL 值更新为 18，即 $PL=18$，生成节点 P。这时派送员在派送目标点 2。

（24）从 O 点回出发点，$PL+P[2][1]=18+16=34$。找到第 6 条派送路线（$PL=34$），但是等于之前第 1 条派送路线（$BL=34$），因此最优路线 BP 仍然等于 34。

流程结束。为了便于读者更直观地理解这款 AI 调度产品的路径规划逻辑，我们以可视化的方式将之进行呈现。路径规划树如图 9-8 所示。

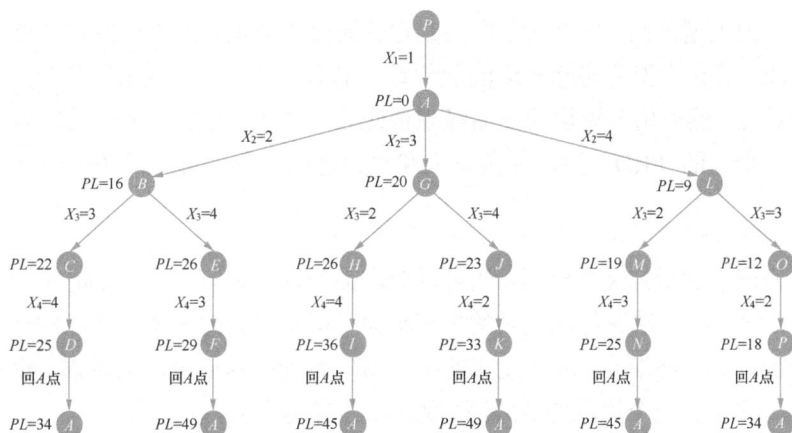

▲图 9-8 路径规划树

我们将这款产品的派送规划功能逻辑描述清晰后，开发人员就可以按这种逻辑思路编写代码进行进一步的产品实现。我们根据梳理好的产品功能进行逻辑描述，接下来需要详细定义这款产品的输入和输出。

根据案例，我们只选取 3 个派送目标点，而现实中的派送目标点一定不止 3 个，所以派送目标点是一个输入。另外，每个派送目标点与当前派送员的距离不一样，因此派送距离也是一个输入。这款产品的输入就是派送目标点的个数和派送员到各目标点的距离。输出就是派送路线规划。

2. 产品思考

案例中的场景考虑得比较少，功能也比较局限，现实中的智能配送调度输入参数的维度更多，例如，可能包括以下维度。

- 派送员当前位置。

- 派送的目标点。

- 派送员的数量。

- 派送员的运力。

很多参数是需要进行实际调整的。有些时候，虽然智能配送调度产品为派送员规划了最优路径，但需派送的货物已经超过派送员的运送能力，这也会导致规划失败。产品经理需要做的是把这些现实中的场景考虑清晰，在必要时需要去现场进行调研，这样设计出来的产品才能更符合实际用户需要。

对于现实中的大型产品，只有一个产品经理肯定是不够的，需要众多产品经理和各领域专家通力协作完成。若在大型公司除非你的职位是产品总负责人，才能感知整个产品的全貌、进行产品整体的设计，然后由各模块的产品经理依照设计要求，完成每个产品经理负责的模块设计，最终形成一个大的 PRD。除产品负责人和总设计师之外，每个模块的产品经理只负责一小部分功能。

产品经理将产品逻辑定义清晰后，就可以对产品的原型进行设计了。定义一些功能交互的接口，从每个派送员的终端获得派送员的位置信息，根据智能配送调度产品的计算，把行驶路径下发到每个派送员的终端中，派送完成的派送员向智能配送调度产品反馈，然后就可以继续接收派送任务。这样，一个简单的 AI 路径规划产品就完成了。

以上通过实际案例讲解了人工智能产品中的路径规划知识。如果读者希望向人工智能产品经理方向发展，就需要具备以下技能。

- AI 基础技能。读者可以阅读相关的专业图书，熟悉 AI 内容知识体系。

- 持续学习的技能。在碎片化的时代，产品经理更要沉下心来持续学习新的知识。

- 数学和计算机基础算法技能。如智能配送调度产品涉及最优路径算法实现，涉及的基础知识点非常多，需要产品经理深入理解数学和计算机知识。

9.2 推荐策略

随着人工智能、云计算、区块链、物联网等技术的进步与成熟，银行也逐渐开始向数字化、智能化方向发展。银行与银行之间的竞争日益激烈。如果银行还停留在传统产品设计与营销模式，等着用户自己来使用或购买银行产品，就会变得越来越低效。

银行的产品思维必须进行变革，由原来的被动等待变为主动出击。

早期银行通过线上和线下进行产品联动。这种模式对网点多的大型银行而言比较容易实现，但造成了运营成本偏高的问题，而网点少的小型银行基本上很难实现这种模式。

后来银行在产品营销方面采用了老带新的方式——通过老用户引入新用户。

以上两种银行产品营销方式其实通过某种激励来吸引用户。如果通过送礼品或者老带新的模式，用户往往不是自己主动来的，几次之后用户可能就会变得麻木且不信任产品，银行产品的用户就很难有更好的增长。

有没有一种银行产品营销方式能让用户自发使用或购买，从而形成正向传播呢？从用户心理上分析，用户主动寻找的好于被动接受的，而且具有较强的可持续性。因此，我们需要有一种推荐策略，为用户提供其真正想要的产品或服务，这样才能增加用户对银行产品的好感，才能让客户对产品产生信任，最终提升银行产品业绩。

9.2.1 推荐策略

在线下场景中，某大型零售连锁企业管理人员分析销售数据时发现，在某些特定的情况下，"啤酒"与"尿布"两件看上去毫无关系的商品经常出现在同一个购物篮中，超市根据这一现象调整了线下货品陈列的布局，进而提升了销售额。这个案例已经成为数据分析中的经典案例。

客观地说，其实这也是一种推荐策略。我们现在观察超市的货品陈列，也会发现其中某些隐藏的关联。

在移动互联网时代，读者使用手机 APP 浏览某些商品也会发现，你搜索或浏览的某个商品或者某类商品会持续地出现在 APP 的推荐中。站在消费者的角度，其实这种推荐策略是否真的有效也不确定。比如，我作为一个消费者，我已经买了啤酒，你再给我推荐其他的啤酒商品，我购买的可能性应该很低，如果能推荐给我开瓶器或者啤酒酒杯，或许更好。

另外，我们在使用视频类 APP 时，经常会发现观看的某类视频被记录，当你下次再打开该 APP 时，会给你推荐类似的。于是，你越看越觉得有趣，而系统获得的你的观看数据越多，推荐给你喜欢的内容就越精准，从而形成一种正向激励。对于视频应用类产品而言，用户每天只有 24 小时，占用用户时间多的那个应用获得的流量和收益就高。

相信读者对推荐策略是什么已经有了直观的了解。简而言之，推荐策略就是为用户提供他们想要的产品或服务。其实最终目的很简单，就是提升用户的满意度、增加用户黏性。用户用得好才会有留存，才会再次传播，产品业绩才会提升。

9.2.2　银行产品中推荐策略的三大要素

银行产品和电商产品的差别很大，而且在场景方面也不如电商类产品多。用户在电商类 APP 上购买了某个品牌的雪糕，可以被推荐大量其他品牌的雪糕；买了某个品牌的啤酒，可以被推荐一大堆其他品牌的啤酒。电商产品种类非常丰富，数据量庞大，可推荐的内容比较广泛。

银行产品不一样，银行产品有较强的针对性以及一定的购买限制。以理财产品为例，对于一些高风险的理财产品，只有用户风险评级达到 R5 级（激进型）才可以购买。这就要求银行产品在使用推荐策略时给用户推荐产品的同时，还需要考虑用户的购买权限。如果推荐的某个产品用户没资格购买，这样的推荐策略就是失败的，反而给用户留下不好的印象。

推荐策略主要应达到人、货、场的最优匹配。

- 人——消费者，也是银行的用户或者银行移动 APP 的用户。

- 货——生产者，也就是银行提供的各种产品和服务，银行的主营业务是存、贷、汇、付。

- 场——发生交易的场所或场景，可以是银行实体网点，也可以是虚拟的线上 Web 页面或者移动 APP。

实体网点的用户产品推荐一般由理财产品经理完成。假设默认交易场所是银行自主研发的移动 APP。

首先，分析"人"，也就是用户。对于推荐策略而言，我们首先要绘制用户画像。在银行风控中，经常提到 KYC（Know Your Customer，了解你的客户）这个词。同样，我们既然要为用户推荐其喜欢的产品，就要 KYC。银行用户画像如图 9-9 所示。

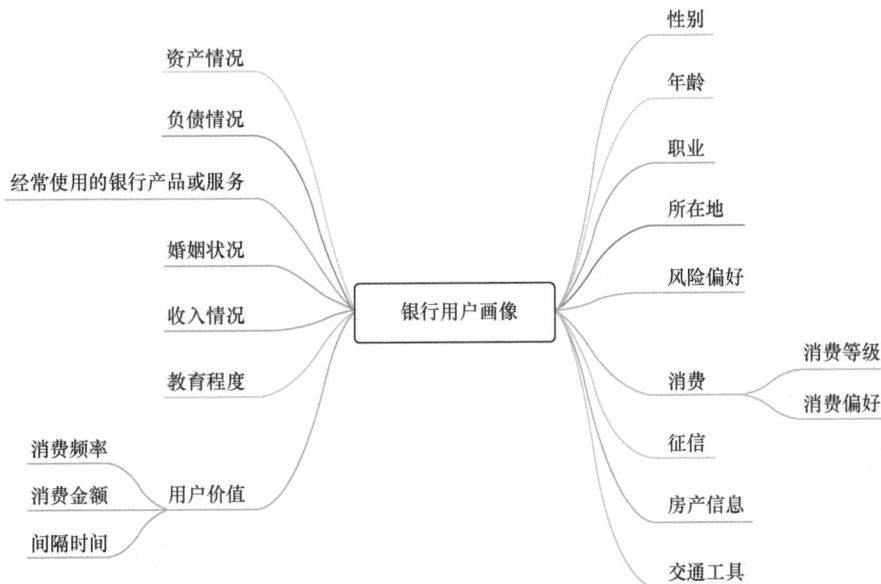

▲图 9-9　银行用户画像

有了用户画像之后，我们可以根据用户画像对用户进行分类，建立相应的客群。客群的颗粒度可以随着推荐策略进行调整。在客群范围内，做到用户的"千人千面"，可以提升推荐效率，降低推荐的维护成本。

接下来，分析"货"的因素。这里的"货"主要是银行代销或者直销的理财产品或者信贷产品。当然，除此之外，很多银行 APP 都有自己的商城，为用户提供商品购买或者积分兑换商品的服务。对于推荐策略而言，除绘制用户画像外，我们还要绘制产品画像。

对于银行产品，我们做一些简单的划分。银行产品画像如图 9-10 所示。

由于银行用户画像以及产品画像的细节内容非常多，因此这里仅展示一些主要内容。在实际工作中，银行用户画像和产品画像的整个体系是非常复杂的。

"人"和"货"都有了，我们接下来讨论银行产品中的"场"。

工薪贷
装修贷
业主贷
消费贷　信用贷款
保单贷
车主贷
教育贷
保证贷款
质押贷款　担保贷款
抵押贷款
　　　　　　　　　　贷款类型
票据贴现
1年以及1年以内
1年至5年　贷款期限
5年以上
等额本息
等额本金
按月付费到期还本　还款方式
随借随还
到期还本付息
年龄要求
资料要求　申请条件
职业要求

主题卡
学生卡
购物卡
教消卡
汽车卡
联名卡

标准
迷你
异形　卡片形态
数字

银联
MasterCard
VISA　卡组织
运通
JCB

消费
分期　卡片用途

标准
金卡
白金　等级
钻石
无限

信贷产品

信用卡

银行产品画像

理财产品

销售类型　自营
　　　　　　代销
发行机构
投资期限
产品属性
风险等级
到账时间
预期收益
币种　人民币理财
　　　　外币理财
收益获取方式　保证收益
　　　　　　　　非保证收益
投资领域　债券型
　　　　　　信托型
　　　　　　结构型

存款产品

活期
延期
定活两便
零存整取
整存整取
通知存款　提前1天
　　　　　　提前7天
存本取息
个人支票存款
教育储蓄

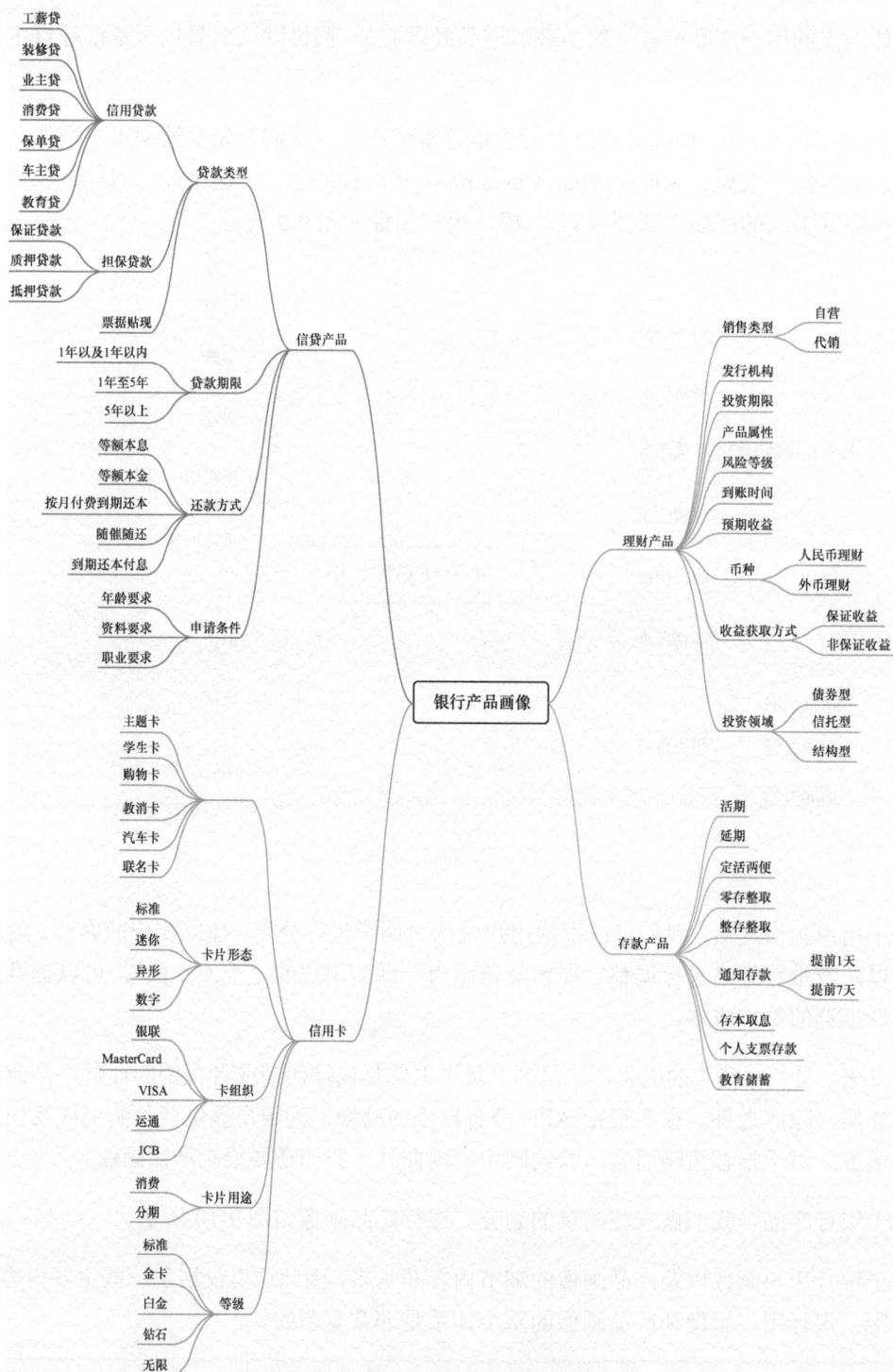

▲图 9-10　银行产品画像

如果我们通过数字化的管理，采用线上线下协同来实现智能化推荐，"场"所包含的信息就更全面。本书中所定义的推荐策略应用的场景，主要是用户在银行的 APP 中进行的相关活动。银行 APP 的用户场景如图 9-11 所示。

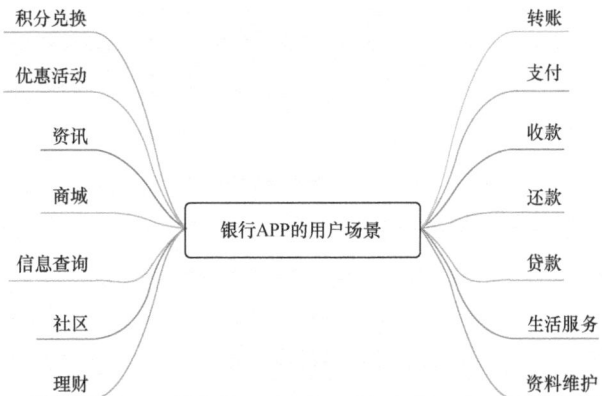

▲图 9-11　银行 APP 的用户场景

当然，每家银行的 APP 有其特色功能，在此就不逐一列举了。接下来，我们需要解决的是如何通过 APP 的这些用户场景向用户推荐满足其需求的产品。

9.2.3　如何在银行产品中使用推荐策略

首先，我们简要介绍推荐功能的核心概念。推荐功能的核心概念如下。

- 用户画像：定义用户属性，总结用户特征。

- 产品（内容）画像：对内容进行分类抽象，构建内容相关连接。

- 召回：根据用户行为生成待推荐内容。召回方式主要有热门召回、兴趣标签、基于用户协同过滤、基于内容协同过滤等。

- 排序：在召回内容的基础上，进一步对推荐内容进行权重排序。

- 推荐评价：对推荐模型与策略进行回顾与评价，从而对推荐策略与模型不断优化。

接下来，介绍银行产品推荐策略的实现流程，使读者对银行产品中推荐策略的使用有一个直观的认识。推荐流程如图 9-12 所示。

实现产品推荐功能的方式有很多，由于某些银行产品有约束条件限制，因此我们对银行产品（内容）进行画像是非常有必要的。推荐策略就是将用户画像和产品画像进行最优匹配，这样的框架具有结构化的设计，以及较高、较准确的推荐效率。

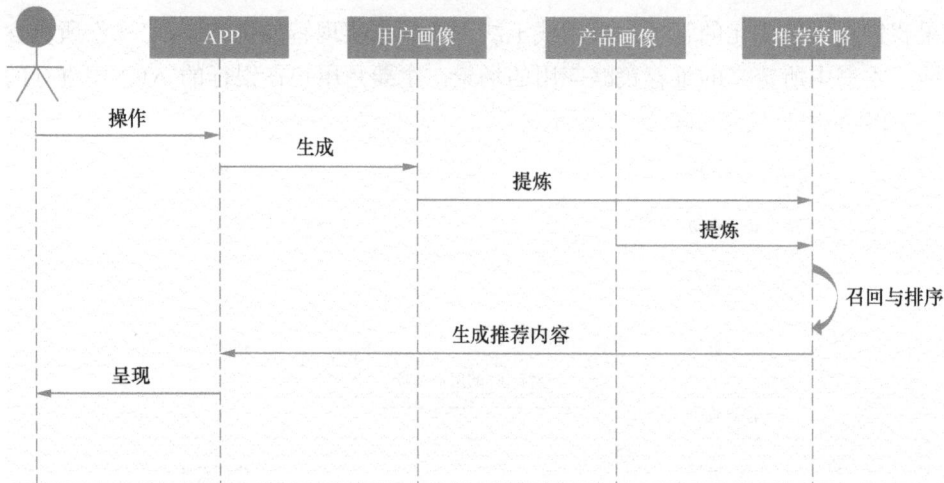

▲图 9-12　推荐流程

在电商产品中，用户购买了产品 A，电商平台向用户推荐产品 B，推荐对错其实对用户体验影响不大。但在银行产品中，你为用户推荐了一个其不具备购买资格的金融产品，用户却不能购买，这会给用户带来非常差的产品体验。

如何在银行产品中使用推荐策略？这就涉及推荐算法的选型。

目前的推荐算法一般为协同过滤推荐算法、基于内容推荐算法、混合推荐算法、基于规则的推荐以及流行度推荐算法等。本节中的银行产品推荐策略主要通过协同过滤推荐算法实现。

协同过滤推荐算法主要分为如下 4 种类型。

- 基于用户（user-based）的协同过滤推荐算法。

- 基于产品（product-based）的协同过滤推荐算法。

- 基于项目（item-based）的协同过滤推荐算法。

- 基于模型（model-based）的协同过滤推荐算法。

每一种协同过滤推荐算法有很多实现细节，由于篇幅有限，在此不展开讲解。

本章中的银行产品主要使用基于产品的协同过滤推荐算法。

基于产品的协同过滤推荐算法的主要实现思路是根据用户行为和用户画像，为用户推荐与用户历史购买产品相似且满足其购买条件的银行产品。

例如，用户在银行 APP 中购买理财产品，如果用户之前购买了某款理财产品，我们可以根据该理财产品的相关属性，为用户推荐与之相似的产品。理财产品参数矩阵如表 9-1 所示。

表 9-1　理财产品参数矩阵

产品种类	预期收益率	锁定期	风险等级
理财产品 A	5%	3 个月	R1
理财产品 B	4%	6 个月	R2
理财产品 C	3.5%	12 个月	R1

实际银行产品维度有很多，我们只需要计算用户之前购买或者浏览的银行理财产品和其他理财产品各维度之间的相似度即可，找出相似度评分最高的几个银行理财产品，即可完成推荐。产品推荐逻辑如下。

首先，计算相似度。假设 $N(a)$ 是喜欢内容 a 的用户集合，那么内容 a 和内容 b 的相似度可定义为

$$W_{ab} = \frac{|N(a) \bigcap N(b)|}{\text{Sqrt}(|N(a)\|N(b)|)}$$

然后，计算用户对内容的兴趣。被计算的内容同用户历史感兴趣内容越相似，在推荐列表中获得的排名越高。

设 P_{ua} 为用户 u 对内容 a 的兴趣，W_{ab} 是内容 a 和内容 b 的相似度，R_{ub} 是用户 u 对内容 b 的兴趣，$S(b, K)$ 是和内容 b 最相似的 K 个物品的集合，那么

$$P_{ua} = \sum_{b \in N(u) \bigcap S(b, K)} W_{ab} R_{ub}$$

另一种推荐基于相似度计算，根据用户产品的标签或者用户输入的内容与现有内容做相似度计算，从而向用户推荐相关的信息。

如果产品经理负责的推荐产品需要从 0 到 1 搭建，为了快速实现产品功能，采用基础的相似度检测算法。例如，采用字符串相似度比较算法。

使用的公式如下。

$$d = \frac{1}{3}\left(\frac{m}{|s_1|} + \frac{m}{|s_2|} + \frac{m-t}{m}\right)$$

式中，m 是两个字符串中相互匹配的字符数量；$|s_1|$ 和 $|s_2|$ 表示两个字符串的长度（字符数量）；t 是换位数量。

通过推荐策略完成推荐内容计算的最后一步就是向用户呈现推荐结果。产品推荐呈现方式如图 9-13 所示。

▲图 9-13　产品推荐呈现方式

在银行 APP 中，我们可以根据用户操作习惯和使用场景，采取以上的某种推荐呈现形式。例如，用户在搜索某个理财产品时，我们可以在搜索结果中向用户推荐其喜欢的理财产品。在用户搜索结果为空时，这样的推荐尤其重要，因为如果用户搜索不到结果，往往会感觉到失落，觉得 APP 中的内容太少。如果在没有搜索结果的情况下为用户推荐近似的内容，用户往往会有一种"被关怀"的感觉。

另外，当用户在对某些理财产品拿不定主意的时候，银行 APP 可以为用户推荐适合用户的产品，促进交易达成。对于推荐策略最终的呈现方式，在构建银行 APP 时，进行相应呈现位置的预留，这样在满足用户需求的同时，我们可以根据"埋点"进行数据追踪以及最后的转化率分析，以便更好地对推荐策略进行调优。

"一千个读者心中有一千个哈姆雷特"，推荐策略也是如此。对于不同的产品应用场景、不同的产品风格、不同的产品用户，有不同的推荐策略的构建方式。在实际工作中，银行产品的推荐策略是各种模型与规则的集合，是一个非常庞大的系统。

本节介绍的只是推荐策略在银行产品中应用得非常少的一个知识点，但涉及基础的理论知识和算法。

9.3　知识图谱

另一个与人工智能关联度比较高的功能体系是知识图谱。最早，知识图谱是谷歌为了优化搜索引擎提出的一套理论体系，如今知识图谱已经广泛应用于各种智能场景。例如，在金融领域反欺诈的应用，若我们发现两个不同的信贷用户使用的竟是同一个手机号，我们可进一步深挖原因，避免欺诈情况发生。

在人工智能 NLP 中，知识图谱常用于实体统一。正常的 NLP 如果没有特殊配置，计算机一定不理解"ICBC"指的是"中国工商银行"。通过知识图谱可将"ICBC"都统一为"中国工商银行"。

另外，知识图谱在指代消解中的应用，可增加计算机对文本理解的准确率。知识图谱适用的领域非常多，在此就不列举了。

本节主要讨论通过将知识图谱应用在内容类产品中，从而提高内容类产品的品质，进而提升客户满意度。

9.3.1 痛点与现状

在信息时代，我们每时每刻都会接收大量信息。当我们在搜索引擎或者内容类应用中查看信息时，往往会有许多与我们不相关的信息。有些信息往往是通过各种方式拼凑的，最后呈现给用户的信息虽然很多，但通常毫无价值，反而提升了用户的检索成本。

当我们搜索想要的信息时，往往会看见大量过于分散且不成体系的信息。我们需要一个平台，用于给我们提供纯净、权威的信息。

市场上内容类的产品应用很多，几乎每个领域都有其核心内容供应商。通常内容创造主要分为以下几类。

- 职业生产内容（Occupationally Generated Content，OGC）。

- 专业人士输出内容（Professional Generated Content，PGC）。

- 用户输出内容（User Generated Content，UGC）。

一般 OGC 和 PGC 生成的内容品质较高，但内容较少；依赖 UGC 可以短时间内产生大量内容，但内容的品质不能保证。过多的垃圾内容会降低内容平台的权威性。

如何在提高内容数量的同时，又不影响内容的品质？这是内容类产品必须考虑的一个问题。

9.3.2 知识图谱如何应用于内容类产品

如果你是内容类产品的产品经理，需要制定一个关于你所负责的内容类产品的北极星指标，你会怎么制定？

是产品的日活跃用户（Daily Active User，DAU）、月活跃用户（Monthly Active User，MAU）还是平均每付费用户贡献的收入（Average Revenue Per Paying User，ARPPU）？

这些指标其实都可以人为干预。就像是公交车总公司要求提升乘客上座率，结果公交车分公司为了提升上座率减少公交车的座位数一样，指标达到了，但没解决本质问题。

好的产品一定不是通过控制指标实现的，我们要发现本质的问题，解决核心的问题。对于内容类产品而言，内容质量提升了，用户在第一时间能找出他们需要的信息，觉得产品的整个使用过程简洁、流畅，这就可以了。

所以内容类产品的北极星指标应该设定为提升内容品质、增加优质内容数量。

内容品质上去了，优质内容多了，浏览量自然就提高了。

如何提升内容类产品的品质？主要有以下 3 点。

- 平台的内容不能重复。很明显，用户到一个平台中，如果看到的都是一些重复的内容，肯定对这个平台的印象很差，就很难对平台产生信任，更不用说将平台推荐给其他人了。

- 平台的内容要精准。内容类产品的内容是其产品核心的竞争力，其内容要确保权威性。要做到当用户从平台向别人分享某些信息时，可以很自信地说"内容源自××平台"。这就要求平台上的内容要很精准。

- 平台的内容要方便用户获取。用户需要某些信息时，平台可以很快速地响应用户的诉求，节省用户信息检索成本。

一般 OGC 和 PGC 的内容会由专门的人员进行校对和审核，而对 UGC 的内容平台往往没有非常多的人力去做这件事。目前内容类平台往往基于 AI 技术（主要是 NLP 技术），主要对非法内容进行审核。

在人工智能产品中，我们以数据输入、知识抽取、知识融合与计算为框架实现知识图谱产品功能。知识图谱产品框架如图 9-14 所示。

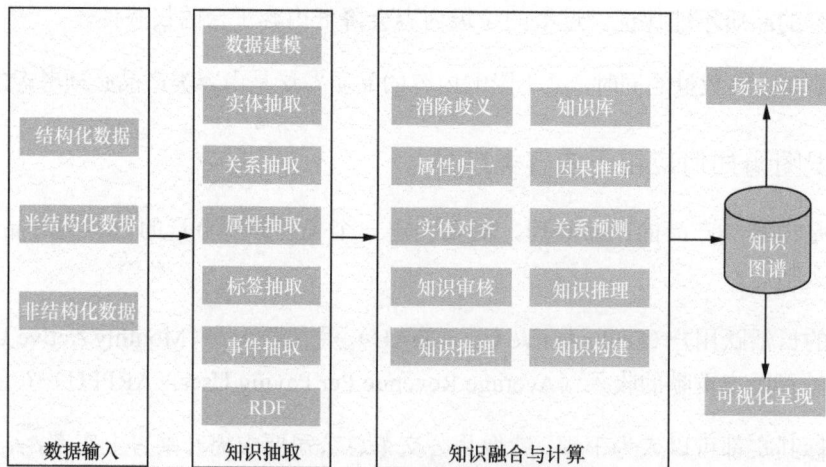

▲图 9-14　知识图谱产品框架

在人工智能产品中对内容品质进行智能化管理，使之不冗余、准确且易获取，需要用到知识图谱框架来实现。

首先，对用户发表的内容进行数据转换与统一。因为用户输入的内容可能是文字、声音或者视频等，所以需要把不同结构的数据统一转换成结构化数据。

其次，对转换与统一的数据进行数据建模，并进行知识抽取，生成基本的知识体系，为后续的知识融合与计算奠定基础。

再次，进行知识融合与计算。这一步是知识图谱在内容类产品中的应用关键。在这个步骤中，我们可以发现平台内冗余的信息。

例如，某一个用户发表介绍月球的内容，有如下知识图谱信息（使用 JSON 表示）：

```
{"实体名称":"月球", "实体信息":[{"英文名称":"moon"},{"分类":"卫星"},{"公转周期":
"约27.32天"},]}
```

如果另一个用户发表的内容抽象出来的知识图谱信息和该用户的知识图谱信息是一样的，我们基本可以判断这是冗余信息。只不过我们可以通过设定知识图谱的权重进一步为内容打分。

在正常情况下，用户检索内容时希望获得答案。比如，用户问："月亮的公转周期是多少？"我们只需要给用户提供结果"约27.32天"就可以。

在这个知识融合的过程，通过知识图谱可以发现异常与错误的内容。例如，在知识图谱中我们已经定义地球是圆的，突然出来用户的文章，说地球是方的。这两个内容，抽象出的"地球-形状-圆形"与"地球-形状-方形"有明显的不一致，就可以快速发现异常信息。经过人工与计算机 AI 进一步对内容的处理，可将优质的信息上浮，使劣质的信息下沉或消亡。

最后，就是知识图谱的呈现。

用户希望在平台获得某些内容时，我们除直接为用户提供其需要的答案外，还可以通过知识图谱将结果内容进行关联化展示，使用户清晰地了解内容以及答案的来龙去脉与因果关系，在内容的广度和深度服务于用户。

内容本身就是一个虚拟世界，虚拟的世界也是世界。内容平台的内容本身也像宇宙一样，浩瀚无边。虽然互联网是开放的，但是我们不能因为开放而放弃对高品质内容的追求。正是因为开放，我们更要有一种机制来促使这个社区健康有序发展。

人工智能中的知识图谱是内容平台中的一种隐形的规则，用于确保在内容平台中每个参与者所提供内容的高品质性。

第五部分

第 10 章　融会贯通——产品趋势探索

产品经理在看产品时，看得见、摸得着的产品仅是表象。复合型产品经理要更关注那些隐藏在产品背后的细节，突破思维限制，直达产品本质。

本章更侧重于对产品本质的发掘，以帮助读者建立更高维度的产品视角，达到融会贯通的效果。

10.1　区块链在金融领域的应用

金融领域的很多产品创新与区块链技术的应用有关。大多数读者是先了解比特币然后才了解区块链的。事实上，比特币只是区块链体系中非常小的应用而已。

区块链用到的技术并不新颖，是基于公钥、私钥这些密码学知识的。区块链的去中心化理念是非常先进的。

区块链是真正的自我组织、自我激励以及自我监管的处于"失控"的一种方式。就像凯文·凯利（Kevin Kelly）在其《失控》一书中描述的那样，蜂群看似没有统一管理或处于失控状态，但蜂群间的相互协作那么高效、有序。

区块链的精彩之处在于，它改变的不是生产力，而是生产关系。在管理学中，管理的最高境界就是"无为而治"。区块链恰恰能满足这样的要求，这种去中心化的模式将来会释放出巨大的能量。区块链可以应用到各个领域。本节讨论区块链在金融领域的应用。

10.1.1　金融信任

消费者市场中普遍存在的一个痛点是信任问题。以某大闸蟹为例，很多商家会把普通蟹拿到湖里"洗澡"再冒充某大闸蟹来卖好价钱，导致消费者对产地是某地的大闸蟹并不信任。所以，出现了"劣币驱逐良币"现象。在有机农业中，生态鸡等原本是很好的产品，但假货的存在使得好的产品反而不被消费者认可。根本原因就是信任问题。

金融同样存在这种问题。目前部分理财平台出的问题使得读者接触理财产品时始终小心翼翼。

第三方中介也不是完全可信的。如何解决这个问题？区块链可以很好地解决这个问题。以区块链为基础，构建智能合约，通过智能合约解决彼此的信任问题，保障资金安全。

10.1.2　股票与分红

对于股票市场来说，最大的痛点是什么？信息不对称——机构和散户之间的信息是不对称的。而股票的任何变动都在区块链上进行展示，任何人（不论是机构还是散户）都可以看到股票的变动情况，信息变得更加透明、更加对称。

另外，股票的分红流程比较烦琐，也存在公司的信任问题。目前上市公司的履约主要依赖监管。如果我们采用区块链将股票分红写成智能合约，达到某种盈利则自动派发红利，就相对简单了很多。

智能合约的伪代码如下。

```
分红=上市公司报告.get("股东权益")
if(分红>0)
pay 每股分红 to 每股股票持有者
```

10.1.3　期货与外汇

期货和外汇比较相似,在此一并讨论。期货与外汇对投资者来说最大的痛点是什么？某些期货和外汇平台不是很正规，存在变更投资者的委托下单现象。

利用区块链，我们可以解决这个痛点，而并不依赖中心节点的平台。同时，由于去中心化，因此投资者的操作安全性、合规性会大幅提高，平台方的运营成本也会大幅降低。同样，在信息时代，IT 和信息安全的基础设施投入必不可少，基于区块链设施的投入和运营成本会大幅降低，而交易的稳定性会大幅提升。

智能合约的伪代码如下。

```
标的期货报价=上期所报价.get("标的期货")
Pay 期权费 to Seller
if( 当前日期 >=到期日 and 标的期货>设定值)
内在价格=标的期货报价-设定值
pay 内在价值 to Buyer
```

10.1.4　保险与理赔

对于保险和理赔来说，保险人和被保险人有什么痛点呢？保险人关注的是成本，而被保险人关注的是理赔效率。如果理赔金额比较大，对于保险公司来说，单位成本相对较低，而那些理赔金额小且频次高的保险产品的理赔的成本就很高。

例如，每单飞机延误险的价格不高，理赔的金额也不大。如果为了几百块钱，即使保险人和被保险人在上面花费 1 小时，成本也很高。使用区块链可以很好地解决这个痛点。我们在区块链上建立一个智能合约，满足条件当即触发赔付，赔付即交收。对于保险人来说，被保险人投保合约即创建，条件生效即理赔。

保险公司几乎不用刻意关注这件事，运营成本将大幅降低。而对于被保险人，满足保险理赔条件则可以立刻得到赔付。保险公司的赔付效率将有质的飞跃，客户满意度将大幅提升。

智能合约的伪代码如下。

```
航班起飞时间=机场.get(航班号)
pay 50 to 保险公司
if(航班起飞时间-预期时间>设定的小时）
pay 500 to 被保险人
```

10.1.5　汇款与清算

国际金融流通必不可少，而跨国转账一般会在 1～2 个工作日内审核，审核通过之后会在 3～5 个工作日内到账。对于金融机构来说，国际汇款所使用的时间、成本都比较高。而使用区块链，世界各大银行之间的跨行汇款会变得非常高效。

使用区块链进行汇款，从发起、审核到最终确认，只需要 1～2 小时。或许读者会觉得 1～2 小时还有些长，但和 3~5 个工作日相比，这有质的提升。对于金融机构，不用投入大量的 IT 基础设施，投入和运营成本会大幅下降。

传统的金融机构间的清算比较复杂。国内清算流程一般是"先横后直"，银行收到款项后，向分行和支行划拨。国际汇款还要经过环球同业银行金融电信协会、经过多个节点，而且机构间的对账流程比较复杂。区块链汇款的特点是交易即清算，金融机构间的清算成本会大幅降低。对于汇款人来讲，汇款成本也大幅降低。

区块链汇款的伪代码如下。

汇款人 pay 汇款金额 to 汇款接收人

10.1.6　债权回购

金融机构经常会向资本市场进行一定的投资，从而获得一定数量的债权。投资分为多种，有集合投资，也有单一投资，往往也会分优劣。为了保护投资者的利益，就要设定一定的债权回购条件。一旦满足债权回购条件，被投资方就要启动债权回购流程。

目前的债权回购流程非常复杂，往往要经过投资方和被投资方的确认，如果涉及多个投资方，还要多方确认。沟通成本高，流程复杂，效率低下。而若使用区块链，我们把需要的债权回购约定提前写入智能合约，满足条件自动触发，就能很好解决投资方和被投资方的痛点。

10.1.7　反洗钱

由于区块链上的账簿是分布式账簿，因此区块链上的交易透明、公开、不可更改，对于监管方来说，监管变得更加方便。

目前监管部门的反洗线监管需要各金融机构向监管部门提供交易数据和交易报表，有可能存在交易瞒报或漏报的问题。使用区块链可以很好地解决这个问题。金融机构与监管部门之间的沟通成本也会大幅降低，你甚至不用刻意关注这件事。

本节结合常见的金融场景对区块链应用展开讨论。区块链在金融领域中应用的方向有很多，本节希望能给读者提供一定的参考。区块链在金融领域应用的细分还需要深入研究。虽然元宇宙中区块链的应用领域比较多，但是其目前存在一定的缺陷。

- 区块链的能耗问题。由于区块链是分布式的，因此它不得不利用很多计算机进行计算。

- 交易需要同步各个节点并且需要得到节点的确认，这就会导致区块链上的交易确认会比较慢（同中心化的交易相比，例如，支付宝内用户的相互转账交易）。

- 由于"去中心化"，因此交易几乎是不可逆的。

一种新思维和新理念不可能是完美的。对于区块链来说，去中心化也并不是一定要替代中心化。恰恰相反，去中心化是对中心化的补充。如同线上购物和线下购物场景都可满足消费者的需求。随着技术的进步，区块链会有更好的发展与应用，能一定程度上解决现实中所存在的一些问题，同中心化的应用相辅相成。

10.2　银行 4.0 产品场景探索

畅销书作家兼金融机构资深顾问布雷特·金（Brett King）在他的"银行 X.0"系列丛书中将银行的发展阶段划分为银行 1.0、银行 2.0、银行 3.0 和银行 4.0。此处简要介绍银行发展的 4 个阶段。

银行发展的 4 个阶段如图 10-1 所示。

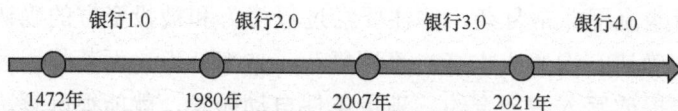

▲图 10-1　银行发展的 4 个阶段

基于银行 4.0，未来的银行产品应如何定义与创新，这是我们需要思考的问题。

10.2.1　银行产品的本质

谈到产品的本质，我们先简单分析目前读者比较熟悉的奇虎 360 和腾讯产品的模式。

奇虎 360 的很多产品（包括杀毒软件）是免费的，奇虎 360 靠什么获得收益呢？我们通过分析奇虎 360 2022 年一季度的财报可以获知，互联网服务收入是奇虎 360 的第一大收入来源，而这些互联网服务包括在线营销服务、搜索引擎转介服务、互联网增值服务等。

虽然奇虎 360 的很多产品是免费的，但这些免费的产品最终将用户引到了广告导航、游戏以及金融贷款，让奇虎 360 通过广告分成、游戏收益以及金融服务费获得收益。

腾讯的很多产品（包括微信、QQ）都是免费的。我们分析腾讯 2021 年的年报可以获知，腾讯的营收主要来源是广告业务、网络游戏、金融科技服务及云服务。这也说明，腾讯通过免费产品获得流量只是表象，本质上这些免费产品服务于隐藏在其背后的付费产品。

银行的业务主要是负债业务、资产业务和中间业务。负债业务通常来说就是吸收存款，获得低成本的资金；资产业务和中间业务可创造收入。贷款业务是资产业务中很重要的一项，我国商业银行最主要的收入来源是贷款业务。很明显，银行利润的主要来源是存贷的利息差。通俗地讲，银行产品的本质便是吸引更多客户的存款，吸引更多优质的客户为其提供贷款。

既然银行赚取利息差，那么其价值到底在哪里？

用一个故事举例说明。

一位游客去一家小镇的旅馆，拿 500 元付给店主挑了个房间。他上楼时，店主拿这 500 元给屠户支付了欠的肉钱。屠夫去农户那还了肉钱，农户去饲料商那里还了饲料款，饲料商又回到旅馆还了之前欠的房钱。这 500 元又到店主手里。过了一会儿游客认为房间不合适，店主退还了这位游客的 500 元。表面上似乎没什么变化，但全镇的这几个人的债务都还清了。

银行的价值在于提升社会资金流动率，从一定程度为资金需求方提供流动性，从而解决一些需求方的实际问题。资金需求方对资金的需求是多样的，有些需求方比较急，要求放款速度快，但愿意承受较高利率；有些需求方需要的资金数额大，但并不是特别急，且希望获得较低利率。但归根到底，都需要钱。

从银行 1.0 到目前的银行 4.0，银行产品的本质从未发生过变化。如何更能提供满足客户需要的银行产品才是关键。

10.2.2　银行产品的定位

如果现在让读者快速说出做得比较不错的银行的名字和产品，读者脑海中会闪现出哪些银行，又会闪现出这些银行的哪些产品？如果各银行产品之间同质化程度较高，则客户行为便呈现出一定的随机性。我国金融市场中银行间的竞争也会变得更加激烈。没有特点的银行和银行产品会逐步降低客户黏性，从而失去市场。

客户心智是银行产品定位的核心价值。

你的产品想为什么样的客户服务？你的产品想为哪些客户留下哪些印象？借助 SWOT 分析来明确产品定位。SWOT 分析框架如图 10-2 所示。

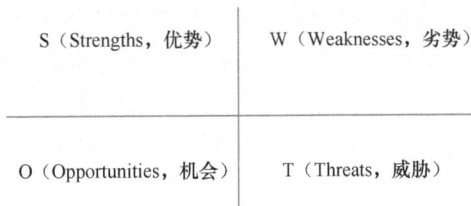

S（Strengths，优势）	W（Weaknesses，劣势）
O（Opportunities，机会）	T（Threats，威胁）

▲图 10-2　SWOT 分析框架

每家银行都有特有的渠道。银行的定位不同，产品风格也会有所不同。所以在银行 4.0 时代，银行产品首先要找准自己的定位。

10.2.3　银行产品的模式

认清银行产品的本质，明确了产品定位，在银行 4.0 时代，对于银行产品的模式，我们也就有了明确方向，无非是什么样的产品可以吸引到客户的资金，还是如何才能获得更优质的资产。资产质量的好与坏决定着金融业务的成与败。

请看一个简单的公式：

银行利润=银行发放贷款收入−银行利息支出−坏账−运营成本

在开展业务时，银行往往更加注重贷款的获客数量，认为只要客户数足够大，即使有坏账，坏账率也不会显得太高。由于传统的销售报销统计较笼统，在风险披露方面存在严重的时滞。但是，如果以按账龄（Month of Book，MoB）的 Vintage（葡萄酒的酝酿年份）分析方法进行分析，就不得不更多地关注资产质量。

而我们之前为客户提供支持各种银行业务的手机银行 APP，为用户提供增值服务，开展各种营销活动，目的是获得更多客户，增强客户黏性，从而将客户转化为存款客户或者贷款客户。虽然新技术的应用在提升银行获客数、节省银行运营成本方面带来了一定的效果，但是对于客户质量的甄别以及客户行为的深层次认知仍然存在一定的滞后。

对于银行 4.0 时代的银行产品，我们需要更关注的是，究竟我们能为客户提供什么样的服务，从而同客户建立长久的信任关系。虽然移动化解决了之前客户使用银行业务不便捷的痛点，但是银行仍然较被动。用户需要转账，打开银行 APP；用户需要查账还款，打开银行 APP；用户需要贷款，打开银行 APP；银行需要理财，打开银行 APP。似乎银行产品嵌入用户生活的深度还不够。因此，银行 4.0 时代的银行产品的表面定义是嵌入生活的智能银行服务，但其实需要打造金融生态。

现在很多产品很重视平台、生态，如除手机之外，小米公司还有很多家电和智能穿戴产品，这些产品都可在小米的平台上连接。除空调之外，格力公司也有很多智能家居产品。目前有很多科技公司、软件公司都在做平台化、生态化的产品，银行也需要销售手机，和小米、华为竞争吗？完全没有必要。对于这些专业领域的平台生态，相关的公司已经很专业了。银行产品需要做的是"平台上的平台"，通过与这些专业的平台合作，从而实现共赢。银行平台产品的结构如图 10-3 所示。

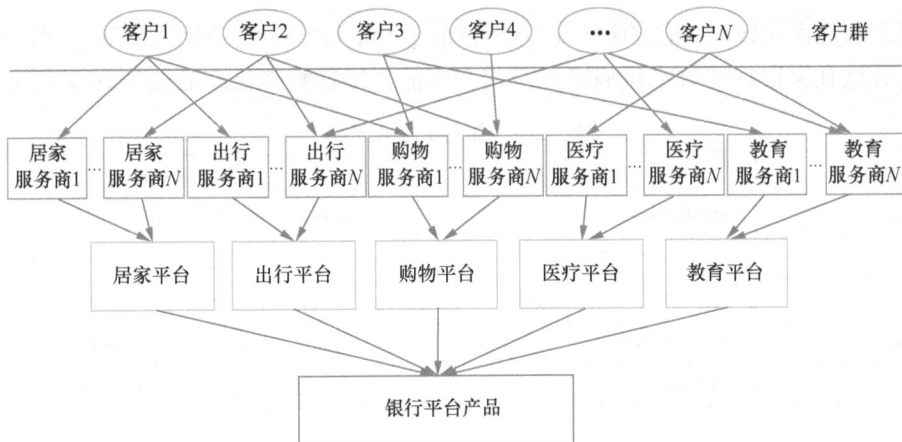

▲图 10-3 银行平台产品的结构

银行产品回归银行产品本质。以智能电动牙刷这个微小的产品为例，银行无须推出一款智能电动牙刷来获得客户流量，而是与智能电动牙刷生产厂商合作，定制银行与智能电动牙刷的联合产品，共享用户数据，联合为客户提供服务。这就对银行的数字化经营水平、渠道整合能力和软件开发实力要求非常高。更重要的是，需要有这种独特视角的产品经理与产品理念。

10.3 银行 4.0 产品发展对策

读者直观的感觉可能是我们目前处于银行 3.0 时代，"智能手机+各银行 APP"，随时随地转账、支付、购买理财，在线办理贷款。

我们不禁会问银行 4.0 时代真的到来了吗？银行 4.0 时代的银行产品数字化会如何发展？

本节会先介绍银行数字化发展的现状，目前银行的数字化产品发展所面临的问题，并对目前银行数字化发展所面临的问题进行剖析，从而给出银行 4.0 时代银行产品数字化发展的对策。

10.3.1 银行产品数字化发展现状

趋势是人们无法阻挡的。各大银行早已开始数字化转型。

我们选取几家比较有特色的银行，分析目前这些银行产品数字化发展的现状，以方便读者直观查看这几家银行的数字化战略以及代表产品。银行数字化产品如表10-1所示。

表 10-1　银行数字化产品

银行	数字化战略	数字化发展的代表产品
中国工商银行	信息化银行	手机银行、工银融 e 行
中国建设银行	构建数字化生态体系	手机银行、龙支付
中国银行	科技引领数字化发展战略	手机银行、中国银行 5G 智能+
中国农业银行	"iABC"战略	手机银行、农银 e 贷、农银智慧+
招商银行	金融科技银行	手机银行、掌上生活、U-Bank X

接下来，介绍这几家银行的产品数字化发展现状。

1. 中国工商银行

中国工商银行提到了"实施信息化银行、零售金融、对公金融、大资管与综合化、国际化等五大领域的创新转型"，目前工行正全力推进智慧银行生态系统（ECOS）建设，未来将持续加大对金融科技的投入。

其数字化战略的发展对策主要是通过建立工银科技，成立金融科技研究院以及推出 ECOS 1.0，从而支持银行产品数字化发展。其实早在 2014 年，中国工商银行就启动了 IT 架构转型项目，旨在利用新技术、主机与平台的双结合架构、通过数据架构、应用架构和技术架构共同突破。科技、人才、经验的积累为中国工商银行在银行 4.0 时代的银行产品数字化发展提供了支撑。

2. 中国建设银行

中国建设银行提出了金融科技战略，通过成立建信金科实现银行组织灵活转型和人才发展上的突破，从而加速数字化转型。成立建信金融科技公司，服务金融科技，并聚焦于 ABCDMIX，其中每个字母的含义如下。

- A（Artificial Intelligence）表示人工智能。

- B（Blockchain）表示区块链。

- C（Cloud Computing）表示云计算。

- D（Big Data）表示大数据。

- M（Mobile Computing）表示移动计算。

- I（Internet of Things）表示物联网。

- X 代表前沿技术。

中国建设银行以"构建数字化银行生态体系"为数字化转型方向，提出了"TOP+"的金融科技战略。其中每个字母和符号的含义如下。

- T（Technology）：科技驱动，以技术和数据构成双要素，双轮驱动金融创新。

- O（Open）：能力开放，将集团的功能和数据以服务方式向社会开放，打造建设银行应用商店（CCB Store）。

- P（Platform）：平台生态，构建平台，连接平台，共同构建用户生态。

- +："鼓励创新、包容创新"的机制和文化，实现面向未来的可持续发展。

中国建设银行通过银行产品"智能班克"，运用互联网思维和金融科技，采用数字化客户交互方式，从而打造出新型智能金融服务。"龙支付"这款银行产品是运用互联网思维、围绕用户体验推出的统一支付品牌产品，整合了现有网络支付、移动支付，从而打通 C2C、C2B、B2C 各种支付场景，实现银行产品数字化发展。

3. 中国银行

中国银行正式发布了以"1234-28"为核心框架的《科技引领数字化发展战略》，目标是打造科技创新引领能力，全面实现数字化转型。中国银行通过不断加大在信息科技的投入，持续推动数字化转型，坚持科技引领、创新驱动，加快打造场景生态丰富、线上线下协同、用户体验极致、产品创新灵活、运营管理高效、风险控制智能的数字化银行。

在金融产品上，中国银行依托 5G 技术、大数据、人工智能等，建设"5G 智能＋"系列品牌网点。比较具有代表性的是其在北京推出的"中国银行 5G 智能＋生活馆"，以及在天津推出的"中国银行 5G 智能＋民生馆"。

在信息系统建设方面，中国银行实现了全球系统版本统一、集中部署和一体化运营，建成了私有云、大数据、人工智能三大平台，上线了中银慧投、智能客服、智能风控、量化交易等银行产品，实现了银行产品数字化发展。

4. 中国农业银行

中国农业银行提出了"iABC"信息科技战略，从而实现银行产品数字化发展。"iABC"旨在表达智慧（intelligent）的农业银行、我（i）的农业银行、融合（integrated）的农业银行、科技助力（impetus）的农业银行"。农业银行的数字化发展主要通过"七大技术、五大支柱、六大中台、两大保障"实现。

- "七大技术"：从大数据服务体系、云计算技术能力、人工智能基础能力、分布式架构研发和应用、区块链技术创新、信息安全技术实力、网络技术创新力度这 7 个维度出发，加强金融科技基础能力建设。

- "五大支柱"：围绕数字化转型开局破题阶段的重点项目，以用户为中心，赋能产品、场景、数据、风控、渠道五大业务领域，助推业务转型升级。

- "六大中台"：打造好数据、信贷、开放银行、零售营销、对公营销和运营六大中台。

- "两大保障"：保障安全生产、信息安全。从组织架构、管理机制、管控流程、合规体系、人才队伍建设五大方面不断优化 IT 治理架构，优化 IT 生产关系，保障全行信息化建设。

5. 招商银行

招商银行则明确了"金融科技银行"的战略定位。在基础设施、IT 与业务融合、创新机制建设、人才结构转型 4 个方面全面对标金融科技公司，借助金融科技实现领先市场的"客户体验"，打造"最佳客户体验银行"。实施"移动优先"战略，加大投入。通过招商银行 APP 和掌上生活 APP 实现银行产品数字化发展。通过构建全产品、全渠道、全客群服务体系，打造金融科技银行。

10.3.2　银行产品数字化发展所面临的问题

银行实现数字化是达到银行 4.0 目标的前提。各大银行虽然目前都在进行数字化转型，但是银行传统的基因使得银行在数字化发展过程中会面临许多问题。本节分析目前银行产品数字化所面临的问题。

1. 银行数字化产品同质化严重、没有特色

目前各大银行都在进行数字化转型，而我们用各家银行的 APP 时，会不会发现每家银行的 APP 都差不多？里面提供的金融产品也差不多？如果让读者说一个比较有特色的银行产品，读者会瞬间想到哪家银行的产品？

不得不说，银行产品同质化是目前各银行数字化转型和发展面临的最显著的问题。目前我国银行数字化发展中，经常提到的几个词是"ABCD"，它们分别表示人工智能（AI）、区块链

（Blockchain）、云计算（Cloud computing）、大数据（Big Data）。

许多产品经理并没有理解到运用这些技术的作用是什么，更多的是套用概念，感觉所做的产品和这些词沾上边就显得高端，从而可以很好地向上级汇报工作，并没有真正从客户的角度出发。

如果真的要解决客户的痛点，我们有更经济、更快速的方式。现实中，的确存在假装为了解决客户问题而设计的产品，它们套用一些高深的概念，看似非常"创新"，最终除花费了银行很多时间和金钱外，毫无任何建树。

数字化产品需要创新，而创新通常意味着技术的投入和流程的变革，会遇到各方面的阻力。即使是同一个部门内，不同人的价值观、经验和认知也各不相同。很多人缺少试错的勇气，产品经理不敢大胆创新。效仿别的银行已经上线的产品是保险的做法。缺少必要的创新土壤，就很难有创新的产品。银行产品同质化严重、没有特色，是银行数字化发展面临的问题。

2. 银行数字化产品管理模式比较传统

以前在银行项目中，往往要经过项目论证、可行性分析、项目框架设计、制定项目实施计划、创建工作分解结构（Work Breakdown Structure，WBS），一个项目从开始立项到最后投产需投入大量的人力、物力、财力。近年来，随着银行产品的数字化转型和发展，传统管理模式已经不能满足银行数字化发展的需求。以前各银行很少提到数字化产品概念，也没有产品经理这个岗位。

虽然近年来各家银行逐渐互联网化，也设置了产品经理的岗位，但是管理模式仍然传统，产品经理往往扮演的是需求分析师的角色，对数字化金融产品并没有太多的话语权。在数字化产品设计和实现上，往往也由技术人员主导。在现实工作中，需求评审会往往要求各系统的研发人员、测试人员到场，而到了设计与测试用例评审阶段，又会涉及很多参会人员，沟通成本非常高。

在实际工作过程中，产品经理所面临的问题更像下面这种情形。

有 3 个人，一个负责挖坑，一个负责栽树，一个负责填坑，流程分工明确，看似会高效。有一天栽树的人请假了，负责挖坑的人还按部就班地挖坑，填坑的人还按部就班地填坑，看似他们都完成了自己的任务，但实际上树没栽。这是一个故事，但在实际工作中其实已经发生过太多类似的事情。

随着银行数字化产品的发展越来越互联网化，银行的工作模式越来越像互联网公司，工作节奏比较快，但工作效率没有明显提升。即使引入了所谓的敏捷管理，用了敏捷管理软件，管理的思维模式也没有改变。这就导致团队很辛苦，但产品经理并没有得到显著的满足感和成就感，工作效率也并没有显著提升。数字化产品的团队的工作让人感觉不像是知识密集型的，而是劳动密集型的。银行数字化产品管理模式比较传统也是银行数字化发展面临的问题。

10.3.3　银行产品数字化发展对策

我们提出问题、分析问题的根本目的是解决问题。既然我们已经知道了问题所在，接下来就需要对症下药，思考银行产品数字化发展对策有哪些。

我们在银行 4.0 时代要回到金融服务的本质，了解客户真正需求。

银行 4.0 时代的银行数字化产品会有如下场景：你可以随时对着家里的智能音箱用语音下单、支付完成购物；你到一家汽车 4S 店，试乘试驾完成之后，你所佩戴的智能眼镜会给出购买建议，如果你需要购买这辆车，还会给出专业的金融方案。要想满足银行 4.0 时代的客户需求，要依赖卓越的银行数字化金融产品。制定银行产品数字化发展对策，可以从以下几个方面进行思考。

1. 构建数字化的组织结构和管理模式

在传统的项目管理理论中，将矩阵型组织结构分为弱矩阵组织结构、平衡型矩阵组织结构和强矩阵组织结构。目前大多数银行的项目实施组织结构常为矩阵型。传统项目型产品组织结构如图 10-4 所示。

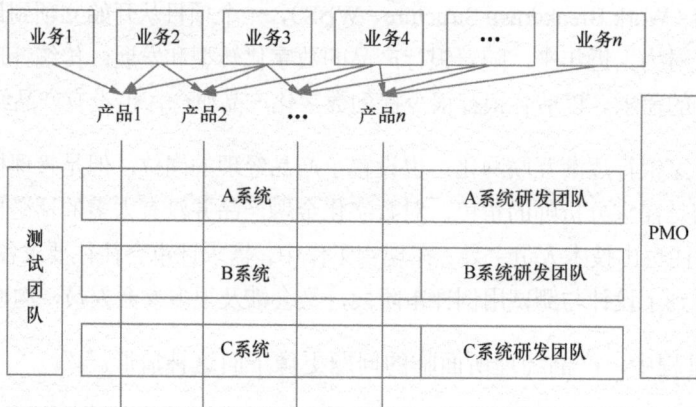

▲图 10-4　传统项目型产品组织结构

产品加系统开发团队的模式是传统项目开发模式和互联网开发模式相结合的产物。银行单个系统往往比较庞大。

在银行 3.0 时代，银行在向互联网转型，原来的需求分析师变成了产品经理的角色。但大部分产品经理做的仍然是原来需求分析师的工作，产品的需求往往来自业务，产品经理仅是业务需求和技术实现之间的纽带。在管理上仍然采用传统的项目管理模式。采用传统的项目管理模式没问题，因为毕竟银行的系统很大，会牵一发而动全身。

在银行 4.0 时代，这种模式远远不能满足银行数字化产品的需要。产品经理跟着产品线走，而产品线往往跨多个系统。相信产品经理在实际工作中会发现，和不同业务的工作人员聊完需求后，编写了 PRD，要进行需求评审就需要把涉及系统的 A、B、C 系统研发团队和测试都加入需求评审会议中来。由于前期研发人员也并不知道需求大小和分工，因此在全员参加后，再由技术经理或者项目管理办公室（Project Management Officer，PMO）进行开发资源分配。

之后，第 2 个产品经理负责的产品线也需要需求评审，这样的过程还要再经历一次。同样，还有第 3 个产品经理、第 4 个产品经理……需求评审完成，不同团队进行技术设计，测试团队分配测试任务，之后的设计评审和测试用例评审又要分别进行一次沟通会议。这是非常耗费时间的。

社会心理学中有个"150 法则"，简而言之就是当一个组织的规模超过 150 人时，组织成员之间的沟通就开始存在问题，层级之间的界限开始明确。

以上这种模式不仅沟通成本高、效率低，而且整个产品线的产品是否能顺利上线取决于涉及的所有系统是否都能排上期。很有可能系统 A 团队和系统 B 团队的开发任务排期后，涉及的系统 C 没有排上，出现"木桶效应"，不能快速、高效满足银行 4.0 时代的需求。因此，我们要构建数字化的组织结构和管理模式。数字化产品组织和管理结构如图 10-5 所示。

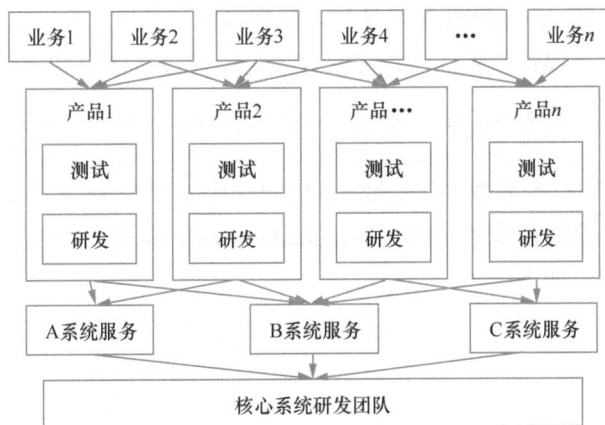

▲图 10-5　数字化产品组织和管理结构

产品经理负责整个产品团队，为产品结果负责。将之前的大系统拆解为各种微系统，作为服务资源供产品线使用，而核心系统研发团队仅需要考虑系统性能以及通过各种技术创新为各产品线提供更好的资源服务支持。没有 PMO，也没有项目经理。

这样的组织结构和管理模式的优势在于产品经理并不仅负责编写 PRD，还负责产品进度管理，为结果负责。另外，他也要为产品的推广和运营负责，看数据、看政策、看趋势。各条产品线的团队像是一个个小型的创业公司，产品经理就是相应创业公司的 CEO。由于资源归每条产品线的产品经理负责，因此资源可以得到有效保证，可以满足银行 4.0 时代数字化产品高频次的迭代需求。

2. 完善复合人才吸纳与培养机制，包容并鼓励创新

银行 4.0 时代需要创新者和变革者。这就需要银行在对外招聘时，更多地吸纳复合型人才；对内则要加强培养，建成能独当一面的人才队伍。

产品经理更需要及时接收新的知识，如果产品经理仅仅写 PRD，工作未免过于基础。产品经理需要多学习、多体验、多思考。

吸纳复合型人才也需要在银行形成一种文化。吸纳并留住人才，形成合力，团队才会有凝聚力，才会为银行创造价值。

目前关于银行数字化的图书有很多，有讲述银行业务适应数字化转型的，讲述银行技术适应数字化转型的，往往讲述与人相关的很少。而在银行 4.0 时代，业务转型也好、技术转型也好，都离不开人的参与。

银行产品数字化发展需要创新，而创新不可能一次性成功，需要不断探索与尝试。如果银行的态度是决不允许失败，换来的结果就是产品经理都循规蹈矩，因为维持现状在短时间看来是很安全的。当然，由于银行的特殊性，守法合规是银行数字化产品创新的前提。

综上所述，在银行 4.0 时代银行产品数字化最终会如何发展其实是我们每个人都掌控不了的。

而银行 4.0 时代的银行产品数字化主要面向个人的银行零售业务。未来银行间的竞争会越来越激烈。马尔科姆·格拉德威尔（Malcolm Gladwell）在其《引爆点：如何引发流行》一书中提出的"流行三法则"如下所示。

- 个别人物法则。

- 附着力因素法则。

- 环境威力法则。

"流行三法则"也适用于银行 4.0。就像网购刚出来时大家可能并不太关注，但其发展到如今的这种规模仿佛就在一夜之间。近些年发展壮大的今日头条以及最近的直播带货、在线会议仿佛突然之间进入人们的视野，变成了潮流。而银行 4.0 一定也会在未来的某一天变成潮流。

第11章　炉火纯青——元宇宙产品探索

产品经理对所掌握的产品技能融会贯通之后，目标应不仅仅是设计满足用户需求的产品，而是进行产品创新。本章将带领读者对未来元宇宙的产品进行探索，感受不一样的产品世界。

11.1　银行元宇宙产品探索

2021年12月17日，某组歌手在微信以线上以直播的方式举办演唱会，根据微信视频号公布的数据，在某组歌手演唱会的线上直播中，观看人次超2700万，最高同时在线人数超150万。如果这场演唱会在线下举办，无论如何也无法容纳如此之多的观众。客观地说，这2700万数据的背后其实是一个个真实的观众，只不过以虚拟的方式聚集在微信这个平台中。

与此同时，目前一些主流的互联网公司开始探索元宇宙在办公场景中的应用，例如，员工以虚拟的方式在一个会议室中开会。每个虚拟人物的背后是真实的用户，会议场景是虚拟的，但开会所讨论的内容是真实的。元宇宙会议场景如图11-1所示。

▲图11-1　元宇宙会议场景（图片来源：搜狐号）

元宇宙是利用科技手段进行链接与创造的可与现实世界映射与交互的虚拟世界,是具备新型社会体系的数字生活空间。元宇宙并不是简简单单的虚拟社区或者虚拟游戏,而是现实世界的反映。

11.1.1　银行元宇宙产品实现基础

对我们现有的基础硬件设施而言,实现真正意义上的元宇宙还比较困难。值得庆幸的是,我们已经有了实现银行元宇宙产品的基础。它们如下。

- 元宇宙的思想。思想是一切创新的源泉。近期与元宇宙相关的探讨如雨后春笋般出现,这使越来越多的人开始了解并熟悉这个新的领域。

- 积累了数十年的计算机硬件与软件技术。不断提高的芯片计算能力、3D 建模技术、游戏引擎技术,成熟的社交软件等,为元宇宙提供了基本服务工具。

- 发展了十多年的区块链技术。例如,非同质化通证(Non Fungible Token,NFT)可以为元宇宙构建基本交易秩序,确定虚拟资产的唯一性和可确权性,用户可以在元宇宙中实现数字交易。

- 5G 网络、物联网以及下一代的通信技术。这些技术为元宇宙信息高速交互提供了基础支撑,使人们在元宇宙中可以高效交流与沟通,并且对现实中的实体进行映射。

- 增强现实(Augmented Reality,AR)、虚拟现实(Virtual Reality,VR)。目前的 AR、VR 技术其实还不成熟,如果未来设备可以小型化实现“裸眼 3D”,这将会促进元宇宙更快发展。

- 脑机接口与可穿戴设备。目前脑机接口仍然处在萌芽阶段,而且脑机接口大多是嵌入式的,明显用户体验并不好。如果未来可以向着非嵌入方向发展,再结合可穿戴设备,这将会为元宇宙产生巨大的影响。

11.1.2　银行元宇宙产品方向探索

科学技术的发展其实是为了提升社会运行效率。银行也是如此,早期的物物交换已经不能满足社会发展的需要,因此货币诞生了。人们对于货币的储存和流通有了新的需求,便有了银行。在 Web 1.0 和 Web 2.0 这两个阶段,银行产品产生了巨大的飞跃。

银行由最初的到网点汇款到如今仅需要手机与银行 APP 就可以快速实现资金收付,资金流转效率大幅提升。由此看来,银行元宇宙产品方向探索的核心是要如何满足更多的客户需求。

目前不论是国有银行还是股份制商业银行，都在进行数字化转型，对银行线下业务和服务加速实现线上化、移动化。线上化、移动化的出发点就是更便捷地触达用户，而元宇宙则是银行数字化转型的终极呈现模式。银行元宇宙产品可以从如下方向进行探索。

1. 引流获客方向

银行可以作为参与者加入元宇宙，用户在元宇宙中进行社交、游戏或者其他生产活动，也必然存在资金的流通。银行在元宇宙可以提供基础设施产品，用户可以在元宇宙中获得金钱，也可以在元宇宙中的银行开户，而对应的现实世界中用户也有真实的账户映射。同样，用户在现实世界中的资金也可以在元宇宙流通。

这种虚拟与现实联动的方式已经远远超出了虚拟银行的模式，同时在元宇宙这个空间中，银行可以非常快速且便捷地获得客户，并可以大规模复制，即在较短时间内可以获得大量客户。银行需要在元宇宙中搭建自己的体系，可以通过开放银行 API 为元宇宙玩家提供功能模块，也可以结合元宇宙规范或模块，在元宇宙中构建银行空间。客户在元宇宙中的银行完成开户，在现实世界中也生成实体账户。用户身份映射结构如图 11-2 所示。

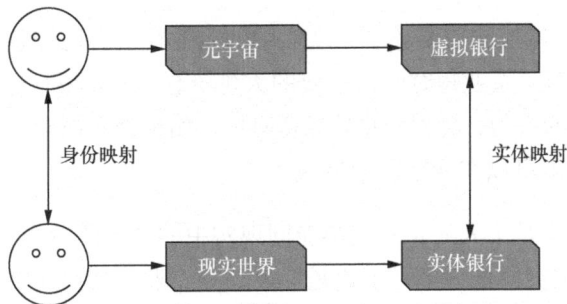

▲图 11-2　用户身份映射结构

2. 客户服务方向

现阶段银行与客户进行沟通，主要通过实体网点或者电话客服和在线客服。这种模式虽然可以满足部分客户需求，但是往往没有沉浸式的体验。一些银行提供了远程视频客服，满足了客户面对面沟通的需求，但是对于银行而言这种客服的成本较高且需要专业的设备。对于一些客户，远程并不能完全解决客户面临的问题。很多时候，当客户不知道在手机银行如何操作时，单凭客服人员的电话描述，客户很难理解如何操作。

客户可以进入银行在元宇宙中的"7×24 小时"银行网点。元宇宙网点工作人员面对面、手把手地解决客户问题，他们在解答客户问题的同时，还能销售理财产品，一举多得。2021年 12 月 30 日，百信银行公布了首位虚拟数字员工艾雅（AIYA），成为该行的"AI 虚拟品牌官"。相信在不久的将来，银行中会有越来越多的"数字员工"，并出现于元宇宙之中。虚拟数字员工如图 11-3 所示。

▲图 11-3　虚拟数字员工（图片来源于 ThePaper 网站）

3. KYC 方向

KYC 是银行营销、风控的重要环节。现实中的企业往往有比较急迫的资金需求，对银行又有严格的风控要求。对于企业短时间内需要的大量资金需求，银行出于审慎考虑，会到企业进行调查。这需要大量的人力、物力，并且耗费时间。如果企业在元宇宙中以实体的数字孪生方式存在，银行的调查就可以在元宇宙中完成。

由于在元宇宙中不论是个人还是企业都能同现实中的个人或者企业形成对应关系，因此银行在做 KYC 时，成本就会降低许多。不论是个人还是企业，其在元宇宙中的口碑也就是现实中的口碑。

每一次互联网变革都会给银行产品带来新的发展机遇。Web 1.0 时代的网上银行与 Web 2.0时代的移动银行极大地方便了人们的生活。在每次的互联网发展浪潮中，银行都抓住了机遇，将互联网的应用发挥到了极致。而未来，将会是元宇宙的时代，这次银行会由之前互联网的追随者变为元宇宙时代的创造者。

《连线》杂志创始主编凯文·凯利曾说，"所有的公司最终都会像软件公司"。银行先行一步，从银行每年发布的公开数据我们已经发现，银行产品经理、软件开发人员的规模、信息科技的资金与资源投入，已远超一般的软件公司。而随着 AR、VR、物联网、脑机接口的不断成熟，相信银行也会推出自己的软件与硬件产品，以构建自己的元宇宙。

在元宇宙中，银行功能组件同样可以与元宇宙中的各种元素绑定，催生多种金融场景与产品形态，实现真正的百家争鸣，百花齐放。

元宇宙是一个非常新的事物，相关的资料比较少。我们做产品就要有开放的心态和发展的眼光，相信在不久的未来，AR 技术和 VR 技术会有质的提升，会给读者带来全新的体验，而等脑机接口成熟时，我们会了解更深层次的元宇宙空间。

若沉浸式同现实深度融合，银行将在元宇宙中发挥前所未有的潜力。

11.2 基于 DAO 的信贷产品探索

在元宇宙中会存在各式各样满足各种需求的分布式的自治组织（Decentralized Autonomous Organization，DAO）。DAO 是构成元宇宙的基本元素。

分布式去中心化，离不开区块链的基础理论。DAO 其实是一种新的组织与交流方式，其核心理念即共担风险、共享收益。组织形态类似于"蜘蛛网"或者"海星"，没有单一"领导"，组织中的每一个成员都是决策者。

目前市面上已经有了很多基于 DAO 的产品。例如，内容社交平台 Steemit 产品基于区块链实现了去中心化的打赏机制，提供了一种比较直接的 DAO 模式，Steemit 提供了以法币作为媒介的激励方式，所以用户获得虚拟币后可以直接在交易所交易。

银行信贷产品目前是一款融合了风控、审批、贷款发放以及贷后管理的并且非常集中化的产品。贷与不贷、贷多少、贷多久，由银行根据申请人或申请机构的综合评分而定。每家银行的评分标准不相同。

在风控 KPI 的压力下，银行信贷往往比较谨慎。

即使目前通过大数据分析，做到了基本的 KYC，但在全方位的 KYC 上仍然存在许多不足，在信贷时效、决策成本上仍然有很大的提升空间。DAO 则提供了一种新的管理模式。

本节基于 DAO 从银行信贷产品视角展开讨论。

11.2.1 现有 DAO 产品

DAO 可应用的领域非常广泛，对大多数刚了解该领域知识的读者而言，直接理解产品构建可能会有些难度。DAO 是建立在区块链上的一种组织方式。区块链的结构如图 11-4 所示。

应用层	预测市场，身份管理，可编程金融
合约层	脚本代码，智能合约，算法机制
激励层	发行机制，分配机制
共识层	PoS（Proof of Stake，谁有代币听谁的），DPoS（Delegated Proof of Stake，议员制，票选代表治理权），Pow（Proof of Work，自由竞争治理，谁算力高听谁的），PBFT（Practical Byzantine Fault Tolerance，实用拜占廷容错，节点自治，自行采用最可信的结果）
网络层	P2P网络，传播机制，验证机制
数据层	数据区块，链式结构，时间戳，Merkle树，哈希函数，非对称加密

▲图 11-4　区块链的结构

现实中基于 DAO 实现的产品有很多。我们在构建基于 DAO 的银行信贷产品之前，先简单了解目前市面上已经投入使用的 DAO 产品都有哪些，从实际产品出发，直观地认识 DAO 产品形态与产品逻辑。

先简单介绍去中心化金融（Decentralized Finance，DeFi）。既然分布式金融使用 DeFi 就可以了，那么为什么要基于 DAO 来构建银行信贷产品呢？

不可否认，确实可以基于 DeFi 构建银行信贷产品，并且目前市面上也有很多成熟的产品。DeFi 的主要逻辑是通过跨链解决抵押并通过保证金制度解决杠杆问题，最终产品实现类似于信用衍生产品一样的操作。

DAO 其实是一种管理与协作理念。我们看一下 DAO 的几类成熟产品。

- Steemit，类似于"去中心化版本的知乎"，用户可以通过发布有价值的内容而获得报酬。

- Augur，预测市场平台，用户可以在平台上创建各种预测项目，邀请其他人来预测未来某个事件的结果。当然，所有玩家在参与预测时要购买相应的份额。

- 星际文件系统（InterPlanetary File System，IPFS），一个去中心化的文件存储系统，通过去中心化分片加密存储技术把文件分割成多个片段，并分别存储在网络的各个节点上。

读者会发现 DAO 所涉及的产品形态非常广泛，有基于社交的，有基于金融的，有基于工具的。由此可见，DAO 其实是一种组织方式和理念，类似于"兴趣小组"。如果你喜欢玩游戏，就可以组建一个游戏 DAO；如果你喜欢创作，就可以组建一个创作者 DAO。

11.2.2　基于 DAO 的银行信贷产品思路

很多参与方无须面对面聚在一起，可通过 DAO 快速、高效地完成一些事情。DAO 的最大优势在于其无边界，在任何有网络的地方就可以使用，不需要许可，参与者都是平等的。DAO 是包容和开放的，没有自上而下的制度。区块链最基本的原理可解决人与人之间的信任问题，信任问题也是银行和客户之间最难以平衡的痛点。

对于客户而言，客户信誉好，希望关键时刻银行能鼎力支持，而银行对客户信任不够，关键时刻没有放贷，导致客户对银行不满，银行也流失了客户。

对于银行而言，银行相信客户，但对客户了解不足，又担心客户的某些欺诈行为对银行造成损失。

如何能使银行和客户之间建立绝对的信任关系，彼此合作而不是彼此博弈，这就是基于 DAO 构建银行信贷产品的出发点。

我们新构建一个 DAO，这个 DAO 可以简称为银行信贷产品 DAO。在银行信贷产品 DAO 中，用户关系、组织治理方式、工作协作方式、价值捕获逻辑都将会重构。例如，我们只需要保管一套身份系统就能在各种银行信贷产品 DAO 中畅通无阻。这一套身份系统将保存客户所有的交易数据和资产数据，只要客户同意，任何银行信贷产品 DAO 应用都能一键获取这些信息。

我们构建基于 DAO 的银行信贷产品核心公式为

$$基于 DAO 的银行信贷产品 = 数字身份 + 多维场景 + 分布式$$

数字身份是指每个 DAO 中的成员都有唯一的数字身份，于是那些缺乏诚信、信贷逾期的客户的历史行为将会在数字身份中体现。

多维场景是指包含 DAO 各成员生产生活相关的多个场景，金融本身也是有场景的，银行信贷产品也不例外。用户为什么要来贷款？贷款的资金用来做什么？流向哪里？

分布式是指去中心化，DAO 成员都有一份数据，这份数据既无法篡改，也无法抵赖，所有成员都是平等的。

11.2.3　基于 DAO 的银行信贷产品要素

构建银行信贷产品 DAO 离不开几个核心要素，这些要素组成了信贷产品 DAO 的生态体系。所有用户在银行信贷产品 DAO 中分工明确、高效协作。

1．资源

资源是银行信贷产品 DAO 中必不可少的要素。DAO 资源的范畴很大，如客户、资金、渠道等。在银行信贷产品 DAO 中，各种资源可以无缝衔接、高效互动。例如，银行有大量的资金，这种资源比较重要。信息也是资源，例如，某公司需要某种银行产品，在 DAO 中可以进行资源共享与合作，便于 DAO 中的其他成员通过资源整合进一步创造价值。

2. 分工

构建银行信贷产品 DAO 的上下游，也就是实现信贷全流程：营销获客→进件审批→风险评估→贷款发放→贷后管理。

每个流程都会由银行信贷产品 DAO 中的专业成员来负责。

例如，如果 DAO 中的成员擅长营销获客，那么这个成员主要进行营销获客；如果另一个成员擅长贷后管理，那么这个成员负责贷后管理工作。这样，DAO 中的每个成员都做各自擅长的事情，它们互相协作，完成信贷全流程。

作为 DAO 中的成员之一，银行可以提供资金，也可以提供风控服务，关注自己擅长的领域，这样不仅工作效率会提升，成本也会显著降低。

3. 激励

全球之所以有那么多比特币"矿工"在贡献算力，主要因为比特币的激励机制。因此，在银行信贷产品 DAO 中，合理、健全的激励机制必不可少。最终我们可以通过激励，在提升整个社会运行效率的同时，使 DAO 中的所有成员获得相应的回报。这也是经济学原理中常提到的"帕累托最优"，即人们都因此变得更好。

11.2.4　基于 DAO 的银行信贷产品架构

基于 DAO 的产品架构可以有很多种搭建方式，银行信贷产品 DAO 可以划分为 4 层。

- 基础层：银行信贷产品 DAO 离不开银行的基础设施，以及 AI、数据（大数据与数据分析）、云计算等，区块链只是基础层中的设施之一。就像我们日常使用互联网一样，其实大多数用户感知不到各种网络交换机、存储器、无线通信设备是怎么运作的。

- 平台层：将基础层的相关功能整合成平台级的统一服务，并且提供 API，方便各种信息在平台层中流通，为 DAO 及其他应用提供支撑。应用工程师接触平台层比较多，因为他们要根据平台层提供的功能开发相应的应用工具。

- DAO 层：运行着很多 DAO，作为主 DAO，银行信贷产品 DAO 中通常也会存在很多子 DAO。因为信贷产品的种类非常多，有面向企业、组织的，也有面向个人的，所以很多子 DAO 对应不同的银行信贷产品。

- 应用层：直接触达用户的层，承载的是用户可能感知的功能。大多数应用层的工具会有相应的 UI，用户比较容易感知。

DAO 是基于区块链的一种分布式信息交互方式，离不开一些基础的设施，而且银行本身作为中心化的组织，引入 DAO 的初衷一定不是取代银行中心化的运作方式，而是提升相关业务的运作效率。因此，中心化与去中心化从理念上讲不是完全对立的，而是相辅相成、相互共生的。

构建基于 DAO 的银行信贷产品主要架构，如图 11-5 所示。

▲图 11-5　构建基于 DAO 的银行信贷产品主要架构

11.2.5　基于 DAO 的银行信贷产品流程

DAO 中的任何成员都可以创建信息。例如，在资金比较充裕的时候，银行可以主动推动贷款销售产品，供 DAO 中的企业或者个人客户购买；企业或者个人也可以主动在 DAO 中发起资金筹集需求，银行信贷产品 DAO 中的资金方进行响应。构建基于 DAO 的银行信贷产品流程，如图 11-6 所示。

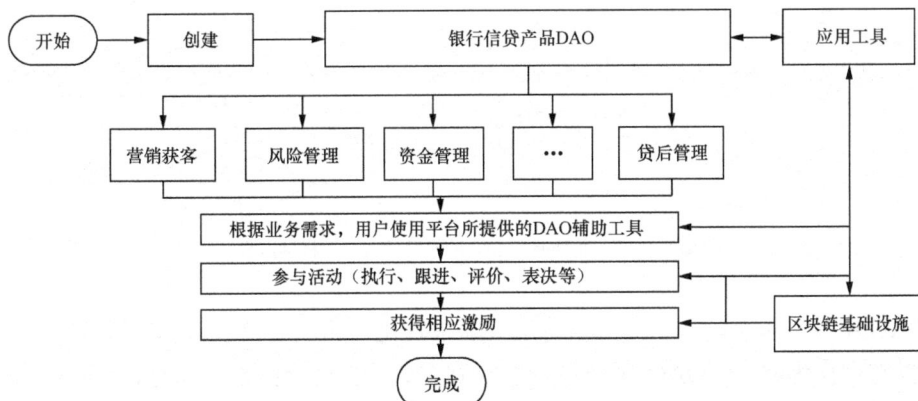

▲图 11-6　构建基于 DAO 的银行信贷产品流程

在银行信贷产品 DAO 中，使用很多的应用工具对客户的需求进行支持。例如，DAO 中某成员是专门寻找客户贷款需求的，他可以作为信息提供方将有资金需求的客户的信息通过应用工具在 DAO 中呈现，DAO 中主要关注风控或者评级的成员可以对客户需求、资质、征信等进行核查并出具反馈意见。

DAO 中的资金提供方可以是一家银行，也可以是多家银行，对客户进行评定后决定合作的，可以根据相应的利率、还款方式、还款周期等信息生成智能合约。待客户确认后，资金提供方进行贷款发放，之后由 DAO 中专业的贷后管理成员进行后续事项跟进，并根据客户的还款情况和收益向 DAO 中的各参与方分配约定的报酬。

同样，DAO 中的资金提供方可以主动提供资金，并包装不同的信贷产品，约定利率、期限、还款方式、贷款要求等，有资金需求的企业或个人可以按需选择。

11.2.6　基于 DAO 的银行信贷产品样例

本节以企业主动筹集资金为例进行讲解。一个企业需要筹集资金，肯定有其实际的业务需求。例如，企业为了提升产能、升级技术或者增加研发费用而向银行申请贷款时，需要向银行提供贷款资金用途说明。另外，企业在筹集资金时，一般会分析投资回报期，也就是分析筹集的这笔钱未来打算怎么用、划不划算，对利率、贷款时长以及还款方式等有企业自己的规划。构建基于 DAO 的银行信贷产品样例流程，如图 11-7 所示。

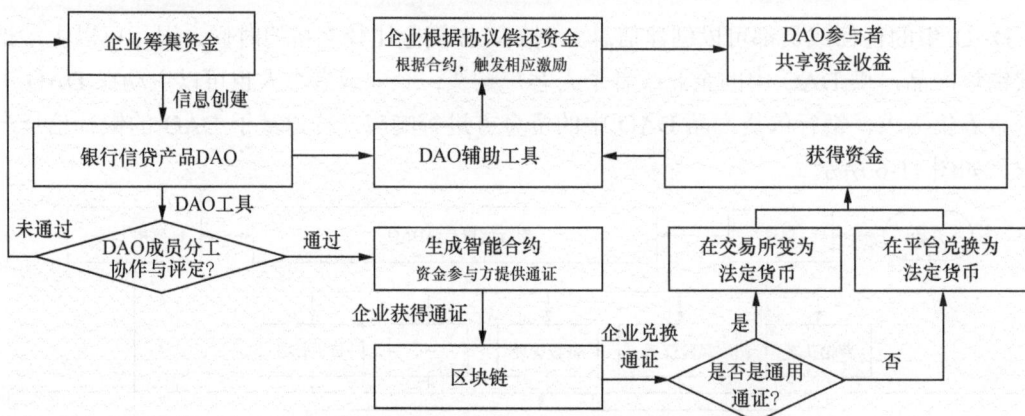

▲图 11-7　构建基于 DAO 的银行信贷产品样例流程

在 DAO 中筹集资金时，企业可以将这些需求转化为相应的参数，并在银行平台信贷产品 DAO 中以它们作为输入。DAO 中成员均会收到企业筹集资金的需求信息，DAO 中成员会对企业的这笔筹集资金的案例进行评定。若评定不通过，则结束；若评定通过，则在 DAO 中会有相应状态显示，并生成智能合约。

DAO 中的资金提供方开始向这个案例注入通证。资金提供方可以是一家银行也可以是多家银行，最终注入企业需筹集的资金。企业通证筹集完成，需要将通证转化为实际的资金，也就是兑换为"法定货币"。

在通证兑换环节有两种模式：企业可以通过交易所兑换，也可以在银行信贷产品 DAO 中进行兑换。这两种模式的区别是，交易所兑换的通证支持的种类比较多，DAO 资金提供方可以根据其自己持有的可交易通证方便地进行注资。而银行平台的通证一般不同于银行在构建平台时发行的通证，这类通证一般只在自己的平台中流通。

企业将通证兑换完成后，根据合约约定进行贷款偿还。资金筹集的全过程（包括历史过程）都会在区块链中进行记录，并且由 DAO 中专业的贷后管理成员进行跟进。

企业还款后，参与的 DAO 成员根据约定分配相应的收益。

DAO 中的银行产品对 DAO 成员是透明的，成员之间的分工协作效率非常高。在 Web 2.0 时代，银行信贷产品体系已很成熟，并不需要通过 DAO 构建。即使在未来，中心化的银行信贷产品在元宇宙中的维护成本也会非常高，产品将不再具备竞争力，因为元宇宙在内部有一套协同与运行机制，也有自己的经济体系，并不是以哪家银行为中心。

在元宇宙中，如果一个做跨国业务的企业要筹集资金，它通常并不会直接筹集到"美元"或者"欧元"，而会筹集到通证，企业可根据需要将其兑换成需要的"法定货币"。

构建基于 DAO 的银行信贷产品的难点在于我们需要搭建出一个银行自己的 DAO 平台，我们需要制定一份银行信贷产品 DAO 白皮书，明确其定位、明确成员权利与义务、信息交换的格式与方式、无法篡改的规则、平台的激励方式、平台事项的决策与评定、监管规则和处罚机制等。

由于 DAO 基于区块链技术中的通证，因此我们要考虑未来的量子计算等新技术是否会对通证的安全性带来影响，在设计产品时需要有对未来新技术的考量，以及一定的异常处理机制。

第 12 章　返璞归真——扩展阅读

通往优秀产品经理的道路是一条艰难之路，需要产品经理潜心钻研各学科的知识，投入大量的精力。

12.1　产品经理固定收益投资

固定收益投资从字面意义上很容易理解，即通过投资获得固定收益。在投资市场上，读者还会经常听到的一个词是权益投资。有些人会将这两种投资混淆。

权益投资和固定收益投资，主要是在投资的领域和投资的收益上不同。

- 权益投资，常见于股票、证券投资基金和股票型基金，这些投资风险相对较高，收益不固定，波动较大。

- 固定收益投资，主要见于债券市场和货币市场，投资风险相对较低，收益基本固定，波动不大。从固定收益投资的知识结构上看，一般涉及债券与债券市场、债券的价值分析。

很多金融专业的图书在讲解固定收益投资前会讲解货币市场工具，然后介绍债券和债券的种类，以及债券市场体系。每一部分都涉及非常专业的内容，读者若感兴趣可以自行了解。

本节主要在金融专业图书内容体系的基础上，讲解同产品经理的工作密切相关的知识。本节主要基于债券投资进行讲解。

12.1.1 固定收益投资产品投资范围

固定收益投资产品一般为各种债券，如国债、金融债、可转债。对于个人而言，我们所理解的固定收益投资，也可以是银行的定期存款、大额存单、美元存款、银行其他理财产品。

在互联网金融背景下，近几年一些互联网金融公司同保险公司联合推出了具有互联网特点的"投连险"产品。例如，京东金融同弘康人寿保险公司推出的"京弘"系列投联险，年化收益在 5%左右，比较受喜欢固定收益投资的个人投资者欢迎。这类固定收益产品比银行理财和类似于支付宝中余额宝的产品的收益高，风险通常在可承受范围内。

投连险的账户是由具备资质的保险公司向个人投资者开立固定收益投资账户，所以投资者可以使用此账户进行债权投资计划、不动产计划、信托计划等非标资产的投资。从一定程度上讲，对于稳健型的个人投资者来说，固定收益投资是不错的选择。

12.1.2 固定收益投资产品投资风险

固定收益投资并不能说明该投资是无风险的。一般而言，固定收益投资可能会面临如下风险。

- 政策风险。比如，货币政策、财政政策、行业政策的变动都会使相关产品存在一定的风险。政策的变动会影响经济周期的变动，经济周期的变动又会引起市场收益的变动，进而对固定收益投资产品的收益造成影响。

- 信用风险。主要是发行方的违约风险。在实际市场中，某些企业债券违约会导致投资者购买固定收益投资产品的收益得不到保障。例如，我们在以固定收益投资某家公司的债券时，我们认为违约风险溢价是 6%，而这个公司债券给的利率是 8%，无风险利率是 3%，那我们是否应该投资这家公司的债券呢？当然，不应该投资，除非公司债券给的利率大于 9%，我们才值得投资。

- 利率风险。固定收益投资产品的利率一般高于同期定期存款的利率。但如果物价持续上涨，央行进行加息，固定收益的产品价格会随之下降。

- 流动性风险。例如，投资人买了固定收益的产品后，突然急需用钱，要把购买的固定收益产品赎回变现，就需要支付违约金，往往赎回的金额比当初购买的金额要少。

12.1.3　固定收益产品宏观经济分析

我们大多数人在选择固定收益的理财产品时判断标准很单一，在比较同类金融产品时，往往看到哪个产品收益率高就选择哪个。这是不全面的。当前产品的收益率高不代表未来的高。投资者要结合各种信息综合判断固定收益投资产品中，哪个相对稳健并且收益高，避免未来的资金损失。

宏观经济是有波动的，往往会经历繁荣、衰退、萧条、复苏这 4 个阶段，这 4 个阶段不断地循环。每个周期都有一些鲜明的评价指标，按照循环周期的时间段划分，我们可以用先行指标、同步指标和滞后指标来判断各周期阶段的宏观经济情况。宏观经济指标如图 12-1 所示。

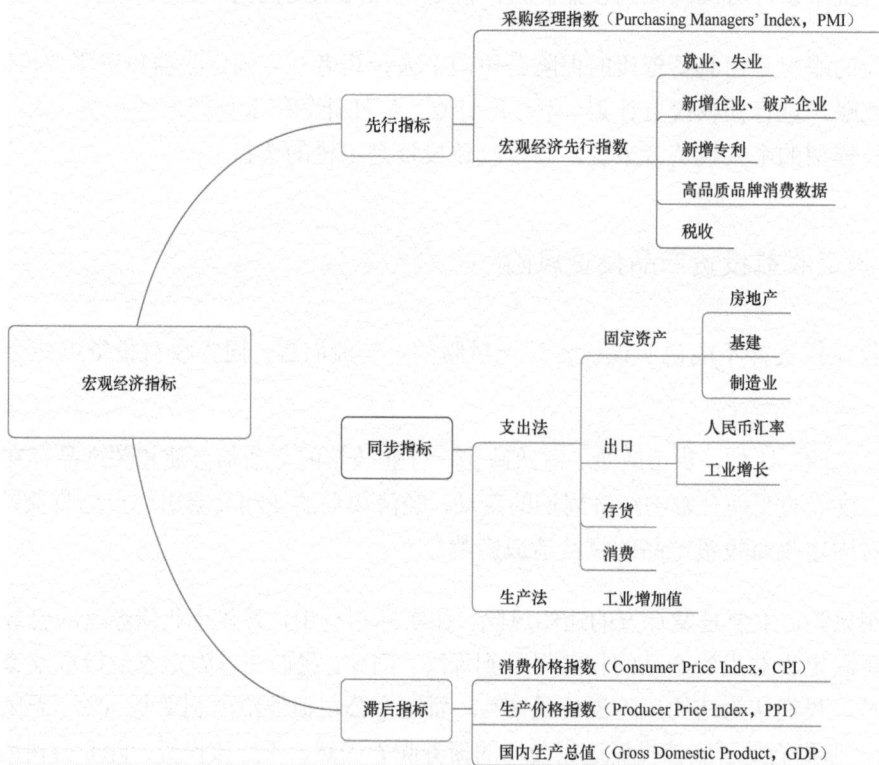

▲图 12-1　宏观经济指标

宏观经济指标详细的信息可以从国家统计局网站或者专业的新闻媒体、报刊获得，读者可以将之作为自己判断的参考。

12.1.4　固定收益产品利率

单利指的是一笔资金无论存期多长，只有本金计取利息，而以前各期利息在下一个利息周期内不计算利息的计息。计算比较简单，利息就是本金同利率相乘。

例如，如果张三的固定收益投资年利率是 5%，投资额为 100 元，那么投资两年的利息就是 100 元×5%× 2 = 10 元。

单利涉及的知识点比较简单，本节重点讲解复利的相关知识。

复利指的是一笔资金除本金产生利息外，在下一个计息周期内，之前计息周期内产生的利息也要计算利息。

例如，如果张三的固定收益投资年利率是 5%，投资额为 100 元，那么投资两年的利息就是 100 元× 5%+（100 元+100 元×5%）×5% = 10.25 元。

有一个和复利相关的"72 法则"，它可用于快速估算复利的收益。使用方法是 72 除以投资的年收益率的百分比，得出的数字就是这笔钱翻一倍所需要的年数。

例如，如果张三的固定收益投资年利率是 6%，以复利计算，想投资翻倍，需要的时间就是 72 年/6 = 12 年。

如果股票每次涨停收益是 10%，需要多少次涨停才可以投资翻倍？同样，72/10 = 7.2，差不多 7 次涨停就可以投资翻倍。

计算复利现值（表示未来本利折现到现在的价值，用 P 表示）的公式如下。

$$P = \frac{S}{(1+r)^n}$$

式中，S 表示未来本利；r 表示利率，也称作贴现因子；n 表示期限。

如果 5 年后张三打算得到 30 万元，选择某款固定收益产品的年化利率是 5%，他现在需要投资多少钱？

$$P = \frac{30万元}{(1+5\%)^5} = 23.51万元$$

12.1.5　固定收益债券产品投资

1. 债券的市场价格

由于固定收益投资一般针对债券，而债券价格与市场收益率成反比，市场利率就是我们进行债券投资的机会成本。

怎么理解呢？

例如，若债券的面值是 100 元，到期收益率为 2%，而市场利率是 5%，你会以 100 元购买这种债券吗？肯定要等到比 100 元便宜后折算的收益率比 5%大，你才会觉得有投资价值。

如果以 1 年期为例，设债券现在的价格为 P，$(100-P+100\times2\%)/P > 5\%$，得出 $P<97.14$。也就是说，以小于 97.4 元的价格购买这个债券，才是划算的。

所以我们在购买债券时，要对其市场价格进行分析。

【案例 12-1】　假设我们准备投资的某债券面值是 100 元，每年付息一次，到期还本，期限 3 年，息票利率为 8%，如果我们想实现 9%的实际收益率，现行市场价格为多少时，我们就可以入手？（计息方式：每年付息一次，到期还本。）

票面收益为 100 元×8% = 8 元。

每年收入情况如下。

- 第 1 年息票收益：8 元。

- 第 2 年息票收益：8 元。

- 第 3 年息票收益+本金：8 元+100 元=108 元。

到期想实现 9%的实际收益率。也就是说，现在投资多少才能在 9%的利率下，在 1 年、2 年和 3 年后实现 8 元、8 元和 108 元的收入？

每年都会付息，将每年收入折现就是债券价格。

第 1 年息票收益的现值：8 元/(1+9%)=7.34 元。

第 2 年息票收益的现值：8 元/(1+9%)^2=6.73 元。

第 3 年息票收益的现值：8 元/(1+9%)^3=6.18 元。

第 3 年本金现值：100 元/(1+9%)^3=77.22 元。

P=7.34 元+6.73 元+6.18 元+77.22 元=97.47 元。

也就是说，我们要以 97.47 元的价格购买这个债券，到期才可达到 9%的收益。如果价格高于这个价，我们就不能购买。

2. 债券的到期收益率

我们对债券的市场价格进行分析之后，计算债券购买价格（用 V 表示）的公式就很容易理解。

$$V = \sum_{t=1}^{n} \frac{C}{(1+r)^t} + \frac{F}{(1+r)^n}$$

式中，C 表示利息；F 表示表示面值；r 表示到期收益率；t 表示债券期限。

【案例 12-2】　如果我们投资某国债，2023 年 3 月 8 日到期，票面利率为 11.83%，2019 年 3 月 8 日的购买价是 132.93 元，那么我们投资的这个债券的名义收益率和到期收益率是多少？

名义收益率很容易理解，就是票面利率 11.83%。

根据到期收益率的计算公式，有

$$132.93 = \sum_{t=1}^{4} \frac{100 \times 11.83\%}{(1+r)^t} + \frac{100}{(1+r)^n}$$

实战中的到期收益率 r，我们可以用 Excel 中的 IRR 函数求得。在 Excel 中操作 IRR 函数，如图 12-2 所示。

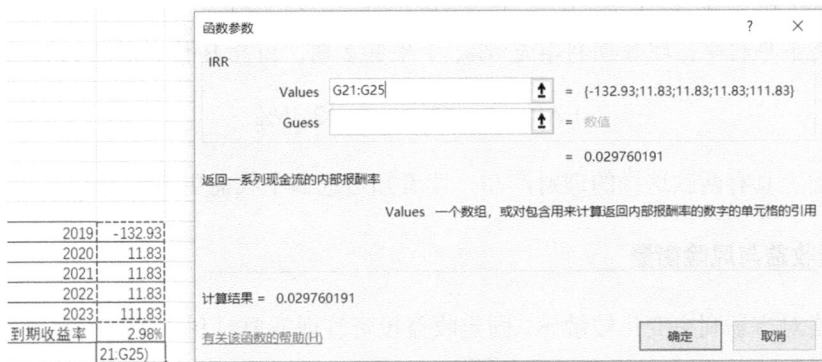

▲图 12-2　在 Excel 中操作 IRR 函数

【案例 12-3】　假设有票面金额为 100 元的 2 年期债券，第一年支付利息 6 元，第二年支付利息 6 元，当前市场价格为 95 元，则该债券的到期收益率是多少？

根据计划公式，有

$$95 = \frac{6}{1+y} + \frac{106}{(1+y)^2}$$

解得，y=8.836%。

3. 债券的有效年利率

有效年利率（Effective Annual Rate，EAR）指在按照给定的计息期利率和每年复利次数计算利息时，能够产生相同结果的每年复利一次的年利率，也可以理解为实际收益率。

EAR 的计算公式为

$$EAR = \left(1 + \frac{r}{m}\right)^m - 1$$

式中，r 表示名义利率；m 表示一年内计算次数。

【案例 12-4】　假设 A 债券的月度利率为 1%，B 债券的半年利率为 6%，这两个债券哪个收益率更高？

大多数人一看，一个月是 1%，半年就是 6%，两者似乎没什么差别。具体判断方式如下。

A 债券是月利率，即每期利率是 1%，1 年有 12 期，因此 A 债券的年化收益率是

$$EAR = (1 + 1\%)^{12} - 1 = 12.68\%$$

B 债券是半年利率，即每期利率是 6%，1 年有 2 期，因此 B 债券的年化收益率是

$$EAR = (1 + 6\%)^2 - 1 = 12.36\%$$

如果市面上真有两款这样的理财产品，读者知道选哪个收益更多了吧？

4. 债券收益与风险衡量

债券价格对市场利率变化较敏感。固定收益投资管理需要对利率风险进行衡量，对利率风险进行衡量的一个比较重要的指标是久期（duration）。久期的全称为麦考利久期（Macaulay duration），在 1938 年由麦考利提出。

久期的计算方法如下。

以未来时间产生的现金流，按照目前的收益率折现成现值，再用每笔现值乘以现在距离该笔现金流发生时间点的时间年限，然后进行求和，以这个总和除以债券各期现金流折现之和。

久期（D）也可以用公式表示为

$$D = \frac{\sum_{t=1}^{n} \dfrac{tC_t}{(1+r)^t}}{\sum_{t=1}^{n} \dfrac{C_t}{(1+r)^t}}$$

式中，C_t 表示第 t 期投资者所得现金流；t 表示收到现金流的时期（$t=1,2,\cdots,n$)；n 表示现金流发生的次数；r 表示到期收益率。

【案例 12-5】 假设我们准备投资的一个债券面值为 100 元，票息额为每年 9 元，市场利率是 8%，债券的到期期限为 6 年，那我们准备投资的这个债券的久期是多少？

计算公式为

$$D_{\text{mod}} = \frac{D_{\text{mac}}}{1 + \dfrac{y}{m}}$$

$$\frac{\mathrm{d}P}{P} = -D_{\text{mod}}\mathrm{d}y$$

式中，y 表示收益率；m 表示每年发生现金流的次数。

根据以上公式，我们准备投资的这个债券久期的计算过程如图 12-3 所示。

	A	B	C	D	E
1	r	8%			
2	时间t	票息额 C_t	折现因子 $1/(1+r)^t$	折现值 $C_t/(1+r)^t$	时间的加权值 $t*C_t/(1+r)^t$
3	1	9	0.93	8.33	8.33
4	2	9	0.86	7.72	15.43
5	3	9	0.79	7.14	21.43
6	4	9	0.74	6.62	26.46
7	5	9	0.68	6.13	30.63
8	6	9	0.63	5.67	34.03
9	6	100	0.63	63.02	378.10
10	加总			104.62	514.42
11	久期	514.42/104.62		4.92	

▲图 12-3 债券久期的计算过程

在实际的市场中，久期不仅适用于某个债券，还适用于多个债券的投资组合。例如，一个长久期的债券和一个短久期的债券可以组合成一个中等久期的债券投资组合，进而包装出更多的金融产品。

投资者利用久期来衡量债券价格变动对利率变化的敏感度，同样，利率的变化会导致价格的变化，我们往往将久期经过一定的修正，以使其能够精确地量化利率变动对债券价格造成的影响。这也就是我们常说的修正久期。

【案例 12-6】 如果有一个息票率是 6% 的 3 年债券，每半年付一次息，市场价格为 97.3357元，到期收益率为 7%，久期为 2.79 年。该债券的到期收益率增加至 7.1%，对价格变化程度是多少？

计算过程如下。

$$D_{\text{mod}} = \frac{2.79}{1 + \frac{7\%}{2}} = 2.69$$

$$\frac{dP}{P} = -D_{\text{mod}} dy = -2.69 \times (7.1\% - 7\%) = -0.269\%$$

$$dP = -PD_{\text{mod}} dy = 97.3357 \times (-0.269\%) = -0.2621$$

因此，在利率上升 0.1% 的情况下，债券的价格大约下降 0.2621 元。

我们可以利用久期与修正久期的概念，建立相应的模型，结合计算机运算迅速掌握市场上利率变化而导致债券价格的变化，从而帮助我们快速进行决策。当然，这仅是一个维度，现实中的模型远比这个复杂得多。

5. 债券产品买卖决策——NPV 法

净现值（Net Present Value，NPV）的定义是，投资项目投入使用后的净现金流量按资本成本或企业要求达到的报酬率折算为现值，减去初始投资以后的余额。

如果应用在债券中，用公式可以表示为

$$\text{NPV} = -P + \sum_{t=1}^{n} \frac{C_t}{(1+r)^t}$$

式中，P 表示债券的市场价格。

决策原则如下。

如果 NPV > 0，表明该债券被低估，可以买入。

如果 NPV ≤ 0，表明该债券被高估，卖出或卖空。

【案例 12-7】 市场上有某种债券面值为 1000 元，每年付息一次，到期还本，期限为 3 年，息票利率为 8%，当前债券的价格为 900 元。若我们投资想实现 9%的实际收益，我们该不该去投资这个债券？

$$NPV = -900 + \sum_{t=1}^{3} \frac{1000 \times 8\%}{(1+9\%)^t} + \frac{1000}{(1+9\%)^3}$$
$$= 74.69$$

NPV>0，结论就是我们可以投资这个债券。

以上介绍了金融产品中固定收益产品投资方法，并以债券产品投资作为案例说明。既没有涉及投资组合，也没有涉及衍生工具，如利率期货。而金融衍生品是金融工程中比较重要也相对复杂的一个部分。

产品经理设计金融产品的过程也是提升自己的过程。在金融产品市场中产品经理要避免过度投机的行为，要对金融产品有基本的敬畏。同时，产品经理需要多利用所学知识，分析宏观、分析市场，形成自己的价值判断，最终通过产品价值投资实现个人价值与理想。

12.2 产品经理债券产品设计

在众多金融产品中，债券产品具有产品结构简单、投资风险小、客户预期收益稳定等优点。因此债券产品在金融市场的知名度较高，也容易被客户所接受。

金融产品经理应如何从实际工作出发设计债券产品，是本节要讲解的内容。

在现实工作中，产品经理总会遇到各种各样的场景。

对于小的场景，梳理功能逻辑，编写产品文档。

对于大的场景，拆解成若干个问题点，把各个问题点的解决方案整合形成总体的解决方案。

我们会从金融产品经理实际工作中遇到的产品场景进行案例分析。产品经理在实际工作中每次遇到的问题和场景都不一样，只要产品经理形成一套成熟的方法论，具备分析问题、解决问题的能力，遇到的任何产品问题都可以迎刃而解。

我们通过案例讲解债券产品设计过程。

假设一家上市公司最近需要筹资 1 亿元，用于加速公司的发展。

某持牌金融机构决定为这家上市公司设计一款金融产品，安排产品经理为这家公司设计金融产品来满足这家公司的需要。

　　1 亿元不是小数目，产品经理设计这款金融产品的好与坏，直接关系到其产品收益的多与少。问题看似很复杂，产品经理可以从以下几个方面依次进行。

- 收集背景信息。主要收集和用户、场景、产品所有相关的信息，挖掘用户真实需求。

- 明确产品目标。根据产品最终实现的功能，确定产品成功的标准。

- 进行产品分析。多维度进行产品分析。编写各类产品文档。

- 设计验证模型。通过产品分析结果，设计产品模型并通过数据进行验证。

- 产品正式发布。提交市场或交付客户，接受市场检验。

债券产品设计流程如图 12-4 所示。

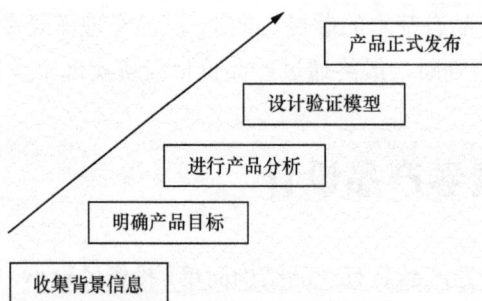

▲图 12-4　债券产品设计流程

公司发展势头不错，要加速公司发展，希望筹集资金的期限宽裕一些。同时由于数目比较大，产品经理可以采用制定公司债券产品的方式进行募资。

金融产品的范围和方向明确后，产品经理开始考虑如何设计这款债券产品。

- 如果债券产品收益率太低，产品没有竞争力，投资者会不认可。

- 如果债券产品收益率太高，对企业压力太大，募资方会不认可。

与现实中的消费品一样，好的金融产品既受消费者（投资人）的喜爱，又能为企业带来价值。

设计一款好的产品，离不开对产品的分析。没有调查就没有发言权，好的产品需要有数据来支持，设计的金融产品是否能满足市场要求，也需要用数据来证明。产品经理要以理服人。分析工作是产品经理设计产品必不可少的环节。

经过调研，我们获得以下额外信息。

- 这家公司目前股价是 20 元/股，公司股票预期增长率是 6%。

- 目前市场上长期公司债的利率是 8%。

很明显，如果产品经理设计的金融产品也是 8%的收益，产品的竞争力不大，很有可能发布出这个金融产品却无法销售，那么设计的这个金融产品没有意义。

这家公司是上市公司，产品经理经过产品分析后计划用可转债的思路来设计这款产品。可转债有一个特点——具有股权和债权的双重性质。如果公司发展良好，股价上升，债券价格也随之上升；而股价下跌，债券本身也有一定的收益率。

所以，产品经理设计一款可转化债券的金融产品，并突出和市场上纯公司债券产品的差异化。这不仅可以差异化竞争，还可以降低企业的融资成本、提升产品的竞争力。

产品经理初步设计的债券产品属性如表 12-1 所示。

表 12-1　债券产品属性

属性	参数
面值	10 000 元
期限	10 年
票面利率	5%
市场上长期公司债的利率	8%
不可赎回期限	9 年
转股价格	50 元
当前股价	20 元/股
公司股票预期增长率	6%

产品经理将这款设计好的金融产品投放市场在理论上是可以的。但是这款金融产品是否是一款合格的产品、是否具备竞争力、产品参数设计是否合理，如果上市后再验证，就已经太晚了。

因此产品经理在将这款产品在投入市场前需要进行数据验证，对不合适的参数进行再次调整和优化。

产品经理完成设计的这款金融产品，可以从以下维度进行分析验证。

1. 分析这款金融产品税前的融资成本

$$转换比率=面值÷转股价格$$

根据以上公式，这款金融产品的转换比率是

$$10000 \text{ 元} \div 50 \text{ 元/股} = 200 \text{ 股}$$

第 9 年年末的转换价值=股价×转换比率

$$= 20 \text{ 元} \times (1+6\%)^9 \times 200 = 6757.92 \text{ 元}$$

第 9 年年末纯债券的价值=未来各期利息现值+到期本金现值

$$= (10000 \text{ 元} + 10000 \text{ 元} \times 5\%)/(1+8\%) = 9722.22 \text{ 元}$$

因此第 9 年年末的底线价值是 6757.92 元。

设税前融资成本为 M，可知

$$10000 = 10000 \times 5\% \times (P/A,M,9) + 6757.92 \times (P/F,M,9)$$

其中，$(P/A，M，9)$ 是年金现值系数表达式，表示普通年金 A 在利率为 M 的情况下经过 9 期的年金现值。

可转换债券的税前融资成本应在普通债券利率与税前股权成本之间。

设 $M=6\%$，则

$$10000 \text{ 元} \times 5\% \times (P/A,6\%,9) + 6757.92 \text{ 元} \times (P/F,6\%,9) = 7400.85 \text{ 元}$$

设 $M=7\%$，则

$$10000 \text{ 元} \times 5\% \times (P/A,7\%,9) + 6757.92 \text{ 元} \times (P/F,7\%,9) = 6933.48 \text{ 元}$$

然后，使用数学中常用的内插法，有

$$(M-6\%)/(7\%-6\%) = (10000-7400.85)/(6933.48-7400.85)$$

解得 $M=0.44\%$。

2. 分析这款产品票面利率是否合理

我们设计的这款金融产品税前资本成本占 0.44%，远低于市面上已发行的债券产品 8% 的利率，这样的产品对投资人来说根本没有吸引力。也就是说，即使是花精力投入市场也会没有人买。我们需要将设计的这款产品的票面利率调整为多少呢？

设票面利率为 R，有

$$10000 \text{ 元} = 10000 \times R \times (P/A,8\%,9) + 6757.92 \text{ 元} \times (P/F,8\%,9)$$

即 $10000 \text{ 元} = 10000 \text{ 元} \times R \times 6.2469 + 6757.92 \text{ 元} \times 0.5002$

得出，R=10.6%。

也就是说，我们至少要把这款金融产品的票面利率提升到 10.6%，产品才会具有竞争力。

到此为止，产品经理这款金融产品就设计好了，而且有理有据。

3. 产品扩展

这款金融产品类型为可转债。产品经理为了更好掌握所设计这款产品的特性，在进行产品设计之前，计算这款产品发行日每份纯债券的价值。

发行日每份纯债券的价值=10000 元×5%×(P/A,8%,10)+10000 元×(P/F,8%,10)

=500 元×6.7101+4631.93 元

=7986.98 元

产品经理调整后的发行日每份纯债券的价值是多少呢？

10000 元×10.6%×(P/A,8%,10)+10000 元×(P/F,8%,10)=1060 元×6.7101+4631.93 元=11744.62 元

债券价值是投资者预期可获得的现金流入的现值。投资者自然也知道债券购买的价格低于债券价值时，这个债券才值得购买。这和消费者现实中购买商品的逻辑一样。消费者愿意付费买一件商品是因为这件商品能给消费者带来价值。在消费者理性消费的情况下，如果两件商品提供的价值一样，消费者肯定会选择价格相对低的商品。

以上介绍的债券产品设计是金融产品经理日常工作中拆分出的一个细分工作项。在实际工作中，产品经理在完成产品设计之前，需要了解客户的需求、分析产品的背景、识别各种可能的风险、进行市场竞品分析，并与法务人员、业务人员沟通，这会占用大量的时间。

最终设计完成的产品面向市场后，在计算机中就可以完成产品参数设置。如同很多大型的连锁企业，决定是否在一个地方开店时只要把需要的数据输入计算机，就可以得出一个结论。但这数据来源的真实性和可靠性，还是需要人去实地考察。

对于困难的工作，只要逐步把工作内容分解成小的工作项，逐个解决各工作项的难点，解决起来就容易多了。当产品经理所负责的产品发展到一定程度遇到瓶颈时，产品想再突破、再发展，就需要将产品策略上升到战略的高度，考虑是进行外部发展（并购）、内部发展（新建）还是进行战略联盟。

时代在发展，市场也不可能一直不变，产品经理的思维也要再上升一个层次以提升竞争力。

后　记

作者 10 多年前便有写书的打算，当时想写一本关于 Delphi 编程的书。后来随着移动产品的不断发展，基于移动端开发的编程语言逐渐变为主流。市场趋势的变化，让作者放弃了 Delphi 编程图书的写作。

创作的过程同产品研发的过程非常相似。同产品设计一样，需要做市场分析（市场上是否有此类图书）、产品定位（目标读者）、产品功能（向读者传达什么知识）等。产品上线前做产品测试（校对与审核），确保产品质量。

在软件工程中，提倡净室软件工程（Cleanroom Software Engineering，CSE）的产品开发方法。主要理念是在软件开发过程注重代码品质，而不是依赖后期的测试发现问题。在本书编写的过程中，作者借鉴了 CSE 的这种思路。

为了将最好的产品呈现给用户（读者），作者在写作的过程中，努力确保所写的内容经过深思熟虑且有理有据。即使是如此，受限于水平，也不敢保证没有纰漏。

产品的不断完善需要持续迭代，写作也是如此。科学在进步，市场在发展，当前我们所接触到的产品一定不是最完美的产品。写作也是如此，很多内容和知识会随着时代的发展而消退。

本书也不是一本完美的书。作者目前所能做到的就是对文字不断优化和雕琢，尽自己所能将最好的内容向读者呈现。实现产品的过程也是提升自己的过程。

作者之前看过一幅漫画。

面试官问一个应聘者："你会开发吗？"应聘者回答："不会。"

面试官又问："会测试吗？"应聘者回答："不会。"

面试官又问："那运营呢？"应聘者还是回答："不会。"

这时面试官说："那你来做产品经理。"

虽然这仅是一幅漫画，但是相信大多数人还停留在人人都可以是产品经理的思维模式。实际工作中产品经理的门槛是很高的。发展得不错的公司都非常重视对产品经理的培养并且非常重视产品经理的工作。

然而，很多公司对产品的研究通常不会投入太多的时间。不论是初创期还是成熟期的公司很多都存在这种情况：产品逻辑和商业模式没有经过推演，就立刻进入研发阶段；技术部门加班加点，产品辛辛苦苦将产品做出来了，发现产品根本没有市场。

因此，企业需要对产品经理的工作有所重视，在公司投入宝贵的时间和金钱之前，迅速进行产品评估，找到目标市场和目标客户，明确产品定位和产品需求，识别可能存在的产品风险，这会极大提高产品成功的可能性，减少公司的损失。这也是产品经理的价值所在。

对于产品经理而言，其实需要做的工作内容很多。产品经理的本质其实是价值创造和价值发现，并不是简简单单写个需求。BRD、MRD、PRD这些文档仅仅是表现形式，重要的是要解决实际问题。

产品经理在现实工作中不仅仅是一个执行者。单一技能的产品经理数十年如一日负责流程已经固化的产品。这种固化执行的工作在未来很容易被机器人所取代。这就要求未来的产品经理不仅要掌握知识的深度，还要拓展知识的宽度。

产品经理需要掌握的知识涉及产品的方方面面，以适应市场的快速变化。

面对未来更加复杂的市场环境，本书提出了复合型产品经理的理念。

本书仅选取了复合型产品经理必备的金融、人工智能、策略、产品分析、产品对策进行初步讲解。受限于篇幅，本书不能面面俱到。这需要读者根据实际工作中的需要和自己的爱好选取不同的领域进行针对性学习。

不论学习哪些学科知识，最终这些学科都会有一个共同的特点，学习得越深入，涉及的基础知识越多。

对任何学科知识的掌握都需要投入脑力进行深入思考，这个过程并不轻松。现实中知识碎片比较多，很多知识如过眼云烟，一些人对于需要动脑的知识通常不会花太多精力去思考。作者写作的初衷是希望读者通过本书进行深入思考。

复合型产品经理需要站在更高的维度看待产品，一层一层地摆脱问题的表象，直达问题的本质。复合型产品经理在制定产品目标、构建产品架构、完善产品功能直到产品上线的全过程，一定要养成追问的职业习惯，探究产品本质，从根本上解决用户真实需求，打造全方位的产品体系，提升产品在市场上的竞争力。

复合型产品经理不仅需要提升知识的深度，还需要拓展知识的宽度。掌握的知识全面，视野才会宽阔。产品经理通过"六看"来审视产品。

- 看政策：确认产品所在地的法律法规是否有明确的准入或禁止规定，政策环境是鼓励还是限制。

- 看趋势：明确未来产品科技的发展方向，有哪些产品赛道存在机会。

- 看市场：了解市场都有哪些产品，整个市场的产品供应链和产品生态如何。

- 看用户：了解目标用户的核心需求是什么，用户群有哪些，用户范围和体量有多大。

- 看自己：为了实现这个产品，自己要进行经济可行性、技术可行性分析、SWOT 分析、波士顿矩阵分析。

- 看对手：了解对手实力有多强，都有哪些产品，对手的产品战略是什么。

赫·斯宾塞曾经说过："观点最终是由情绪，而不是由理智来决定的。"

复合型产品经理应尽量减少情绪对观点的干扰，保持自己的产品风格，尊重市场，尊重用户。产品经理的风格会影响产品的风格。优秀的产品一定会坚持利他主义和长期主义。

我们所从事的产品事业并不仅是为了实现产品功能，我们还要在实现产品的过程中遇见更好的自己。